JN007355

明石家さんまヒストリー1　1955〜1981

「明石家さんま」の誕生

エムカク
EMUKAKU

新潮社

まえがき

明石家さんま。

お笑い怪獣、国民的お笑い芸人、日本で最も露出の多いテレビスター、トークの魔術師など、明石家さんまにはさまざまな称号が冠せられています。その姿をテレビで見ない日はないし、その存在を知らない日本人はいないでしょう。

しかし、１９５5年7月1日に杉本高文としてこの世に生を享け、18歳で落語家に入門、テレビでブレイクして大スターとなった現在に至るまで、その詳細な歴史を知る人は、はたしてどれだけいるでしょうか。

どんな少年時代を過ごしたのか？

芸人を目指すようになったきっかけは？

なぜあの師匠に弟子入りしたのか？

入門直後に女性と駆け落ちしたというのは本当か？

芸名「明石家さんま」の由来は？

初めて出演したテレビ番組は？

ブレイクのきっかけは？

なぜ落語をやらなくなったのか？

本格的に東京へ進出するきっかけになった出来事は？

島田紳助や笑福亭鶴瓶、ビートたけしとの出会いは――。

「明石家さんま」という存在が大きすぎるがゆえ、その人生の全貌は意外と知られていないのではないでしょうか。

その歴史を克明に記した書籍が、本書『明石家さんまヒストリー１　１９５５～１９８１「明石家さんま」の誕生』です。ここまで詳細にさんまさんの人生をまとめた書籍は日本で唯一のものであると自負しています。

とはいえ、明石家さんまさんの偉大な歴史を細大漏らさず記録するのは並大抵のことではありません。それには膨大な時間と手間が必要で、文字通り人生をさんまさんに捧げなければできないことです。

生まれてから芸人となるまで、芸人となってから現在に至るまで、大まかな年表を作るだけでも大変な作業です。頼りとなるのは、新聞や雑誌などの資料、テレビやラジオなどで語られる本人の証言です。精査は必要ですが、ネットに書き込まれる情報も無視できません。そこに大きな発見や重大なヒントが隠されていることもしばしばあります。

こうした情報をできる限り多く集め、精査し、さんまさんの年表を作成していく。どうしても不明確な部分が生じることもありますが、時には本人に直接確認しながら、少しずつその〝穴〟を埋めていく。この作業を丁寧に、時間をかけ、ひたすら地道に続けていくためには、尋常ではない根気が必要で、少なく見積もっても数年はかかる作業です。

それをまさか、これまでの人生で何をやっても長続きしなかった自分が、こうして書籍としてまとめることになるとは夢にも思っていませんでした。

ただ、最初に白状しますが、１９７３年生まれの僕は、20歳になるまでさんまさんについてほとんど何も知らない、ごく普通の視聴者でした。もちろん、出演番組にはそれなりに親しんでいましたが、同世代の多くが熱狂した『オレたちひょうきん族』は当時数えるほどしか観たことがなく、『男女7人夏物語』や『あっぱれさんま大先生』といった番組も、さんまさん目当てというよりは、それぞれ先の展開が気になるドラマ、面白い子供たちが出演する番組というような認識でした。

そんなある日のこと。ふとテレビをつけると、間寛平、村上ショージ、ジミー大西の3人が小学生でもわかるようなクイズに苦戦しながらボケ解答を連発し、それに司会のさんまさんが全力のノリツッコミで応じる姿が映し出されていました。

番組のタイトルは『痛快!明石家電視台』。時に怒り、時に大笑いしながら、あらゆるヒントを与え、正解へと導くさんまさん。それに反発するように次々と大ボケをかましていく3人。僕はそのあまりにバカらしいやりとりがツボにはまって、ふとんの上で転げ回るほど大笑いしました。あれほど大声を出して笑ったのは、あの日が最初で最後かもしれません。

20歳の頃の僕は、肉体労働に明け暮れ、テレビゲームをするのが唯一の楽しみ。大病を患った家族の世話や職場での人間関係のもつれなどに苦悩し、先行きの見えない不安を抱えながら、溜息ばかりをつく毎日を過ごしていたので、本当に救われた気がしました。

それからというもの、僕は新聞のラテ欄をくまなくチェックし、腰を据えてさんまさんが出演している番組を観るようになりました。そして、『MBSヤングタウン』という毎日放送のラジオ番組に出会います。

そこでさんまさんは、少年の頃の話、芸人を志したきっかけ、若手芸人の頃の失敗談や、過去のテレビ番組の誕生秘話、結婚・離婚の話、前日に撮影したドラマの裏話など、毎週、自身の人生にまつわる様々な逸話を語っていました。

「なんて面白い人生なんだろう！」と、気づけばさんまさんに夢中になっていました。

同時に、すでに国民的なお笑い芸人であったさんまさんについて何も知らなかったことを思い知らされました。さんまさんの逸話を忘れたくないとの思いから、発言をそっくりそのままノートに書き記すようになるまで、時間はかかりませんでした。それだけでは飽き足らず、さんまさんが出演されているテレビ番組やラジオ番組はもちろんのこと、関係者が出演する番組に至るまで、可能な限りチェックし、保存。さらに、テレビ誌や週刊誌に掲載されている関連記事を収集するようになったのです。

そうして迎えた1996年3月23日、僕は『MBSヤングタウン』で発言されたさんまさんのこの言葉を記すことになります。

「言っときましょう。私は、しゃべる商売なんですよ。本を売る商売じゃないんですよ。しゃべって伝えられる間は、できる限りしゃべりたい。本で自分の気持ちを訴えるほど、俺はヤワじゃない」

この言葉に感銘を受けた僕は、さんまさんがしゃべって伝えてくれた言葉をこの先もずっと記録していこうと決意しました。大げさかもしれませんが、それは〝使命感〟のようなものでした。もちろんこのときはまだ、それを誰かに見せたり、世間に発表したりしようなんてことは考えておらず、ただただ自分のために記していこうと決めたのです。

それから17年の歳月が流れた、2013年8月26日午後10時28分のこと。お笑い芸人の水道橋博士さんからツイッターを介し、一通のメールが届きました。内容は、博士さんが編集長を務める「水道橋博士のメルマ旬報」というメールマガジンへの執筆依頼でした。

その5日前の8月21日、僕は、当時大阪にあったTSUTAYA梅田堂山店で開催された博士さんの著書『藝人春秋』のサイン会に参加し、博士さんと初めて言葉を交わしました。博士さんにサインを書いてもらっている間、僕は助手の方から博士さんの半生がびっしりと書かれた「水道橋博士の半世紀 Life 年表」をいただき、「ツイッターでフォローしていただいているエムカクと申します。僕はこの年表を参考にして明石家さんま年表を作りたいと思います!」と声をかけました。すると、「あ、君があのエムカクさんなの?」と気さくに対応してくださり、喜び勇んだ僕は、いただいた年表を熟読しながら帰路についたことを今でも鮮明に覚えています。

執筆経験のなかった僕は、豪華なメンバーに囲まれて連載を続けていくことができるのかという不安もありましたが、「水道橋博士のメルマ旬報」は書く内容も、字数も自由。博士さんから「いずれ作る年表のエピソードを積み上げていく感じで」というヒントをいただき、さんまさんの人生を年表形式で綴る「明石家さんまヒストリー」を連載することになったのです。

幸いなことに、連載についてさんまさん本人の承諾を得ることもでき、約20年かけて蓄積してきたさんまさんの発言ノート、映像資料、書籍資料、雑誌資料などを頼りにコツコツと書き始めてから、約7年の月日が経ちました。その間、いろいろな方たちとの出会いがあり、貴重な情報を提供していただいたおかげで、なんとか連載を続けることができたのだと思います。

そしてこのたび1冊の本としてまとめることとなりました。

「それはお前のやから、お前の勝手にすればいい」

この言葉は、連載「明石家さんまヒストリー」を書籍化させてくださいと直接お願いした時にいただいた、さんまさんの返答です。その時のさんまさんの笑顔を、僕は一生忘れることはないと思います。

本書は、さんまさんが生まれた１９５５年から、『オレたちひょうきん族』が始まる１９８１年までの人生——つまり、少年時代に笑いと出会ったさんまさんが芸人となり、未熟で粗削りであった日々を経て、様々な仲間たちと出会い、スターダムにのし上がるまでの道のりを記しています（１９８１年以降も続篇としてまとめる予定です）。

僕が27年間さんまさんの背中を追い続け、学んだことは、「日々、全力を尽くしていれば必ず道は開ける」ということ。とてもシンプルな考えですが、実践するのは非常に難しいことだと思います。

さんまさんがテレビやラジオに出演するようになってから、44年の歳月が流れました。これまでの番組出演回数は1万回をゆうに超えており、そのすべての回でさんまさんは手を抜くことなく、そのときの全力を尽くし、休むことなく出演を続けてこられました。もはや全力が習慣となっており、それはたとえ遊びの場であっても変わりません。

師匠である笑福亭松之助さんは、さんまさんのことを直接褒めることはあまりなかったようですが、１９９６年7月13日に放送された『さんま・所の乱れ咲き花の芸能界 オシャベリの殿堂㊙夏の特別編』という日本テレビの特番でさんまさんと共演された際、このような発言をされました。

「僕ねぇ、彼が出てる番組を時々見ますけどねぇ、やっぱり、精一杯やってんのちゃいます？ それだけはわかるんですわ。〝あっ、精一杯やっとるな〟と思う」

隣の席で恐縮しながら、師匠のこの言葉にじっと耳を傾けていたさんまさんの姿がとても印象に残っています。

２０１７年11月26日に日本テレビで放送された『誰も知らない明石家さんま ロングインタビューで解禁！』において、「生まれ変わっても芸人になる？」と質問されたさんまさんは次のように答えました。

「ならないならない。もう芸人にはなりたくないですね。一度で十分。これだけしんどいのは……ポジション守るとか、維持するっていうのは、しんどすぎると思うんで。それは二度とやらないと思う」

「人生最期の瞬間は何をしていたい？」との質問には、「人生最期の瞬間……まだ俺はたぶん、死ぬとは思ってないと思うねん。ギリギリまで〝俺は助かる〟と思って死んでいくんちゃうかな（笑）」と話した後、「最期の瞬間は誰かの足を持っときたい。もうその人、一生俺のこと忘れへんやんか。死んでいく人に足持たれたら。ひとりでも俺のこと、覚えといてほしい。強く」と語りました。

どんなに落ち込むようなことがあっても、さんまさんの番組を観れば笑顔になれる。僕にとってさんまさんは人生の恩人です。

今年で65歳となったさんまさんは、２０２０年現在も、日々、全力で笑いと向き合い、お笑いの第一線で精一杯戦い続け、前進されています。今日もどこかのスタジオで人々を笑顔にしているにちがいありません。

僕はこれからもその背中を追い続け、人生最期の瞬間まで強く覚えていられるよう、全力で〝明石家さんまの人生〟を記していこうと思っています。

装幀　新潮社装幀室

明石家さんまヒストリー1　1955～1981

「明石家さんま」の誕生

目次

IX. 誕生——1981年の明石家さんま

【編集部註】

本書では、本人の発言や各種資料をもとに、舞台やテレビ出演などといった明石家さんま氏各年の活動記録の詳細を記しています。

「Ⅳ．研鑽――1976年の明石家さんま」までは本文中のみ、「Ⅴ．覚悟――1977年の明石家さんま」以降は本文中及び各章末に記載。文頭に付した記号の内容は以下の通りです。

■＝花月の出演情報
□＝その他の舞台の出演情報
●＝テレビ・ラジオ番組の出演情報
○＝CMの出演情報
▼＝レコードの発売情報
▽＝映画の出演情報

明石家さんまヒストリー1　1955〜1981

「明石家さんま」の誕生

プロローグ——杉本高文18歳

師匠との出会い

１９７３年夏、部活を引退し、卒業後の進路を決めかねていた杉本高文は、高校2年生の頃に英語の教師・坂本に言われた一言を思い出していた。

「杉本、おまえ、吉本入れ」

人を笑わせることが何よりも好きだった高文だったが、自分にプロの世界で勝負できるほどの力があるのか、疑問だった。高文はそれを確かめるため、父親が吉本興業の株を持っていた友人・森本に手配してもらった無料招待券を握り締め、吉本興業の主要劇場であるなんば花月へ通い始めた。

若手からベテランに至るまで、あらゆる芸人の舞台を食い入るように観た高文は愕然とする。全く笑えなかったのだ。

高文は、次にうめだ花月へ通うが、そこでも同じ。さらに京都花月へと足を伸ばした。

その日も次々と登場する芸人を、一切笑うことなく見つめていると、突然、軽快でコミカルな出囃子が鳴り響き、その音色に似つかわしくない仏頂面の男が舞台に現れた。

名は笑福亭松之助。

松之助はゆっくりと座布団に座り、深く一礼すると、一気にまくし立てた。

「客席を拝見いたしますと、女性の方も多ございまして。まあ、女性の方と言いましても、全部が全部、若い女性やのうて、ややくたびれかけた方も……あぁ、中にはガタガタの方もいてはりまんなぁ。ガタガタならはよ帰ってウチで寝とりゃあええのに……まあ、我々もガタガタであろうがなんであろうが、女の方が多いと非常に仕事がしやすうございまして。

やはり、男の方とちがいまして、何を言うてもよう笑ろてくれますから、ちょっと言うてもワーと笑ろてね、なんや言うたらワーワーと笑ろて、で、ションベンちびって、なにしとんのかわからん。女性の方は締まりがないからそうなんので、そうですから女性の方でこういうとこへお越しになるときには、洗濯バサミで挟んできはったらええねやないかと思うんですが。この前、どこやらでしたかなぁ、公開録音の途中でねぇ、〝今日挟んできたけど、それが飛んだ〟て知らんがな！」

高文の頬は緩み、松之助の名調子に引き込まれ、一心不乱に聞き耳を立てる。

「朝から晩までうるさいでんなぁ、あのコマーシャルっちゅうの。やかましいてしょうがおまへん。『CM』と書いて『コマーシャル』、ワテ、初め知らんさかい『センチメートル』と読んでましたけどな。

中にねぇ、ようこんなこと言うてるなぁっちゅうようなコマーシャルがチョイチョイありますねん。その一番ええ例がねぇ、インスタントコーヒーのコマーシャル。〝アムステルダムの朝は早い〟……どこの朝かて早いがな！　アムステルダムの朝だけがはようて、日本の朝がお昼っちゆうことはないねんからね。

子供番組もいろいろとありますけども、今一番流行ってんのはねぇ、『仮面ライダー』っちゅうのが人気ありまんねん。うちらの近所の子供も、小さい自転車乗って、仮面ライダー、仮面ライダー言うて、走り回ってますわ。

変身!!……〝♪嵐と共にやってきたー　世界の平和を守るため、ゴー！　ゴー！　レッツゴー！　ライダーキック！　ショッカー！　アホかー！〟とこうなる。

どないおもしろい番組かしら思て、見たんだ。しょーもない番組でんがな、あんた。主役の一文字隼人かなんかいうのがやねぇ、サトツボ（引用者註：砂糖壺）みたいな面かぶって、オートバイに乗ってブーン走るだけでんねん」

松之助は、「テレビアラカルト」と題された、人気テレビ番組やテレビコマーシャルにツッコミを入れていくネタを披露していた。松之助のネタのセンス、軽妙なテンポ、語感の鋭さは、高文の笑いのツボを刺激し、感服させた。

さんま「僕は生意気な高校生だったたから、他の芸人が出てきても『意地でも笑ってたまるか』とライバル視してたようなところがあったんですけど、ウチの師匠のだけは本気で笑うてしまったんです」（「本人vol.11」２００９年９月）

松之助は、このとき48歳。１９４８年６月７日、22歳のときに、五代目笑福亭松鶴に入門し、そのわずか12日後に初舞台を踏む。

１９５１年11月からは、「宝塚新芸座」で役者として経験を積み、１９５９年3月に吉本興業へ。「吉本新喜劇」の前身である「吉本ヴァラエティ」という舞台で役者兼作家として活躍すると、１９６１年4月に松竹芸能に引き抜かれ、「松竹爆笑コメディ劇場」「松竹とんぼり座」の作・演出を手がけ、主演までこなす多才ぶりを発揮する。

１９６４年4月に千土地興行へ移籍し、大阪劇場で三橋美智也、畠山みどりらと芝居で共演。大阪の三大演芸会社を軽快に渡り歩いた。

松之助は、『てなもんや三度笠』（朝日放送）の準レギュラーに起用されるなど、テレビや映画の世界でも活躍。１９６７年3月に吉本興業に復帰してからは、古典落語はもちろんのこと、シェークスピアの『じゃじゃ馬ならし』を翻案した新作落語や、歌舞伎をモチーフにしたコント、人気テレビ番組のパロディコントなどを精力的に舞台で披露していく。

落語家という枠にとらわれることなく、観客に楽しんでもらえると思えば、新しいものを積極的に取り入れ、なんでも全力でチャレンジする。ひとクセもふたクセもある、一風変わった芸人であった。

弟子入り

「笑福亭松之助の弟子になりたい！」

直感的にそう思った高文は、18歳だった１９７３年秋、松之助に弟子入り志願するため、京都花月の裏にある公園で、松之助が来るのを待った。

しばらくすると、松之助が姿を現した。松之助は静かな足取りで高文の前を通り過ぎ、公園の先にある楽屋口へと向かう。高文は思い切って松之助の背後から声をかけた。しかし、緊張で上手く舌が回らず、松之助は高文の声に気づかぬまま歩みを進める。高文はとっさに、「ちょっと！　ちょっと！」と大声を上げ、呼び止めた。

「なにか？」松之助は振り向きざま、特に驚いた様子もなく返事をした。

「あのぉ、奈良から来た杉本ですけど、弟子にしてくれませんか？」

松之助は目を丸くして、「落語やりたいの？」と聞き返した。

「はい、あのぉ……」高文は返事に詰まった。

「ほな、今からワシ舞台あるから、ちょっと待っとき」松之助はそう言うと、楽屋口へと入っていった。

数時間後、舞台を終えた松之助が高文に声をかける。

「ワシの弟子になりたいん？」

「はい！」

「なんでワシの弟子になろう思たん？」

「……いや、師匠はセンスありますんで」

その瞬間、松之助はガハハと大笑いした。

「この世界に入ったらメシ食われへんぞ」

「はい、わかってます」

「ほな、今からラジオがあるさかい、一緒においでぇな」

「はい！」

近畿放送（現・京都放送）のラジオ番組の出演を終えた松之助は、高文を行きつけのラーメン屋へ連れて行き、じっくりと話を聞いた。

「死んだら新聞に載るような有名人になりたいです！」高文がそう言うと、松之助は朗らかに笑い、「ワシといっしょや」と返した。

「さっきも言うたけど、この世界は簡単にはメシ食べられへんで」

「わかってます」高文は、しっかりとした口調で答えた。

「それをわかってんねやったらええわ」松之助は満面の笑みを浮かべ、ラーメンをすすった。

「とにかく親にちゃんと事情を説明して、いっぺん連れてきぃ」松之助は最後にそう言い残し、帰って行った。

松之助「『センスある』と言われたのもホンマ。まだ18やのにそんなこと言うのは生意気やという人もありますけど、僕自身は『俺ってセンスあるんや』とうれしかった（笑い）。彼とは波長が合うんです」（「TELEPAL KanSai」２００２年４月７日号）

さんま「（憧れたのは）うちの師匠、笑福亭松之助だけです。この人だけは白紙に戻れるなと思うた。無の状態になれると思いましたんでね。師匠が、四角いもんでも丸いといえば丸やといえる自信はありました。完全に尊敬できるという」（「週刊朝日」１９８０年５月16日号）

高文は帰宅すると、水産加工業を営んでいる両親に事情を説明した。進学しなければ家業を継いでくれるとばかり思っていた父の恒（ひさし）は、声を荒らげて猛反対した。

「俺は落語家になる！」

「許さん！　落語家みたいなもん、誰がならすか！」

高文と恒は互いに一歩も引かず、後日、親戚一同が集まる場で、親族会議が開かれた。

「高文ちゃんやったらやれるんちゃうかぁ」

「いけるいける」

「高文、落語家になれぇ」

反対したのは、恒だけだった。


さんま「親戚一同が『高文ちゃんはいけるでぇ』いうて（笑）、親がこけたちゅうの（笑）！　これは有名な話ですけど、ホントに、実話ですよ（笑）」（「ＪＵＮＯＮ」１９９０年２月号）

こうして１９７４年２月、高文は正式に松之助の弟子となり、芸人の道を歩み始めることになった――。

I.原点——1955～74年の杉本高文

実母の死と「奈良の三バカ大将」

１９５５年７月１日金曜日。杉本家の次男として、和歌山県東牟婁郡古座町（現・串本町）で生まれた高文は、その半年後、家庭の事情で奈良県奈良市奈良阪町へと移り住むことになった。父の恒、母のつぎ代は、さんまの干物などを生産する小さな水産加工会社「杉音食品」を営み、朝から晩まで休むことなく一心不乱に働き、一家を支えた。

高文が2歳10か月のときに、つぎ代は突然この世を去る。体が丈夫なつぎ代だったが、奈良へ移り住んでからの心身の疲労は激しく、病魔は徐々につぎ代の身体を蝕んでいった。倒れてから息を引き取るまでの時間はあまりにも短く、家族はつぎ代の死を受け入れることができぬまま、慌ただしく葬儀の日を迎える。

葬儀の最中、幼い高文は母の死を理解できず、無邪気に自宅の庭で遊んでいた。すると、日頃は大人しく、これまで人に噛みついたことなど一度もなかった飼い犬が、高文の左腕に強く噛みついた。高文は大声で泣き叫んだ。その傷は消えることなく痕を残し、高文にとって母へとつながる唯一の記憶となる。

さんま「顔も覚えてないからね。母の思い出は、この傷だけやねん」（フジテレビ『ホンマでっか!?

TV4時間半SP!!』2015年1月7日)

1960年、つぎ代の三回忌法要を迎え、しばらく経った頃、恒はすみ江と再婚する。新しい母と暮らすようになってからも、高文は毎日のように近所の野山を駆けまわり、野鳥や昆虫を捕まえ、ベーゴマ、メンコ、かくれんぼなどをして遊び、山で見つけた野いちご、あけび、びわなどをおやつ代わりに食べ、活発に過ごしていた。

高文が笑いに目覚めたのは10歳の頃。

高文には4つ上の兄・正樹(まさき)と、8つ下の弟・正登(まさと)がいた。明るく人当たりの良い兄の正樹と、まだ幼い正登は、いつも家族や親戚の関心を集めていた。高文の服はどれも兄のおさがり。新品の服は毎年クリスマスの時期に買ってもらえるジャンパーだけだった。

兄弟の中で自分だけ名前に「正」の字がついていないことにも悩み、高文はずっと疎外感を抱いていた。それを忘れさせてくれたのが、笑いだった。

高文と正樹は、毎年夏休みのすべての日を生まれ故郷の和歌山の親戚の家で過ごしていた。ある日、高文が有名人のものまねを披露した瞬間、親戚たちは大笑いし、高文を称えた。高文は正樹よりも注目を集められたことが嬉しくて、それから毎日、親戚や家族を笑わせることに力を注ぐようになる。

さんま「なんせ兄貴が可愛がられて。俺は次男坊やからそれが悔しくて。なんとか兄貴に勝とうとして、親戚の注目を集めるために面白いことをしてた。似てないものまねをしたり、おもしろい話をしゃべったり。それがあって今の僕があると思いますよ」(TBS『明石家さんまの熱中少年グ

ランプリ』2019年5月5日）

祖父・音一の存在も高文に大きな影響を与えた。

音一は真面目で実直な恒とはちがい、豪快でユーモアあふれる人物だった。風邪で頭痛を起こすと、わざと絆創膏を頭に貼っておどけたり、「ちょっと旅に出よか」と高文を連れ出し、眼鏡店に立ち寄ると椅子にデンと腰掛け、眼鏡屋を眼科と間違えたフリをして、「で、先生はいつごろおいでになるんでっか？」と店員に真顔で尋ね、高文を大笑いさせた。

高文の両親は、そんな音一の振る舞いにいつも頭を悩ませていたが、高文にとって音一は、〝最高に面白いおじいちゃん〟だった。

両親が仕事と家事で忙しかったため、高文の遊び相手は、もっぱら音一と正樹。いつも一緒にいて、人を笑わせていた音一と正樹と高文は、近所に住む人たちから「奈良の三バカ大将」と呼ばれ、親しまれた。

奈良の三バカ大将が杉本家の愛犬・ベルの首に「杉音食品」の前掛けをくくりつけたり、マジックペンでベルの目のまわりを丸くふち取りしたり、眉毛を描いて近所を散歩したりすると、たちまち人だかりができた。

笑いに目覚める

人を笑わせることに強い関心を示すようになった高文は、小学4年生のときに同級生の岡田と漫才コンビを組み、高文が見よう見まねで作った漫才ネタを、友人の誕生日会などで披露した。

高文はツッコミを担当。アドリブを交えながら、テンポよくこなすふたりの漫才に、同級生たちは腹を抱えて笑った。高文は自分が言ったことに対し大きな笑い声が返ってくることが嬉しくてたまらなかった。それまでは、「泣きみそ」というニックネームがつくほど、ちょっとしたことで涙を見せていた高文であったが、笑いに興味をもち、注目を浴びるようになると、人前ではいつも笑顔を見せ、一切泣かなくなった。

さんま「〝大鵬とかけて！ お前のパンツと解く！ その心は！ いつやぶれるか！〟とか言うて、そんなことやってました。〝よーい！ うどん！〟とか言いながら」（TBS『さんまのスーパーからくりTV』2013年5月19日）

小学6年生になると、高文は同級生の大塚とコンビを組み、漫才をする前日には、大塚の家に泊まりがけで稽古をするほど人を笑わせることに貪欲になっていく。

大塚との漫才コンビは中学生になってからも続いていたが、あるとき漫才を披露したあと、クラスメイトから「大塚君と杉本君って面白いねぇ」と言われ、漫才のネタはすべて自分で考えていた高文はその言葉に違和感を覚える。

以来、高文はひとりでできる笑いに興味を示すようになり、身近に起こったエピソードを身振り手振りを交えながら披露する漫談や、ラジオから流れてくる落語や小噺を真似して皆の前で披露した。

「小噺その一！ もう、暑いでしょう？ 夏なんかねぇ、デパートなんか行ったら混んでねぇ、暑い！ 暑い！ 言うてるでしょ？……オッサン！ このデパート、全然冷房きいたれへんやないかい！　ほんだらオッサン怒ってねぇ、後ろから棒でバーン！……オッサン！　暖房（乱暴）すな！」

この小噺は『歌え！ＭＢＳヤングタウン』（ＭＢＳラジオ）で頭角を現し始めた桂三枝（現・六代桂文枝）のネタだった。

テレビが大好きだった高文は、中学3年生のとき、奈良県文化会館で行われた『仁鶴とあそぼう！』の収録を友人と観覧する。『仁鶴とあそぼう！』は、１９６９年9月29日から朝日放送で始まった、笑福亭仁鶴が司会を務める人気テレビ番組。放送当日、高文は家族と共に、『仁鶴とあそぼう！』を見ていた。すると、ほんの一瞬、画面右上に観客席に座る高文の姿が映し出された。その瞬間、家族から歓声が上がり、高文は嬉しくて部屋中を走り回った。

この体験を機に、高文の誰よりも目立ちたいという欲望は日に日に増していく。

「アーアーズ」を結成

三笠中学校に入学した高文は、同級生の服部と川崎を誘い、「アーアーズ」というグループを結成する。

グループ名の由来は、社会科の教師である佐伯が、何かを話す前に必ず、「あぁ〜、あぁ〜」と発する癖を持っていたことから。佐伯の口調を真似して、いつも友人たちを笑わせていた高文は、これがあまりにもウケが良かったため、〝佐伯のファンクラブを作ろう〟と思い立ち、アーアーズを結成した。

しかし、佐伯のファンクラブというのは名ばかりで、実際のところは、突拍子もないことをしていつも同級生たちを笑わせているグループだった。

ある日、クラブ活動をしていなかったアーアーズのメンバーは、一風変わったクラブを作る。その名は「基本部」。部室もなく、顧問もいない、自分たちで勝手に作ったクラブだった。

基本部の活動内容は、教室でのランニング、廊下でのダッシュ走、腕立て伏せ、腹筋、背筋など、ひたすら基礎トレーニングを行うというもの。トレーニングが一通り終わると雑談タイムとなる。

基本部の存在を知った生徒たちは、狭い教室でぐるぐると、ひたすら走り込みをしているアーアーズの姿を見て失笑した。それをウケていると勘違いしたアーアーズの3人は、それから3か月間、日々、基礎トレーニングに励むことになる。


さんま「服部と川崎っていうのがいてましてね、そいつらと『アーアーズ』っていうグループを結成しましてて。三笠中学校ではズバ抜けたアホ集団で、先生も手を焼いて困ってて。そいつら表に出てワーっていうタイプじゃないんです。俺の陰に隠れてコソコソコソコソおもしろいことをするやつら」（MBSラジオ『MBSヤングタウン』2015年2月28日）

学校の中庭に立つ大きな木の幹に火薬玉を詰め込み、爆破させるというイタズラを決行したときは、奈良警察署の警官隊が出動するほどの騒ぎとなった。

さんま「校舎と校舎の間の中庭で、木を吹っ飛ばしたろう思て。ずーっと、導線引っぱってきて、シュシュシュシュシュシュ〜いうて、爆発した瞬間、古い校舎やからガラスなんか揺れるわけよ。バーーーン!!　ビビビビビ〜!!　俺ら水道の陰で、〝どうしょう〟言うて（笑）。あれはほんまに凄かったよ（笑）」（フジテレビ『明石家マンション物語』2000年9月20日）

さんま「スピーカーで、〝速やかに出てきなさい！〟とか言われて大騒動になって。横で服部はワンワン泣いてるしやねぇ（笑）。ほいで先生がその3人のグループを解散させようとして、〝お父さんお母さんからも〟って言いかけたときに、先生が名前忘れてて、〝お前らがよく言うとった名前なんや？〟とか言われて。〝アーアーズです〟とか言うて。

次の日、よそよそしい服部と川崎がいてね。親に解散するように言われたから。家帰って怒られたんでしょうけど。ほいで、俺もどうしょうかなぁと思てんけど、あのふたりはやっぱり男やったね。〝俺らはアーアーズやめへんで！〟言うて（笑）。でも、そのアーアーズって別に何かをしてるわけやないんですよ（笑）。〝アーアーズ集合！〟言うても3人しか集まれへんし」（『MBSヤングタウン』2015年2月28日）

中学3年生の秋、高文は、奈良市内の相撲大会に出場することになった。三笠中学校・相撲部が、団体戦に出場するための人数が揃わず、部員を探していたところ、運動神経抜群だった高文に白羽の矢が立ったのだ。大会に出場すれば正式に相撲部員として認められ、内申書にも記入してもらえると知った高文は、引き受けることにした。

稽古期間は1週間。線は細いものの、アーアーズの「基本部」での鍛錬の効果があったのか、自分よりもひと回り大きい相手にも当たり負けしないほど体の芯が強かった。相撲中継をよく見ていたので、相撲の技もよく知っている。土俵内を素早く動き回り、相手が出てきたところで足を蹴り、たぐるようにして倒す技・蹴手繰り（けたぐり）を得意技とした高文は、相撲部の仲間から、「蹴手繰りの高坊」と呼ばれるようになった。

そして迎えた大会当日、高文は快進撃と呼ぶにふさわしい活躍を見せる。出場校は少なく、小規模な大会であったが、会場には地元の新聞記者も取材に訪れていた。個人戦の１回戦から俊敏な動きを見せ、勝ち上がる高文に観客は驚きの声を上げる。準決勝では同校対決を制し、決勝戦まで駒を進めた。

決勝の相手は、高文の倍はあろうかという体格を持つ吉田。高文は、どっしりとしたシコを踏む吉田を前にして、どのように勝てば目立てるかということばかり考えていた。

結果は吉田の勝ち。取組後、吉田の重い突きに何度も飛ばされながら、必死に奇襲をかけ続けた高文に吉田は、「力、強いなぁ。同じ体重やったら絶対負けとったわぁ」と声をかけた。

高文は個人戦で２位、１チーム３人制で行われた団体戦では、見事に優勝。この日の相撲大会は、高文にとって忘れ難い思い出となった。

親友・大西康雄

１９７１年４月、高文は奈良県立奈良商業高等学校（現・奈良朱雀高等学校）に入学する。

高文は、当時、一部の不良学生の間で流行していた「学生服に長靴」というファッションに影響を受け、長めの学ランに裾を絞ったダボダボのズボン、黄色の長靴、黄色の軍手を着用し、晴れの日でも雨傘を握り締め登校していた。そのスタイルはあまりにも滑稽で、生徒たちから嘲笑されていたが、高文はそれをウケていると思い込み、毎日、胸を張って登校していた。

海外のクラブチームの試合を紹介するテレビ番組『三菱ダイヤモンド・サッカー』（東京12チャンネル〔現・テレビ東京〕）を毎週欠かさずに観ていた高文は、イングランドの強豪クラブ、マンチェスター・ユナイテッドに所属していたジョージ・ベストの精悍な容姿、キレのあるドリブルから華麗なフェイントで相手ディフェンダーを翻弄するプレースタイル、天真爛漫なライフスタイル、そのすべてに魅了され、憧れを抱き、サッカー部に入部する。多くを語らず、献身的なプレーでチームに貢献する西ドイツ代表・ベルティ・フォクツも高文のお気に入りの選手だった。

さんま「ベルティ・フォクツとジョージ・ベストのおかげでサッカーをやり始めて、俺がこうして頑張れてるのはこのふたりのおかげなんですよ。人生の師なんです」（『MBSヤングタウン』1999年5月29日）

奈良商サッカー部は創設されてまだ間もない同好会であり、部員数も少なかったが、部員それぞれの技術は高く、サッカー経験のなかった高文は入部早々面食らう。それでも、スピードとバランス感覚に長けていた高文は、「ジョージ・ベストのようになりたい！」その一心で基礎練習に明け暮れ、2年生に進級する頃にはレギュラーに名を連ね、それと同時期に、奈良商サッカー部は同好会から正式なクラブとして認められることになった。

部活以外の時間はいつも、戒井（かいい）、峠、長岡、大西と過ごしていた。この4人の親友とともに、高文は笑いに満ちた3年間を送ることになる。

大西康雄とは、高文が高校に入学してから初めての体育の授業のときに出会った。

その日、どういうわけか、康雄のジャージだけ、上のジャージの中央に付いているはずの「大西」の文字が、下のジャージの股間あたりに大きく入っていた。

それを見た同級生たちは大笑いしながら、康雄のジャージに群がった。

高文は、ぴんからトリオのリードボーカル・宮史郎にそっくりな、愛嬌のある顔立ちをしている康雄の姿を眺めながら、〝こいつ、凄いな。こんな奇跡みたいな間違いが起こるのか〟と感心する。

そしてその後、康雄は鉄棒に飛び乗り、くるりと前方へ回転すると、これもどういうわけか、ジャージが鉄棒に絡まり、下半身が丸出しになってしまった。

さんま「俺もう、それ見て大爆笑して。〝俺、こいつと絶対、親友になる〟と思て（笑）。案の定、親友になってん。3年間ずーっと一緒やったもん。毎日一緒やったもん、そいつと（笑）」
（『MBSヤングタウン』2013年11月23日）

さんま「三笠中学校というとこから奈良商業へ行ったんですけども、三笠中学ってマンモス中学校だったんですよ。そこでもダントツにおもしろい、〝杉本はすごい〟って言われてたんですけど、高校の最初の体育の授業で、そんなアクシデントが起こる奴がおるのかと思て、また気を引き締めたの（笑）」（同右）

高文には高校3年間、ずっと思いを寄せた女生徒がいた。名前は慶子（仮名）。

高校1年生のとき、隣のクラスだった慶子から毎日のように教科書を借りていた高文は、ある日、慶子が毎日、高文のクラスの時間割に合わせて教科書を持ってきていることに気づく。その瞬間、高文は恋に落ちたのだ。

それからしばらくして、高文は慶子から紙袋を手渡される。高文はその中身が慶子の友人が作ったマフラーだと知ると、すぐさま慶子の自転車のカゴの中へ投げ返そうとした。すると紙袋は慶子の背中に当たり、地面に落ちる。慶子は高文が紙袋を捨てたと思い込み、以来、高文と口を利かなくなってしまった。

高文はそれから2年もの歳月をかけ、慶子との初デートにこぎつける。康雄は我がことのように喜び、高文に2枚の映画招待券を手渡した。そして、高文のデートの予行演習に協力。高文の家に泊まり込み、練習相手をした。

デート当日、高文は映画『007／死ぬのは奴らだ』を一緒に観に行くことにした。

館内はガラガラ。ふたりは中央よりやや後方の席に座る。緊張した高文は、スクリーンにコマーシャルが流れる最中、無意識にタバコを吸い始めてしまった。慶子が咳き込んだ瞬間、我に返った高文は、慌ててタバコの火を消し、煙を必死に払った。

「すまんすまん」

「……タバコはアカンよ」

「……いや、めったに吸わへんねんけどなぁ」

「めったにやなくて、絶対に吸ったらアカンよ！」

「はい」高文は下を向いた。

慶子は笑いながら高文の制服をさっと取り、きれいに畳んで自分の膝の上に置いた。

さんま「もう、〝なんて可愛い子や！　この世に女神っていたんだ！〟と思うぐらい、天使が舞

い降りたと思うぐらい可愛かったわけよ。もう、勃起してるわけよぉ。高校時分ってそうやんかぁ。もーのすご可愛かったわけよぉ。今でもねぇ、俺、ほんとに忘れてないもんね。制服を畳んでくれてる慶子ちゃんの姿」（ＴＯＫＹＯ　ＦＭ『明石家さんまのＧ１グルーパー』１９９７年９月８日）

予告編が終わり、本編の上映が始まろうとしたそのとき、後方から聞き覚えのある笑い声が微かに聞こえてくる。高文が静かに振り返ると、最後列に陣取る、康雄、戒井、峠、長岡らしき影が見えた。

「康雄！」高文は思わず声をあげてしまった。慶子もつられて振り返る。

「ちょっとすまん！」高文はそう言い残し、康雄らのもとへ駆け寄った。

「お前らなんしとんねん！」

「なんしとんねんて、高坊が心配やからついて来たんやないかい」

制服の詰襟の部分を内側へ折り込み、背広風にして着込んでいる康雄の姿を見て、高文は力が抜けた。

「お前、ほんまアホやなぁ」

「背広みたいでカッコええやろ？　高坊も真似してええぞ」

「もうええから、はよ帰れ」

「手ぇつなげよ」

「もうええっちゅうねん」

「高坊、男になれよ！」

高文は売店でオレンジジュースをふたつ買い、席に戻った。

「すまんなぁ、あいつら勝手についてきよったんやぁ。気にせんといてくれ」
「大西君？」慶子は笑い混じりに言った。
「気にせんでええから。映画観よう」
高文はそう言ってスクリーンに目をやり、手すりに手を置くと、そこには慶子の手があった。高文は慶子の手に触れた瞬間、椅子から立ち上がってしまった。

その様子を見ていた康雄たちが大声で笑いだす。高文の体は硬直してしまい、映画のストーリーは一切頭に入らなかった。

さんま「手を手すりに置いたら、慶子ちゃんの手があって、パッと触れたんですよ。そのときに、体に電気が走って、もう、耐えられない衝撃だったんですよ。慶子ちゃんはうつむいて真っ赤になってるし、こっちも真っ赤になってる後ろで、笑い声が……」（『明石家さんまのG1グルーパー』1997年9月8日）

映画館を出たのは夕暮れ時だった。ふたりは奈良公園に向かって歩き出す。高文はチラチラと後ろを気にしながら歩いたが、康雄たちがついてくる気配はなかった。

公園に到着し、ふたりはベンチに座って話し始めた。高文は松ぼっくりを拾ってはむき、拾ってはむき、落ち着かない様子で慶子の話を聞いていた。康雄との予行演習ではここでキスを迫ることになっていた。高文はできるとは思っていなかったが、慶子の顔をチラチラと見ながら、「次の沈黙で、次の沈黙で」と、機会をうかがっていたそのとき、草むらから顔を出す康雄の姿が目に飛び込んできた。

予行演習に協力していた康雄は、ふたりのデートコースをすべて把握し、公園に先回りしていたのだ。康雄は投げキッスのジェスチャーをとり、高文にゴーサインを送ったが、高文はそれに応じることはなかった。

「今日は康雄らが来てもうて、ほんま、すまんかったなぁ」

「ううん、映画もおもしろかったし、楽しかったよ」

「そやな。俺も楽しかった」

「うん」

ふたりはそう言葉を交わし、ゆっくりと駅に向かって歩き出した。

翌日、康雄は早速、高文と慶子の初デートをネタにする。高文が制服を脱ぐたびに、それを畳んで膝の上に置き、高文の手に触れるたびに飛び上がって驚き、高文がタバコを吸うたびに、激しく咳き込んだ。高文は怒ることなく、それを見て、ただただ笑っていた。

さんま「大西とは、当時俺が好きだった女のコ、〝ケイコちゃんをデートに誘うには〟っていうゲームを毎晩のようにやって、喫茶店の設定なら大西が彼女の役で〝私、フルーツポンチぃ〟とかやってくれるわけ。で、それを録音して仲間に聞かせて、あーしたほうがいい、こーしたほうがいいって、とにかくみんなで何でも楽しんだね」(『JUNON』1992年5月号)

高校2年生の春休み、高文と康雄は、パチンコで稼いで貯めた6000円を握り締め、大和郡山市東岡町(ひがしおかちょう)にある遊廓へと出かけた。1958年に施行された売春防止法により、東岡町の遊郭は廃止されていたものの、非合法に営業を続ける店がいくつもあった。

きっかけは、兄・正樹の友人、中村の一言だった。

「高坊、プロや。最初はプロに行かなアカン。なんも知らんかったら女に恥かかすやろ？　男っちゅうのはなぁ、ベッドの上で女に恥かかしたらアカンねん！」

高文と康雄は、中村を羨望の眼差しで見つめ、深く納得した。

東岡町の細い路地の両脇には、2階から3階建ての妓楼が軒を連ねている。怪しげな雰囲気が漂う街並みを、緊張を押し隠しながら歩くふたりに、店先で水撒きをしている中年女性が声をかけた。

「学生さん？　ええ子いてるよ。遠慮せんと入っていきなさいよ」

店の名は「あずまや」。ふたりはその女性に導かれ、中へと入って行く。

高文の相手は、30代半ばの色白の女性。化粧の香りが充満した狭い部屋の中央には布団が敷いてあり、女性は慣れた手つきで長襦袢を脱ぎだした。緊張のあまり、なかなか果てない高文であったが、女性の厳しくも温かい手ほどきにより、気持ちよく初体験を終える。

店を出た高文は、男としてひと皮むけたような気分でいた。自信に満ちた高文とは対照的に、康雄は肩を落としながら店を出てきた。

「高坊、最悪や……俺の相手、さっきココで水撒いてたおばちゃんやったんや……近くで顔見たらな、コロムビア・トップみたいな顔しとんねん……俺、頑張ってんけどな……アカンかったわ……」

高文は不憫に思い、一晩中、康雄を慰め、語り明かした。

さんま「僕らも高校生に見られたらアカンから、もう成人してて遊びなれてるいう態度で、〝え

えコいうてどんなコ?〟って、そのおばちゃんに聞いたりしてね。（中略）それにしても、悲惨なんはぼくの友達です。なにしろ、それ以来、女のコとそういう仲になると、頭の中にコロムビア・トップさんが浮かんでくるいうんですから」（『プチセブン』1988年5月15日号）

さんま「10代の頃は、頭ん中浮かぶの下ネタばっかりよ。1秒ごとに女のこと考えてるよ。背中に手ぇ回したら、1秒でブラジャー外さなアカンとか。〝大西の家に集まって練習や!〟言うてやってましたよ。大西のオカンのブラジャーを大西がつけて、〝用意! スタート!……5秒!〟〝アカンなぁ〜、これじゃあモテないぞ〟とか」（関西テレビ『さんまのまんま』2007年8月17日）

さんま「康雄が、〝高坊と岡町行って来てよ〜〟とか、慶子ちゃんが近くにおるのを知らんと、教室でベラベラベラベラしゃべってしまったこともありました。康雄と慶子ちゃんが同じクラスだったのは、俺にとってはマイナスだったのよ。すごいエロ本持ってきちゃ、〝これ、高坊が貸して欲しいって言うてたから持ってきてん〟とか、みんなが見てる前で言うたり。もう、なんの空気も読めない奴やったからね。康雄と慶子ちゃんの親友を付き合わそうとしたこともあった。いろいろやりました。あの頃は青春でした」（『MBSヤングタウン』2004年11月13日）

高文は康雄と過ごす日々が楽しくて仕方がなかった。ふたりの周りにはいつも笑い声が響いていた。人を笑わせると自分も笑顔になれる。大声で笑うと嫌なことをすべて忘れることができた。

部活の帰り、行きつけの食堂で仲間たちとうどんを食べながら、その日笑わせたことを振り返り、その余韻に浸りながら、「次は何をして笑わせようか」、高文はそう考えるだけで心が弾んだ。

テレビ、ラジオの演芸番組を熱心に見ていた高文は、落語の演目を覚え込み、クラスメイトの前で演じることもあった。落語よりもよくウケたのが、中学生の頃から披露していた漫談だった。

アニメ『巨人の星』の登場人物である星飛雄馬、伴宙太、花形満、星明子をひとりでこなす「ひとり巨人の星」と題したものまねや、声を出さずにスポーツ選手などの形態や動作を真似る「形態模写」を織り交ぜながら、時間の許す限り、ひたすらしゃべり続けた。

これを見た英語教師の坂本は、高文の笑いの才能に驚き、授業をときどき中断しては、高文に新作漫談を披露させるようになる。

高文は毎回、テレビ、ラジオからネタを仕入れ、期待に応えていた。

ある日、坂本は高文の漫談をひとしきり聞いたあと、感心しながらこう告げた。

「杉本、おまえ、吉本入れ」

教室中に笑いが起こった。高文は人を笑わせることが好きではあったが、このときはプロになる気はまったくなかった。

「芸人って売れへんかったら悲惨やろ？」

「おまえは絶対いける。俺が保証したる！」坂本の顔は真剣そのものだった。高文は照れ隠しでこう返した。

「売れへんかったら、先生の養子にしてもらうで？」

「……それだけは勘弁してくれ」坂本の顔がほころび、教室がワッと沸いた。

さんま「毎日毎日、何やって笑かそうかばっかり考えていたね。もうその時点で大学へ行く気なかったし。机に向かっては、きょうこのギャグやったから明日は何して笑かそうかって、それば

つかりや」（明石家さんま『ビッグな気分』集英社、1980年）

人生で一番ウケた日

高校3年生になった高文は、毎年、春に行われる新入生に向けてのクラブ説明会に、サッカー部の副キャプテンとして参加することになった。クラブ説明会は体育館で行われ、各クラブの代表者が順番に演壇に立ち、クラブの活動内容や功績を簡潔に紹介し、新入生を勧誘していく。高文は「1番目に紹介させて欲しい」と願い出た。

どのクラブの代表者も紹介文が書かれた紙を持っているが、高文は何も持たずに壇上に上がる。新入生は静かに壇上の高文を見つめていた。

「えぇ〜、サッカー部の杉本です。我がクラブは……」

高文は得意の漫談口調で冗談混じりにクラブ紹介を始めた。静まり返っていた新入生たちの間からクスクスと笑い声が漏れてくる。紹介を終えると、高文は大きな拍手を浴びながら、壇上から降りた。

すると、2番手のバスケットボール部のキャプテンが高文に駆け寄った。

「杉本、バスケ部の紹介もやってくれへんか？ 頼むわ」

「おぉ、ええよ」高文はふたつ返事で再び壇上に上がり、バスケットボールを片手に、先程と口調を変えて紹介を始めた。

「えぇ〜、バスケットボール部の杉本です。このバスケットボールに君の青春をかけてみないか」。新入生たちは大声で笑いだした。

「ご清聴ありがとうございました〜！」紹介を終えると高文は足早に壇上から降りる。すると今度は、「俺とこも頼むわぁ」と、3番手のテニス部のキャプテンが頼んできた。

「よっしゃ、まかしとけ」3度目は、高文が演壇に立つだけで体育館は笑いに包まれた。

「次は？　放送部？　よっしゃ、まかしとけ！」

結局、高文は21のクラブ全て紹介し、新入生たちが疲れ果てるほど笑わせた。

さんま「あれがねぇ、俺の人生で一番ウケたの。もうねぇ、3つ目のクラブから出るだけで大爆笑になるの。〝うちのクラブはこうこうで〟とか説明して、次、バーって出て行って、〝俺は〜相撲部の杉本じゃ〜〟とか言うたら、ドッカーン、ウケんの。その次、メガネ借りて、〝そろばん部の杉本です、よろしくお願いします〟とか言うて。もうあの笑い声が今でも忘れられない」
（『さんまのスーパーからくりTV』2013年5月19日）

ある日のこと。全身にトイレットペーパーを巻きつけた高文と康雄は、2階の窓から身体をロープで吊るし、1階の教室で授業を受けている生徒たちを笑わせようと、友人らの手を借り、降りていった。

高文は1階の生徒たちの視線を一身に浴びると、「ミイラ男だぁ〜！」と声を上げ、笑わせることに成功するが、遅れて降りてきた康雄は上手く着地することができず、地面に尾骶骨を打ちつけ、唸り声を上げた。すると、高文の天敵だった教師、乾井が現れ、ふたりを追いかけまわした。トイレットペーパーでぐるぐる巻きになった高文と康雄を、真剣に追いかける学校一怖い教師。

多くの生徒たちが、運動場で繰り広げられているその追跡劇を目撃し、大爆笑した。高文は校舎から声援を送る生徒たちを見渡しながら、「康雄〜！　見てみぃ〜！　みんなめちゃくちゃ笑ろてるぞぉ！」と叫び、満面の笑みを浮かべた。

奈良商の文化祭では教室の一室を借り、2時間の公演を開くことを許された。

そこで高文は、いつも教室で見せていた落語、漫談、小噺、ものまね、形態模写を披露する。映画『仁義なき戦い』の菅原文太のものまねや、アニメ『巨人の星』の登場人物をナレーションしながらひとりで何役も形態模写していく「ひとり巨人の星」も、以前より磨きがかかっていた。

中でも「京子ちゃんシリーズ」と題した小噺ネタは、高文の自信作だった。

「いやぁ〜、京子ちゃん、パーマあてたん？……ちがうのよ、昨日、洗濯機の脱水機に頭から突っ込んだの……」

「いやぁ〜、京子ちゃん、可愛らしいブレスレットしてぇ〜……ちがうの。今、警察に捕まってるの……」

「いやぁ〜、京子ちゃん、あんた今日パンツはいてへんやろ？……いやっ、なんでわかるの？

……スカートはいてへんもん……」

最初は何が始まったのかと観客たちは当惑したが、高文が「京子ちゃん」にまつわる小ネタを次から次へと披露していくと、次第にクスクスと笑いが起き始め、しまいには手を叩いて笑いだした。

何かにとり憑かれたかのような高文の熱演は、満場の拍手に包まれながら幕を閉じた。

さんま「パーマのネタだけが実話なんですよ。〝京子ちゃん、パーマあてたの?〟〝いや、洗濯機の脱水機に頭突っ込んだの〟っていう実話を土台にして、いろいろ作っていったんですよ。『京子ちゃんシリーズ』の京は、京都の京なんです」(『明石家さんまのG1グルーパー』1997年7月21日)

和田勝彦(学年主任)「高校3年の文化祭のとき、杉本から落語をやらせてくれという申し出がありました。ふつうなら体育館のステージでやるんやが、もういっぱい。それで教室を1つあけて高座を作ってやらせました。(中略)杉本の記憶力のよさ、頭のよさにはみんな感心しよりました」(「週刊平凡」1986年3月7日号)

伏見敦(高校3年の学級担任)「(ホームルームの時間や自習時間に)〝新しい話を覚えてきたからやらしてくれへん?〟いうんです。10分くらいのときもあれば、20分くらいのこともあった。だけどさっぱりおもしろくなかったですねえ。それより落語の前のマクラがおもしろかった。それと、ホームルームの司会とかはうまかったですよ」(同右)

大西康雄「うちへ遊びに来ると私と6畳の部屋でベッドを高座がわりによく落語を聴かせてくれました。ベッドの下で私やら友達やら、私の母が常連の客ですわ」(同右)

さんま「高校時分は全盛やったからね。あのときにテレビに出たかったぐらいやから。いっちばんおもしろかってんから」(『MBSヤングタウン』1995年12月30日)

さんま「俺が友だちにしてあげた一番のことというたら、笑わしてあげたことやね。俺がいてホントよかったと思うよ。みんなはどう思ってるかわからんけど（笑）。だって明日何をして笑かすかが、俺の宿題だったもん」（「JUNON」1992年5月号）

奈良商のヒーロー

高文は奈良商のヒーローだった。

ある日の放課後、奈良商の校門前が騒然となる事件が起きる。以前、奈良商の生徒が京都の高校の生徒と電車内で揉め事を起こしたことがあり、その京都の生徒がとてつもなく厳つい顔をした男たちを引き連れ、乗り込んできたのだ。高文はそんなことが起こっているとは全く知らずに、教室で友人たちとしゃべっていると、サッカー部の後輩が引きつった形相で教室に入ってきた。

「杉本先輩！　殴り込みです！　京都の高校の連中が滝先輩を探してるんです！　ちょっと来てください！」。高文はあまりに唐突な申し出に、さっぱり事情が飲み込めなかったが、導かれるまま、後輩のあとについて行った。

廊下に出ると、生徒たちが窓から校門の方を覗き、騒いでいた。高文が校門に目をやると、そこには見たことのない制服を着た連中がたむろし、奈良商の生徒の襟首をつかんで何やら叫んでいた。高文は、なんとなく状況をつかむことができた。そして、「なんで俺が行かなアカンねん、俺関係ないやん」という思いがすぐに湧きあがってきたが、後輩に頼まれた手前、断ることもできず、校門へと向かった。

高文は校舎の階段を降りながら、イメージトレーニングを始めていた。

「たぶん、殴られるんやろなぁ。痛いやろなぁ。でも我慢しょう。手ぇ出しても絶対やられるし、絶対抵抗せんとこう。そのうち誰か助けに来るやろう。冷静に冷静に」

高文が校舎を出て、恐る恐る校門に向かって足を踏み出すと、あちらこちらから、「おぉ！杉本や！」「杉本君よ！」「杉本先輩よ！」という声が聞こえてきた。その声に反応した男たちが、校門から高文を睨みつけた。

「もう逃げられへん。ボコボコや。俺の人生終わりや」高文は心の中でそうつぶやきながら、校門へ向かって歩き出した。

「お前、誰や！」眉毛を剃り落とした男が高文を睨みながら怒鳴りつけた。

「……杉本いうもんやけど」高文は冷静を装った声で答えた。

「杉本？」

男たちが何やら相談を始めた。そして、高文に向かって言った。

「杉本ってお前、やーちゃんの知り合いの杉本かいなぁ」

「やーちゃんって、吉田のやーちゃんのことか？」

「おぉ」

「……まあ、知り合いやけど」高文は鼻をかきながら、精一杯、落ち着き払った口調で答えた。

吉田とは、高文が中学3年生のときに相撲大会の決勝戦で熱戦を繰り広げた吉田のことだった。その後、吉田は奈良県の総番長となり、他府県にもその名を轟かせるほどの存在となっていた。高文と吉田は高校生になってからも何度か町で顔を合わせたことがあり、吉田は高文と会うたびに、そこにいた仲間たちに「こいつはめちゃくちゃケンカ強いからなぁ、お前ら手ぇ出すなよ。

簡単にいかれるぞぉ」と、冗談っぽく話していたのだ。

「自分かいなぁ、やーちゃんと相撲とってええ勝負したいうんは。ワシ、やーちゃんのツレやねん。やーちゃんから自分のことよう聞いてるわ。いやな、うちの後輩が奈良商の奴と揉めたいうから、奈良に来たついでにちょっと寄ってみたんや。まあ、ほんなら帰るわ。やーちゃんによろしくな」

そう言い残し、男たちは去って行った。

高文の心臓はバクバクと音をたて、足はガクガクと震えていた。「ふぅ〜、なんや知らんけど助かったぁ」と胸をなでおろし、高文が振り返った瞬間、校門付近にいた生徒や、校舎から見ていた生徒たちから一斉に拍手が湧き起こった。高文は照れ笑いを浮かべながら、両手を上げ、拍手に応えた。

この一件の直後、奈良商新聞部が全校生徒を対象にしたアンケート調査を行ったところ、「好きな男性芸能人」部門で、郷ひろみ、西城秀樹、野口五郎といった超人気アイドルが名を連ねる中、高文は7位にランクインされた。それほど、奈良商では絶大な人気を誇っていた。

さんま「ぼくの人気の要因は『笑い』と『わるさ』、これやなかったかと思ってます。それで男からも女からも人気があったんやないかと」（明石家さんま『こんな男でよかったら』ニッポン放送出版、1984年）

伏見敦「クラスの人気者でした。（中略）授業中、よく私の言葉尻をとらえてはジョークをいうことがありました」（「週刊平凡」1986年3月7日号）

さんま「高校時代は学校じゅうの人気者でした。ほかの高校の女生徒がわざわざ、ぼくの顔を見にくるぐらいの人気者だったんですよ。めだちたがり屋やったんです、ぼく。自分のサイン、1枚50円で売ったんですわ。買うてくれる女の子が何人かいましたからね」（「プチセブン」1988年6月1日号）

高文の天敵・乾井との最後の決戦の場は、奈良商の運動会だった。厳しい指導で全校生徒から恐れられていた乾井。頑丈な体格を誇り、その顔立ちには厳格さが滲み出ており、あまりにイタズラが過ぎたときには容赦なく鉄拳制裁を加えた。

人を笑わせるためなら、他人の迷惑などお構い無しにイタズラを働く高文にとって、乾井は最も厄介な存在だった。乾井もまた、何度注意をしても懲りない高文には手を焼いていた。

徒競走でスタートと同時に逆走して笑いをとり、体育部長を務める乾井を怒らせていた高文は、運動会のクライマックス、クラブ対抗リレーでも笑いをとりにいく。

高文はサッカー部の最終走者。全校生徒がグラウンドを取り囲んでいた。

第一走者から陸上部とサッカー部が熾烈なトップ争いを繰り広げ、あとのクラブは団子状態。そしていよいよ最終走者にバトンが託されようとしていたそのとき、異変が起こる。

最終走者が待機する場には、各クラブのエースではなく、高文とその仲間たちが立っていた。バトンを託された高文は、勢いよく走り出すが、来賓席付近で仲間たちと手をつなぎだし、ゆっくりと歩き始めた。

一瞬の静寂の後、グラウンドを取り囲んでいた生徒たちの歓声がドドドドーッと波打った。高文は清々しい表情を浮かべながら、生徒たちの歓声に応えるように手を振り、仲間たちと歩みを進める。「杉本〜！　走れ〜！」乾井の拡声器を通した怒号がグラウンドに響き渡り、高文らが一目散に逃げ出すと、グラウンドに地鳴りのような笑い声がこだました。

必死の形相で追いかける乾井。凄まじいスピードで逃げる高文。

「高坊〜！　逃げろ〜！」康雄が叫ぶ。

生徒たちは皆、高文を応援していた。来賓席からも笑いがこぼれていた。笑いが絶頂に達したところで、高文は乾井に捕まった。グラウンドは一瞬にして静まり返り、運動会は中断される。

グラウンドの中央で正座をさせられる高文とその仲間たち。

乾井は竹の棒を持ち、高文を睨みつけている。ちらほらと笑い声も聞こえてくるが、生徒たちは静かにその様子を見守っていた。

「お前ら何考えとんじゃ〜！」

乾井は竹の棒を振りかざし、ひとりずつ懲らしめていく。

「バシーン！　バシーン！　バシーン！」静かなグラウンドに乾いた音が鳴り響いた。

残るは康雄と高文。乾井は康雄の頭をめがけ、竹の棒を勢いよく振りおろした。

すると、当たりどころが悪かったせいか、康雄の頭に竹の棒が直撃した瞬間、「ボコン！」と、おかしな音が鳴った。真横で座っていた高文は笑いをこらえきれず、とっさに両手で顔を隠し、うつむいた。乾井は、体を小刻みに震わせる高文を見て、地面に置いていた拡声器を摑み、様子を見守る生徒たちに向けてこう言い放った。

「いつも悪ふざけをしとる杉本が、泣いて反省しとる。みんな、許したってくれるか！　みんなが力を合わせて一生懸命準備してきた運動会を、悪ふざけで台無しにしたこいつらを許したってくれるか！」

熱のこもった乾井が勢いそのままに続ける。

「杉本！　お前からも一言みんなに謝れ！」

泣いていると思われるのを嫌がった高文は、顔をふさいでいた両手を広げ、おどけたポーズを見せた。その瞬間、高文を注視していた生徒たちが怒濤のごとく笑いだした。

呆然と生徒たちの方を見る乾井。高文はその隙を突き、逃げ出した。

「杉本〜！」乾井の大声で拡声器がハウり、「ピーーーー！」と耳障りな音をたてた。

乾井は鬼のように怒り狂い、高文を追いかけた。しかし、運動靴を履いた高文はそう簡単には捕まらなかった。グラウンドの中央で正座をさせられていた仲間たちは腹を抱えて笑っている。来賓席に座る大人たちの表情もほころんでいた。

乾井はなんとか先回りして捕まえようとするが、高文は巧みなフェイントで何度も乾井をかわした。そのたびに生徒たちの笑いが波打った。

高文は満足したのか、走る速度をゆるめ、再び乾井に捕まった。

「いたたたたっ、ちょっ、先生、かんにんしてぇなぁ」

「このバカタレがぁ！」

乾井が高文を捕らえたこの決定的瞬間は、新聞部の生徒によってカメラに収められた。高文と乾井の最終決戦は、その写真と共に学校新聞に大きく掲載され、奈良商に語り継がれる伝説となった。

さんま「俺が捕まえられた瞬間、新聞部がシャッター押しとったのよ。偶然撮っとったの。この

とき、〝かんにんしてぇ〟って言うてんねん（笑）。全校生徒がいてて、父兄がいてて、ＰＴＡの偉いさんがいてててやで、あんな笑わしたのになぁ～、運動会中断して怒られてん。どうも運動会はなぁ、笑いはいらんみたい。

クラス対抗リレーで、グラウンドに封筒置いといて、ひとりだけ借り物ゲームのフリしたりな。〝え～っと、女の人の靴やな〟とか言うて。それは怒るわな（笑）」（フジテレビ『さんま・中居の今夜も眠れない』２００７年７月28日）

乾井實「とにかく、いまも昔も変わりませんね。テレビを見とっても、お客を楽しませるために一生懸命ですよねえ。高校時代もそうでした。

毎日、1回、人を笑わせるのを生きがいにしとったような男ですよ。〝ぼくは人を泣かすのはいやや。人を笑わせたい。人が楽しそうに笑ってるのを見るのが好きなんですわ〟いつもそんなふうにいうてました。心の優しい子やったんですよ。

ただねえ、その人を笑わせるのが少々、度がすぎることがありましてね。（中略）私、一度、彼を殴ったことがあるんですよ。

3年生の体育祭のときでした。（中略）杉本は最終ランナーだったんですよ。第1、第2、第3走者が全力で走り、最終ランナーにバトンが渡されました。ところが、来賓席の前あたりで、最終ランナーが全員、歩きだしたんです。どうやら全員がしめしあわせて、会場を笑わせようとしたらしいんですが、私、仕掛け人は杉本やとピ～ンときましてね。

それで殴りつけたんですが、あの子のええところは反抗したりせずに、素直に〝すんません！〟って謝るとこなんですよ。〝ちょっとやりすぎました。すんません！〟って。

そういう性格やから、杉本のまわりにはいつも友だちがいっぱいおりましたね。人をひきつけるもんをもった子供でしたよ」（「女性セブン」１９８５年5月23日号）

さんま「先生には散々怒られましたから。運動会でねぇ、先生、覚えてらっしゃいますか？　僕たちを死ぬほど怒ったことは？」

乾井「絶対忘れません！　運動会では最後にクラブ対抗リレーというのがあるんですね。その時に、杉本君は最終ランナーでですねぇ、みんな一生懸命走ってくるのに、みんなを止めて、そして、みんな横一列になってでですねぇ、歩きながらゴールをしようとしたんです。私が、若気の至りですね、杉本くんの手を持ってですねぇ、殴ったと、そういう事実があるんですよ」

さんま「先生が拡声器で、〝杉本！　ボケ！　アホ！　カス〜！〟言うて、ＰＴＡの偉い人もいてんのにやなぁ、〝運動会中止じゃー！　ピー！〟とかいうて。それでシーンとなって、正座させられたんですよ」

乾井「この頭が光ってんのもね、杉本君がだいぶ毛を抜いてるんやで」

さんま「（笑）すいません。心配かけて抜かしたかわかりません。ほんとに申し訳ないですよ」

乾井「（笑）」（『春の豪華版！さんまのからくりＴＶ』２００７年3月25日）

【コラム1】笑いとともに成長した少年時代

親戚たちを笑わせることで、注目を浴びる喜びを知った少年時代のさんまさん。それからというもの、家族や同級生を笑わせるようになり、笑いにのめりこんでいきます。

中学生になる頃には、桂三枝さんがラジオでする小噺を耳でコピーし、桂高文と名乗って親戚たちの前で披露していたそうで、それがあまりに面白いと、親戚のひとりがテープレコーダーに録音。親戚の大きな笑い声も吹き込まれているその音源は、今も和歌山の親戚宅に大切に保管されているそうです。

笑いの才能は祖父である杉本音一さん譲り。音一さんの伝説は本書では書ききれないほど豊富にあり、さんまさんの初の著書『ビッグな気分』では、「音一ばなし」として、一章分のページを費やし、記されています。

兄の正樹さんも、負けず劣らず面白い少年だったようで、さんまさんが女性ファッション雑誌「ｎｏｎ－ｎｏ」で連載していたエッセーで、「僕がこの商売をするようになったのも、おじいちゃんと兄貴が群を抜いておもしろかったですからね。その影響です」と記すほど。音一・正樹・高文の3人は「奈良の三バカ大将」と呼ばれ、ご近所さんから親しまれていたようです。

テレビがなにより大好きだったさんまさんは、コント55号や笑福亭仁鶴さん、桂三枝さんらが出演するお笑い番組に触れ、そこで得たネタを学校で試し、笑いをとる。それが少年時代のさんまさんの日常でした。

高校生になると、大西康雄さんという強烈な個性をもった同級生と衝撃的な出会いを果たします。自分が井の中の蛙であったことを思い知らされたさんまさんは、さらに人を笑わせることに没頭。高校3年間、ほぼ毎日、康雄さんを笑わせ、康雄さんに笑わせられる日々を過ごす中で、数々の伝説を母校に残しました。

「どうすれば笑いがとれるのか」と、毎日、悩み苦しむほど考え続け、同級生を笑わせ、喝采を浴び続けたさんまさんは、「高校時代のオレが一番おもしろかった。あのときにテレビに出たかったぐらいや」と、今でも語っています。

その経験によって自信をつけたさんまさんは、プロの道へと進みます。

後年、さんまさんがスターとなり、週刊誌などで同級生の方たちの証言が頻繁に掲載されるようになってからも、康雄さんだけは取材を断り続けていたそうです。その理由は、「自分はおしゃべりで、高坊（さんま）のことを知り過ぎているから、言ってはいけないこともべらべらしゃべってしまう恐れがある」というもの。

康雄さんの証言が週刊誌に掲載されているのを確認できたのは2回だけです。そこには、高校時代の楽しい思い出話や、「高坊のためならなんでもしたる」と、さんまさんに対する思いを熱く語る康雄さんの姿がありました。

笑いの全盛期であった高校時代のさんまさんの全てを知る男であり、さんまさんの無二の親友である康雄さんは、さんまさんが笑福亭松之助師匠に弟子入りしてから1年後、行き場を失い呆然とするところを救うのですが、それは次のお話になります。

II. 入門——1974～75年の笑福亭さんま

弟子修業

プロローグで記したように、１９７３年秋に笑福亭松之助から弟子入りを許された高文は、１９７４年2月、高校卒業を待たずに松之助のもとで弟子修業を始めることになった。自慢の長髪は、松之助の「全部刈って来い」の一言でバッサリと切り落とし、丸刈りにした。修業初日、高文は、松之助がレギュラー出演するラジオ番組『ポップ対歌謡曲』（ABCラジオ）の生放送の現場についていくことになった。共演者の女性が、高文が毎週欠かさずに見ていたドラマ『おさな妻』（東京12チャンネル）で主演を務めていた麻田ルミであることに気づいた高文は、叱られるのを覚悟の上で、「サインをもらってもいいですか」と松之助に懇願した。ふたりのやりとりを笑いながら聞いていた麻田はサインに応じ、握手にも両手で応じた。

さんま「不思議やったなぁ。弟子1日目に、師匠のラジオについて行ったときに、『おさな妻』をやってた女優さんが、うちの師匠とラジオのレギュラーをやってはって。〝彼女のファンなんですぅ。サインもらっていいですか?〟って言うたら、〝お前、あんなもんのファンなのか?〟言うて（笑）。仲間内やからね。今でこそわかんねんけど。1日目について行ったときにサインをもらったことを覚えてますねぇ。それを大事にしてましたからね」（『MBSヤングタウン』

2008年12月6日）

1974年3月、奈良商の卒業式が行われた。坊主頭の高文が颯爽と登場すると、式場はどよめいた。高文は涙を見せることなく、思い出がぎっしりと詰まった奈良商の仲間たちに笑顔で別れを告げる。

さんま「卒業式は泣くとかはなかったよ。ほんでまた、この世界に入ってたから、もう気分が切り替わってたわ、俺は。すでに次のステップを踏み出してたから」（『MBSヤングタウン』1997年2月8日）

高文は毎朝、奈良の実家から兵庫県西宮市にある松之助の自宅まで1時間半かけて通い、朝食の準備を手伝った。米の研ぎ方も知らなかった高文は、松之助から家事をみっちりと仕込まれる。高文は松之助の言うことをよく聞いた。松之助の前では自分でも不思議に思うほど素直になれたのだ。

朝食を終えると、小学校に通う松之助の長男・弘之を見送り、次男・正之を幼稚園へ送り届け、掃除、犬の散歩と用事は続く。劇場では、舞台袖から松之助の舞台をじっと聞き、出番を終えた松之助に熱いおしぼりと水を差し出し、着替えを手伝う。松之助の着物を畳み終えると、2回目の舞台が始まるまでの時間が高文の自由な時間となる。夕食を終えると、松之助から落語の話、貴重な体験談などを聞き、帰宅する。

高文の弟子時代の1日は主に、こうして流れていった。

今くるよ「さんまちゃんは今からは想像できんぐらい真面目やってん。松之助師匠が舞台終わらはったら、ちゃんと背中を拭いて、着物をちゃんと畳まはんねん」

さんま「当時、関西の若手芸人で袴を畳めるのは俺ひとりやってん。袴をはく師匠が俺とこの師匠以外にいなかったから、袴を畳む技術を覚えたのよ。正月には他の師匠も袴をはくことがあるから、その弟子っ子らは誰も畳まれへんから、全師匠の袴を畳まなアカンかってん」(毎日放送『明石家電視台in京都 京美人がご案内 秋の極上いいねツアー』2015年10月10日)

松之助は、高文に多くの自由時間を与えた。酒好きの松之助は、楽屋では大抵ほろ酔い加減。高文に酒を買いに行かせ、ひとしきり訓示を垂れると、「世間を見て来い」と、小遣い銭を握らせ、高文を送り出す。高文はその時間を、芸人仲間との談笑や街の散策、映画鑑賞などに費やした。

さんま「落語を教えてもらうのは週3回、あとは師匠の体験談。特にぼくの師匠は落語より先に人間という考えで、人間性を磨けという論理で。そやから、禅の本とか人生論とかそういう本ばかり読んではった。そして、テレくさいのか、帰りにこれ読んでおけって手紙をくれはる。これが師匠の体験談やったり、禅の話やったり……。(中略)もういっぱい、いい話が手紙に書かれてるわけや。師匠が読んだたくさんの本からええのをピックアップして手紙に書いてくれはるから、ぼくが本読むより、もうエッセンスそのものやと思う。

だから人生勉強のほうが多かったんや。そして、もし売れへんかっても、この師匠についたのは大正解やと思ったわけや」(『ビッグな気分』)

さんま「師匠は、〝ワシの鞄を持つな〟っていう師匠ですからね。〝ワシの鞄を持って噺が上手くなるわけがない、ワシの鞄はワシが持つ〟っていう、そういう教えで。1日中、話をしていただいて。他の弟子からは、〝辛いやろう?〟って言われてましたけど、俺は辛くなかったですね」(読売テレビ『関西限定!!春はさんまから!スペシャル2』2002年4月7日)

さんま「うちの師匠は楽屋とかで寝る芸人は出世しないというのが口癖やったんですよ。楽屋で寝る時間があったら外を歩け、周りを見とけと教えられましたからね。(中略)18でそうたたき込まれてるから移動中も寝られない」(「AERA」2010年4月19日号)

島田紳助との出会い

弟子修業に少し慣れてきた頃、高文は長谷川公彦と出会う。長谷川は1974年3月24日、18歳の誕生日を迎えた日に、島田洋之介・今喜多代に弟子入りした。

ふたりの出会いの場は、花月の楽屋通路だった。高文は、先輩芸人や劇場関係者が慌ただしく行き交う楽屋通路の片隅で、弟子っ子仲間たちとの立ち話を楽しんでいた。輪の中で、ひときわ明るく、ひたすらしゃべりまくる高文をじっと見つめる若者、それが長谷川だった。

「今年から松之助師匠の弟子になった杉本です、よろしくお願いしますわぁ」

「あぁ、どうも、長谷川です。俺も今年入ったばっかりで。よろしく」

「あぁ、ほんだら俺ら同期やなぁ。いつ入ったん？　師匠だれ？　落語？　何歳？……」

角刈り頭で、毛布のような分厚い黒色のジャンパー、裾の広がった薄っぺらいジーンズ、先の尖った革靴という風貌で一気にまくし立ててくる高文に対し、長谷川は圧倒されそうになりながらも的確に言葉を返す。高文は自分と同じテンポでしゃべり返してくる長谷川に対し、「こいつ、めちゃくちゃおもろい！」と感じていた。

さんま「ビックリしたわ、初め会うた日、君と。18の春や、忘れもせんわ」
紳助「3月や」
さんま「3月や」
紳助「君も僕も18歳や」
さんま「そうやがな」
紳助「どう思てん？」
さんま「どう思たやあるかい、俺、初め顔見たとき、ほんま、後ろで丸太ん棒で思い切り殴られたような衝撃おぼえたわ。君に聞いたやろ？〝漫才するために、君、整形したん？〟言うて」
紳助「……おい」
さんま「世の中にこんなおもろい顔があんのか思たわ」
紳助「マンションに火ぃつけたろか、お前」
さんま「気ぃ済むならつけーや」
紳助「あのなぁ、君がそれ言うんやったらなぁ、言うで。これは君のイメージダウンにつながる思て、俺は黙っとったんや」

さんま「お前が黙ってるわけない」
紳助「うん、2、3か所では言うた（笑）」
さんま「（笑）こいつは角刈りで、今よりまだ気持ち悪い顔しとったんや」
紳助「誰が角刈りや（笑）。お前が角刈りやったんやないか（笑）」
さんま「お前、あれ、何カットいうねん、ほんだら」
紳助「あれ、普通の散髪やないか。18歳や、会うて笑ろたわぁ、ほんまに」
さんま「俺が笑ろたわ、ビックリした」
紳助「俺は高校3年のときなぁ、『メンズクラブ』とかに載っとってんで。みんながヤンキーや、ニュートラやっていう時代や。そんときにな、弟子入りしたんや。

こいつは、〝笑福亭松之助の弟子の杉本ですぅ〟って言うてきたとき、ラッパズボンっちゅうの穿いてんねん。あれは日本から消えた思とったんや。ラッパズボンのジーパンや。角刈りしてな、まだ3月で寒かったから、おじやんからもうたんか知らんけど、なんかあの、毛布みたいな、毛玉の立ったジャンパー着てな」
さんま「おいおい、待てぇ、あれはなぁ、菅原文太が着とったんや！」
紳助「みんながサーファーや、ニュートラや言うてるときにこいつ、サングラスかけて、〝わしゃー、菅原文太じゃけー〟言うて」
さんま「（笑）」
紳助「俺ほんま、今やから言うけど、俺はあのとき右も左もわからん世界やから、君のこと初め友達や思てしゃべっとったけど、俺、3か月ぐらいずーっとうたごーとったんや」
さんま「なにをや？」

紳助「君のことを俺、絶対、密入国者や思とってん。近畿地方のもんがあんなファッションするわけないもん」（『さんまのまんま』1986年6月16日）

高文と長谷川は、すぐに打ち解ける。

互いの師匠である笑福亭松之助、島田洋之介・今喜多代は、京都花月での出番が多く、京都花月の楽屋には食事もとれる広い控室があり、そこでは弟子っ子たちも先輩芸人に気を遣うことなく談笑することができた。ふたりはそこで会うたびに、互いの師匠の出番の合間、時間の許す限り語り合った。

紳助「同期やってん。びっくりしたもんな。才能というかね、日本にこんだけ陽気なやつがおんねや思て」
さんま「そんなもん才能やあれへん（笑）」
紳助「むっちゃくちゃ陽気や。俺、ずっとお前のことメキシコ人やと思てたもん」
さんま「（笑）」
紳助「こんな陽気な日本人はおらん思て。聞いてたら日本人や言うがな」
さんま「（笑）顔見たらわかるやろ！　俺も紳助と初めて会うたときは、びっくりしたもんね。強烈な顔やったもんなぁ」
紳助「お前も坊主頭でな、ほいで、一個だけ不思議やねん。いつから歯ぁ白なってん？　それ入れ替えたんか？」
さんま「昔から白いわい！」

紳助「お前、歯ぁ真っ黄色やったやないか。いつもこいつと会うたら、バナナくわえてるな思とったんや」
さんま「(笑)」
紳助「お前、まっ黄色やったやろ。巨人(引用者註：オール巨人)と言うとってん。〝あいつ、なんやろう〟言うて。〝奈良の人間って、人間喰うてるってホンマかなぁ〟とか言うて」
さんま「お前、奈良から怒られるで(笑)」(朝日放送『紳助のMTV倶楽部』1987年4月25日)

紳助「軍艦みたいな靴はいて。あのままプールに置いたら浮かびそうな靴」
さんま「ああいうのが流行っとったんや(笑)」
紳助「流行ってへんわ。昭和49年いうたら、アイビーが廃っていった頃やねんで」
さんま「菅原文太に憧れてたからしょうがないやろ」
紳助「坊主頭で菅原文太みたいなサングラスかけて、会うたらいつも、〝わしゃあ、菅原文太じゃけぇ〟言うて、全然似てへんものまねしとってん」
さんま「(笑)」(同右)

鶴瓶の大判焼き

1974年4月、高文は、大阪・心斎橋にあるプラザービルで行われた上方落語協会主催の定席寄席「島之内寄席」に出演する松之助に同行した。落語会は盛況のうちに幕を閉じ、高文が松之助の着物を畳んで帰り支度をしていると、松之助から声をかけられる。

「杉本、今から兄貴らと飲みに行くさかい、今日はもうええぞ」

「わかりました。ほな、お先に失礼します。お疲れさまでした」

外は4月だというのに肌寒く、大阪の街は冷たい風が吹きすさんでいた。黄色いタートルネックのセーターに、古びた茶色のジャケット、肌が透けて見えそうなペラペラの夏用のスラックスに、先の尖った安物の革靴という身なりの高文は、寒さをこらえながら、近鉄難波駅（現・大阪難波駅）に向かって歩いていた。

すると、背後から肩をポンポンと叩かれた。高文が振り返ると、そこには、笑福亭鶴瓶が立っていた。鶴瓶は、松之助が〝兄貴〟と慕う六代目笑福亭松鶴の弟子であり、入門してからまだ2年ほどしか経っていないが、ラジオ番組に出演するなど、関西の若者の間ではすでに知られた存在だった。高文も鶴瓶が出演するラジオを聴いたことがあり、落語家の枠を超えて活躍し、存在感を放つ同門の先輩芸人を仰ぎ見ていた。

先の島之内寄席でも、トップバッターとして舞台に上がり、自慢のアフロヘアーを振り乱し、一際目立っていた。舞台を降りてからも、「今日はキレイな女の子が客席におったやろ！」と、幕の裏から客席を覗き込むと、そのまま下半身を露わにして仲間内のウケを狙っていた。

「今から帰んの？」鶴瓶が笑顔で問いかけた。

「あっ、はい」高文は、間近で聞く鶴瓶の濁声（だみごえ）に萎縮しながら答えた。

「途中まで一緒に帰ろうや」

「はい、ありがとうございます」

ふたりはゆっくりと歩き始める。

「自分、杉本いうのん？」

「はい」

「いや、さっき、松之助師匠としゃべってたの聞こえたからな」

「あっ、そうですか」

「いつ入ったん？」

「今年の2月です」

「あぁ、そう。どこ出身？」

「奈良です」

「そうなんやぁ。なんか今日、寒いなぁ」

「寒いですねぇ」

「大判焼きおごったるわぁ」

鶴瓶の口調は柔らかく、とても優しかった。

「この湯気、あったかいなぁ」

「はい」

鶴瓶は熱々の大判焼きを頬張りながら、高文に付き人時代の失敗談などを聞かせた。高文は、心の底から笑った。鶴瓶は高文のストレートな反応に好感を持ち、ふたりは意気投合する。

「ほな、そろそろ帰るわなぁ、がんばりやぁ」

「今日はごちそうさまでした。ありがとうございました」

「またなぁ」

高文は鶴瓶の後ろ姿が見えなくなるまで見送った。

さんま「僕がまだ『さんま』っていう名前をもうてない頃、杉本の頃にね、偶然、帰り道で一緒になったんですよ。心斎橋で。鶴瓶兄さんが、まだこんな頭して（アフロヘアー）、ようするに見た目でしか笑かせない時代ね」
鶴瓶「誰がそこまで言え言うたんや!!」
さんま「ラジオで有名で、すごいおもしろい噺家が大阪から出たと。俺は師匠の鞄持ってついてた頃ですから」
鶴瓶「その時代でねぇ、止まっといてほしかった。あのときはさわやかかやったんや」
さんま「俺は、〝ラジオの鶴瓶さんや〟という気持ちで。ひとり寂しく心斎橋を歩いてたら、〝自分、杉本いうのん?〟言うて、声かけてくれはったんですよ。ものすご優しい口調で、もう、〝この人のためならなんでもするで〟っていう気にさせるわけですよ。ほいで、芸能界の話とかしてくれて、〝三枝はなぁ〟とか」
鶴瓶「おい！　そんなん言うてへん！　言うてへん！」
さんま「〝仁鶴も、もうひとつやなぁ〟とか言うて」
鶴瓶「（笑）」
さんま「寒い夜だったんですよ。俺、芸能界の先輩に初めておごってもらったのが鶴瓶兄さんなんですよ。ほんとにねぇ、その大判焼きの味と、そのあったかさっちゅうのはねぇ、今でも覚えてるんですよ。鶴瓶兄さんのあったかさ」（日本テレビ『いろもん』１９９７年11月12日）

その名は「笑福亭さんま」

同期の芸人たちの芸名が次々と決まっていく中、高文の芸名はなかなか決まらずにいた。

そんな中、長谷川の芸名が「島田紳助」に決まったことを知った高文は、「『紳助』て、そんな古臭い名前アカンやろう」と大笑いし、長谷川をからかった。

高文の芸名が決まったのはその直後。

自宅に芸人仲間を招き、酒を酌み交わしていた松之助は、高文を呼びつけた。

「杉本、お前の芸名やけどなぁ」

「あっ、はい！」

「お前とこの家業は魚屋やったなぁ」

「えっ、あっ、はい、水産加工業を」

「加工業かぁ。どないな魚、あつこうとんねん？」

「……さんまの開きを主に」

「ほなら、さんまや」

「はっ？」

その場にいたすべての芸人たちが一斉に大声を上げ、笑いだした。

高文はこのときに初めて、松之助が弟子の芸名を付ける際、弟子の実家の家業にちなんで名付けるということを知らされた。「笑福亭松三郎」や「笑福亭松五郎」と予想していた高文はしばらくその場で呆然としていた。

この話を聞きつけた紳助が、高文のもとへ飛んできて、「おぉ、さんま君！　会いたかったよぉ。ええ名前つけてもうて。なっ、さんま君！」とからかった。

こうして高文の芸名は「笑福亭さんま」と決まった。

松之助「家が〝さんまの開き〟やってましてん。塩辛いさんまですけどね、うん（笑）」
上岡龍太郎「それにちなんで『さんま』。割と、ちなむのお好きなんですね？」
松之助「いや、もう、あのねぇ、いろいろ考えて、初めはやってたんですけどねぇ、うちもぎょうさん来てましたんですけどね、皆辞めましてね」
上岡「我々も、楽屋仲間で聞いてますもん。変な名前つけられて、名前が嫌で辞めたちゅうて。『たこら』ちゅうのもおった」
松之助「おりましたねぇ。もう、じゃまくそなったからねぇ、家の商売聞いて、じきにそんなんつけてました」
上岡「『たこら』ちゅうのは、〝師匠、名前をそろそろ〟言うたら、テレビ見てたら『クレクレタコラ』やってて、〝これええがな、お前これにせえ〟言うて。そんな簡単に決めてええもんですか（笑）」
松之助「（笑）」（関西テレビ『ノックは無用』１９９6年8月17日）

さんま「俺は〝はっ？〟って言うたけどね。〝さんまや〟って言われて、〝はっ？〟って言うてん。初めて師匠に逆らった日ですね。

そのときに言われたのが、（中田）ダイマル・ラケットさんっていう師匠がいててね。ダイマルさんとラケットさんって、もうとんでもない変な名前だったらしいんですよ。だって、百貨店とテニスラケットやからね。ダイマル・ラケットっておかしいでしょ？

だから、変な名前をメジャーにするっていう師匠の考えもあって。今、『さんま』って、そんなに〝えっ？〟っていうこともなくなってきたんで、まあ、師匠のひとつの夢は叶えたかなっていう感じですよねぇ」（『ＭＢＳヤングタウン』２０１２年９月15日）

松之助の弟子が「さんま」と名付けられたことはあっという間に楽屋に広まった。毎日のように先輩たちにいじられ、励まされるにつれ、覚えやすくて親しみやすい「さんま」という名に愛着をもつようになる。

さんま「それが浸透して、さんまちゃんさんまちゃんって呼んでいただいて。魚の秋刀魚を見ても俺を思い出してくれるようになったんですよ。それはもう、この名前でがんばってきてよかったなって、つくづく思う。うちは師匠がつけてくれたんですけど、師匠に感謝やなぁ」（ＮＨＫ『第４回明石家紅白！』２０１８年４月30日）

さんまは本腰を入れて落語の稽古に取り組むため、奈良の実家から西宮に引っ越すことにした。4畳半一間のアパートで家賃は5500円。トイレットペーパーを買えないほど暮らしは貧しく、仲良くしていた大家の部屋を訪ねては、トイレから1回分のトイレットペーパーをせしめていた。家具もなく、布団一式が置かれてあるだけのこの部屋で、さんまは日々、落語の稽古を懸命に重ねていく。

松之助がさんまに稽古をつけるのは週に3日。最初に教えてもらった演目は、上方落語の旅噺『西の旅』の一篇、讃岐の金刀比羅宮（ことひらぐう）を参詣した喜六と清八の帰路を描く『播州めぐり』だった。さんまは『播州めぐり』のネタ帳を作り、松之助から学んだポイントを細かく書き留め、稽古に励んだ。

さんま「俺の落語はおもしろくないよ。キチッとしてますから。うちの師匠の一門はキチッとした落語をしますから。伝統を重んじる、テンポを重視する一門ですからね。アドリブを入れたり、遊んだりするのは、うちの師匠は絶対やらしませんから」（『MBSヤングタウン』2004年9月11日）

笑福亭松之助「落語は師匠から習った通りにやってましてん。それが当たり前やと思てましたから。他の師匠に『なんでもっと自分を出さへんねん』とか言われましたけどな（笑）。自分の中ではその通りやることで芸が固まっていくと思ってました。それから、自分なりの芸の幅を広げられると思うんですわ」（「マンスリーよしもと」2006年12月号）

笑福亭松之助「『テレビアラカルト』やったら何言うてもええから楽なんやけどねぇ、落語はひとつの型（かた）があるから、やっぱり崩したらアカンなという、その思いがものすごい強いわけなんですよ」（サンテレビ『ばーばーヤング』2006年6月18日）

異例のスピードデビュー

さんまの初舞台は、1974年春。落語を演じるのではなく、ポケット・ミュージカルスの端役だった。

ポケット・ミュージカルスとは、集団コントに歌とダンスを織り交ぜて構成された、吉本新喜劇と並ぶ花月劇場の定番演目であり、若手芸人にとっては登竜門的な役割を果たしていた。

先輩芸人に誘われ、出演することになったさんまは、白塗りに女物の着物を着て登場し、場を引っ掻き回すオカマを演じた。端役ではあったが、十分なインパクトを残し、初日の舞台を降りる。

松之助の雷が落ちたのは5日目、ちょうど、中日にあたる公演でのことだった。松之助は舞台袖から、出番を待つさんまをじっと眺めていた。5日目ということもあり、さんまの緊張感は薄れ、表情にも締まりがない。さんまは短い出番を終えると、着物の裾をまくり上げながら、そそくさと舞台袖へと引っ込んだ。

すると、それを見た松之助は激怒し、さんまに声をかけた。

「アホかお前は！ 着物の裾をまくり上げて歩くオカマがどこにおんねん！ 余計なことはするな。与えられた役柄通りに芝居をせえ。その上で笑いをとんのはええ。芝居の邪魔になることはすな。そんなことしてたら寸法の分からん役者や思われるぞ。寸法の分からんやつは芸人にはなれん！」

さんまは初めて松之助に叱られた。

「落語も芝居も〝型〟が肝心。喜劇で木刀を持つときも、しっかりと〝型〟ができてないと絶対に笑いにつながらん」

これは松之助の口癖だった。

さんまは残りの公演を集中力を切らすことなく精一杯演じ上げ、初舞台公演を最後まで乗り切った。そしてこの10日間の公演で、さんまは多くのことを学び、吸収した。

笑福亭松之助「オカマを上手にやればお客さんは笑います、着物の裾をまくるのは理屈に合わないのです」（笑福亭松之助のブログ「楽悟家 松ちゃん『年令なし記』」2006年10月12日）

笑福亭松之助「芝居は宝塚新芸座に出演したのがきっかけで。演出されて、ほんで動いて笑いを取るのもええなぁと。結局は場数ですわ。それが体に染みこんで、落語でも芝居でも、いつのまにか多くなった引き出しが役に立ってくるんやろうと思いますねん」（「マンスリーよしもと」2006年12月号）

異例のスピードで舞台デビューを果たしたさんまは、その後すぐに、漫談家として花月の舞台に立つことを許される。これもまた異例のことだった。高校時代に披露していた漫談ネタを松之助に見てもらったことがきっかけとなり、開演前の前座として、緞帳の前で漫談を披露する機会を得たのだ。ギャラは250円。前座で認められれば本公演に登用されるチャンスは十分にある。落語家という枠にはとらわれない自由奔放な芸風で生き抜いてきた松之助は、さんまの漫談には一切口を出さず、笑顔で送り出した。

しかし、結果は惨憺たるものだった。

観客はまばらで、幕前に立つさんまをまともに見ようともしない。最後まで笑い声を聞くことができないまま舞台を降りる。それでもさんまはひるむことなく、与えられた出番を日々懸命にこなしていく。

「『仁義なき戦い』御覧になられましたか？　カッコよろしいなぁ。あの映画を見たあと映画館を出ると、男は皆、菅原文太になりきりまして、〝わしゃあ、菅原文太じゃけぇ〜〟ってなもんで、肩で風きりながらガニ股で歩いてますわ。あれ、後ろから見ると異様でっせ……」

紳助は、さんまの漫談を舞台袖からじっと見つめていた。本名の長谷川公彦から島田紳助と名乗るようになってからも、内弟子修業に明け暮れる毎日。初舞台の目処もまったく立っていない。自分が芸人としてどのように生きていくかを模索している間に、さんまは異例の早さで軽やかに舞台に立ち、漫談を披露している。さんまの漫談は取り留めのない荒削りなものではあったが、紳助はさんまの新人とは思えない堂々とした立ち居振る舞い、舞台さばきに〝華〟を感じた。

漫談が終盤にさしかかる頃には、紳助の頬は緩み、笑顔になっていた。舞台を降りてくるさんまに紳助が声をかけると、さんまは屈託のない笑顔を浮かべながら、ベラベラとしゃべりまくる。客にウケなかったことへの落ち込みは微塵も見せない。次から次へ、あることないこと、話題が流れていく。紳助はその振る舞いに圧倒された。

紳助はこの頃から、独自の戦略ノートをつけ始める。ノートには、同期の芸人や売れっ子芸人、まったく売れていない芸人にいたるまで、芸風、実力、将来性など、芸人の特徴が細かく記載されていた。自分にはどういう戦力があり、何が他の芸人よりも劣っているのかを徹底的に探り、時世の流れを見据え、熟考を重ねながら自分の道を決めていく。それが紳助の戦略だった。

さんま「早かったですね、僕は。メチャクチャついてた、というか。入ってすぐに、仕事が来たのが二ヵ月後でした。漫談やって、その時は落語がまだできない時やったんで」（『Studio Voice』1984年8月号）

紳助「さんま、（桂）小枝、巨人が、昭和49年です、吉本入ったのは。でも、全然ちがいましたよ、さんまは。もう、めっちゃおもろかった。もう24時間おもろい。あいつは、躁鬱なんですよ。あのねぇ、小学校3年のときにねぇ、2日だけ鬱になったらしいんですよ。

ずっと、あのままですよ。20歳ぐらいのとき、一緒に仲良う寝てるでしょ？　夜中、寝てて、コンコンって起こしたら、もうギャグやってましたから」（読売テレビ『LIVE PAPEPO 鶴＋龍』最終回スペシャル　2000年3月25日）

紳助「僕、ノートをいっぱい書くタイプなんですよ」

上岡龍太郎「彼はねぇ、弟子入りの頃からやっててねぇ、将来の展望から作戦からねぇ、他人の批判からねぇ、全部書いてんねん」

紳助「データ、データ、データでやってましたから。こないだパッと見たときねぇ、19ぐらいのとき書いた分厚いノートに、いっぱい書いてるんですよ、いろんな人のこと。ほんで、18歳のページめくったらねぇ、それを全部さんまが読んでねぇ、19歳のさんまがねぇ、感想を書いてるんですよ」

笑福亭鶴瓶「（笑）それおもろいやん！」

紳助「さんまは『動』で、小枝は『静』やと。『静』やけどおもしろいし、売れるとしたらどういう形になんねやろと。さんまとは全くちがう形やな、みたいなね。巨人・阪神は技術があると。これに技術で対抗したら負けるで、みたいなね」

上岡「彼は、そやから、ほんま、データ収集とか作戦とかね、これはダメだ、これはいい、だからこの間をいく、俺はこういくべきだ。そのためには、今これを辛抱するべきだ、みたいなことを、ちゃんとノートで書くタイプなんですよ」

紳助「壁には折れ線グラフ、棒グラフをいっぱい書いて、データ分析するんですよ。いろんな人の。ほいで、ずっといつも、それを見てると、絶えずなんか意識してると、人間っちゅうのは、〝あっ、こういうことや!〟って気がつくじゃないですか。ほんだら、自分の進む道が見えてくるというか。こうやろう、ああやろうっていうね」(同右)

紳助「入った段階でわかるんですよ。プロ野球といっしょです。カーブやシュートやスライダーという変化球をね、僕らは勉強していくんやと。でも、直球スピードは入団したときと5キロしか変わらん、努力してもね。これは地肩やと。

おもろいかおもんないかは、地肩やと。さんまなんか、吉本入ったとき、いきなりね、フォームはむちゃくちゃやったけど、ババ投げで150キロの球放ってた。オール巨人は、丁寧なピッチングで、コーナーをついて、なんでそんな針の穴を通すようなピッチングができんのかいうような技術があった。

芸能界でラッキーっていうのは大きいやん。何が一番ラッキーやったかいうたら、やっぱり巨人・阪神さん、さんまさん、こういうメンバーと同期やったことが非常にラッキーやった。だから、やっぱり自分の違う形、考えたんや。まともな方法でやってても、たぶん、同期ちごても、絶対みんな、そこそこはタレントとしてメシ食えたと思うけど、みんなが、ある形のエキスパートっていうのを、形を作っていったから、おんなじ形では勝てへんみたいなん、あったやんな」

(毎日放送『漫才やって20年　阪神・巨人!爆笑バラエティー』1995年7月23日)

さんま「紳助だ、巨人だ、のりおさんだ、ぼんちさんだ、みんなで集まって、ずーっと楽屋でしゃべってたけども、もう互いが、どんだけおもしろい奴か、なんかイヤな楽屋やったもん、逆に考えると。楽しい楽屋やけど、〝どんだけの雑談力もっとんねん、コイツら〟とか、〝あぁ、この人うまいなぁ〟とか思ってたなぁ。笑いながらもずーっと探ってた」（TBS『明石家さんちゃんねる』2007年8月1日）

さんま「楽屋で人気者になって、そっから仕事をもらったりすることもいっぱいあるわけですよ、吉本の場合ね。〝あいつおもしろいから使おうか〟とか。弟子っ子やったから、競い合うねん。こんなおもしろい話もってる、こんなものまねできますとかいうの、競争やったね。競争する雑談」（『MBSヤングタウン』2019年9月7日）

落語デビュー

1974年7月、さんまは「柳笑亭（りゅうしょうてい）」で落語デビューを果たす。

柳笑亭は、1972年11月、「神戸に銭もうけを度外視した寄席を作り、落語ファンを増やしたい」という、演芸プロモーター・楠本喬章（くすもとたかあき）の理念のもと、神戸市兵庫区にある倉庫を改装して造られた、収容人数60人ほどの寄席小屋。この頃、関西には若手が出演できる落語会はごく限られていたため、柳笑亭は若手にとって貴重な研鑽の場となっていた。弟子入りしてから半年足らずのさんまが、落語会の舞台に抜擢されたのも柳笑亭があればこそ。さんまは睡眠時間を削って稽古を重ね、力の限り初舞台を勤め上げる。

演目は、『播州めぐり』。

すべり出しは上々だった。緊張感もなく、リズミカルに噺を運び、客席の反応を見る余裕すらあった。だが、あまりの調子の良さに酔ってしまい、中盤にさしかかったところで、自分が今、どの部分を話しているのかわからなくなってしまう。さんまは演目を進めながら、焦ることなく、自分でも驚くほど冷静に頭の中で考えた。

「うわぁ、今、どこしゃべってるんやろ？　これ、さっきも言うたんちゃうか？　あれ？　こらアカンなぁ」

すると、さんまは突然黙りこくり、着物の襟元を正した後、「最初からやらしてもらいま〜す」と、悪びれることなく、愛嬌のある口調で言い放ち、何事もなかったかのように頭から話し始めた。ここで客席から大きな笑いが起こる。観客は新顔のさんまに対して温かい言葉を投げかけた。

仕切り直したさんまは、しっかりと最後まで話し終え、観客の大きな拍手に見送られながら初舞台を終えた。さんまはこの日、１２００円のギャラを握り締め、芸人として大きな一歩を踏み出せたことを素直に喜んだ。

林家染丸「最初は落語を、きちんと仕込みはったんでしょう」

松之助「もちろんそうです。基本が大事やからね」

染丸「私の勉強会で、『播州めぐり』をやってもらったことがあります。真面目に落語と取り組んでました」（林家染丸『笑福亭松之助聞書　いつも青春ずっと青春』燃焼社、２０００年）

さんま「プロの最初の舞台は神戸の柳笑亭というところでやって。初舞台は師匠連が見るんです

よ。会社の人間も。そら、将来、ドル箱になるかもしれない芸人のデビューの舞台ですから。俺のときも会社の偉いさんがザーッと後ろへ並んで。

途中でネタを忘れたのを覚えてますよ。『西の旅』という30分あるネタで。リズムでトントンしゃべっていく、そうたいして笑わすようなネタでもないですから、一番基本的な、お客さんの空気をつくる前座の仕事ですよね。お客さんも好意的に見てくれてたんで、〝あっ、忘れた！〟と思った瞬間、なんかねぇ、ドキドキもせんまま、〝最初からやらしてもらいま～す〟言うて、最初からやって大爆笑とったのを覚えてますねぇ」（『MBSヤングタウン』2001年8月25日）

さんまは修業の一環として、着物を着たときの自然な所作を身につけるため、週に2回、日本舞踊を習うことになった。

さんま「若柳流、坂東流、ふたつ渡り歩いたから。落語家は日本舞踊の稽古させられんねん」（フジテレビ『さんタク』2008年1月3日）

さんま「日本舞踊は、曲がりなりにも3年やってましたからね。浴衣でお稽古よ。〝おっしょはん、おはようございます〟言うて、通ってたんですよ、私は。

腰が据わらんいうてねぇ、よう怒られましたよ。〝3年やって腰据わらんのアンタぐらいや〟言うて。もう、おばちゃん方の人気者。日本舞踊を習いに来てんのおばちゃんばっかりでしょ。もう、若い男が入ったら、〝アンタ、噺家？　有名になってね〟とか言われながら、あっちこっちからおやつをもらうんですよ」（フジテレビ『笑っていいとも！』1995年7月7日）

芸をとるか、愛をとるか

稽古を終えると、決まってさんまは奈良の友人たちに会いに行く。

そんなある日、康雄の自宅へ向かう途中、幼なじみの愛（仮名）と遭遇。ふたりは再会を喜び、駅前の喫茶店に入る。さんまと愛は、子供の頃から仲が良く、奈良商の同級生でもあった。高校に入学したばかりの頃は、廊下で会うと立ち話をすることもあったが、次第に話す機会は減り、挨拶を交わす程度の仲になっていた。

「今、日本舞踊の帰りやったんや」

「日本舞踊？」

「俺なぁ、落語家になったんや」

「ウソ〜？」

「まだ弟子入りしたばっかりで修業中の身やけどな」

「そうなん？　でも高坊おもしろいからすぐ売れるよ」

ふたりは昔話に花を咲かせた。愛は懐かしそうに、そして嬉しそうに、ずっと笑顔を浮かべながら、さんまの話を聞いていた。1時間ほど話し込んだ後、ふたりは翌週の同じ時間、同じ場所で会う約束をする。

こうしてふたりの交際は始まった。

愛はさんまと会うたびにこう言った。

「あぁ〜、なにもかも捨てて、高坊とふたりでどこか遠くに行きたいなぁ」

愛はさんまと街で遭遇する少し前、交際していた男に別れを告げていた。度重なる暴力が大きな原因だった。別れてからも、男が突然目の前に現れるのではないかと怯え、心が休まる日は1日としてなかった。愛は両親とも反りが合わず、家に帰っても気持ちが安らぐことはなかった。

このとき、さんまと過ごしている時間だけが愛を笑顔にさせていた。そんな愛の境遇を知ったさんまは、深く同情する。だが、弟子修業中の身であるさんまは、どうしてやることもできずにいた。

弟子修業、落語の稽古、舞台の出番、芸人仲間や友人との交流、愛との交際を続ける日々。睡眠時間はおのずと削られる。さんまは、松之助の子供たちの子守りをする時間に眠るしかなかった。

笑福亭松之助「よう寝る子で、子守さしても子供と一緒に寝てましたな。玄関先で〝エヘン、エヘン〟とせき払いして〝いま帰ったで〟というと、あわてて起きてきて〝師匠お帰んなさい〟といいよった」（「週刊平凡」1986年3月7日号）

そんなさんまにチャンスが訪れる。朝日放送のラジオ番組『ABCフレッシュ寄席』の出演が決まったのだ。

この番組は、漫才師のWヤングが司会を務める新人芸人を対象とした演芸コンテスト番組で、9月に行われる予選大会を勝ち進み、優秀な成績を収めれば、大きな注目を浴びることになる。

さんまは落語家として名を売るチャンスを得たことを報告しようと、愛を夏祭りに誘った。

ふたりは夜店で買った綿菓子を食べながら、ゆっくりと歩き、静かな場所を探す。愛の容姿は日本人離れしており、歌手のアン・ルイスによく似ていた。スタイルも良く、長く美しい黒髪をなびかせて歩く愛に、すれ違う人々は思わず見とれた。

ふたりは雑踏から離れ、石垣に腰掛けた。

「俺、今度なぁ」さんまが『ＡＢＣフレッシュ寄席』の話を切り出そうとしたとき、愛はさんまに寄り添い、「やっぱり高坊と一緒におるときが一番落ち着くわぁ。ふたりでどっか遠いとこで暮らしたいなぁ」と呟いた。

さんまは愛の横顔を見つめながら言った。

「どっかふたりだけで遠くに行こうか？」

「ほんま？……高坊とやったらどこへでもついて行くけど、あたしは今のままでええよ。こうしてたまに会えるだけで幸せやねんから」

さんまはこの瞬間、愛を守ってやれるのは自分しかいない、そう強く思った。

さんま「19歳のときに、好きな女の子が浴衣着て来て、それがもう、たまらなく色っぽくってねぇ。盆踊りがあったんで、その女の子とデートして。途中、賑やかな会場から丘の上に登って。遠くに祭囃子が聞こえてきて、そこでねぇ、手をつないだり、話したり、キスをしたりするのが非常に興奮してね。ものすごよかったわ。俺忘れられへんもん、ほんとに。ああいうとこで語り合うと愛は深まるよね」（『ＭＢＳヤングタウン』１９９９年7月17日）

さんま「紺色の浴衣だったんですけどね。ものすごさわやかで。盆踊りが終わって、彼女の家に送っていかなきゃいけないときにねぇ、もう我慢できなくてねぇ、若かったですから。19歳の頃ですから。もうねぇ、河内音頭の太鼓のバチみたいになってしまいましてね、私。もうエンヤコラセーなんですよ。もう下半身がエンヤコラセーやったんや。

私、あのぉ、思わずねぇ、石垣のところで彼女とエッチしたくなってしまってね。その、石畳みたいなところでやったんですけども、痛くて痛くて、ヒザがねぇ。そういう思い出が残ってますねぇ」（『ＭＢＳヤングタウン』１９９９年6月12日）

松之助がさんまの異変に気づいたのは、それから数日経ってのことだった。

時折、思いつめたような表情を浮かべ、集中力が散漫になり、さんまは日に日にやつれていく。

「芸をとるか、愛をとるか、二つに一つ。同棲しながら弟子修業を続けることはできない」

さんまは密かに駆け落ちの準備を進める。

意を決したさんまは、東京で就職した高校時代の友人、戎井に電話を入れ、近々東京で暮らす旨を伝えた。愛には、「東京で一緒に暮らそう。俺が先に行って、向こうで生活の基盤を作るから、それから一緒に暮らそう」と伝え、愛も了承した。

西宮のアパートを引き払ったさんまは、その夜、松之助宅に電話を入れる。

蒸し暑い電話ボックスの中、受話器を持つ手は震えていた。弟子修業を中途で投げ出すことは、すなわち、破門を意味していた。そのことを理解しながら、それでもさんまは手元にある全ての10円玉を硬貨投入口に入れ、番号を押した。

「もしもし、明石（松之助の本名）ですが」

「あっ、師匠……さんまです」

「おぉ、どないした？」松之助の口調は穏やかだった。

「……電話ですんません。やめさしていただきます」

「女か？」松之助は間髪入れずに切り返した。

「……はい、ほんますんません……すんません！」

さんまは電話を切ったあとも、ひたすら受話器に向かい、謝り続けた。その足で奈良の実家へ帰り、数枚の着替えとタオルケット、ノートと筆記具、松之助から目を通しておくように言われていた舞台の台本、それに、5枚仕立てていた着物のうち、柳笑亭での初舞台の日に着た藍色の着物と、弟子入りの際、すみ江が自分の着物を染めに出し、仕立て直した緑の着物をボストンバッグに詰め込み、家を出た。

すると、加工場の裏口から普段はあまり鳴くことのない飼い犬のベルの鳴き声が聞こえてくる。

さんまはベルに駆け寄り、頭をなでながら言った。

「ベル、ちょっと東京行ってくるわ。いつか必ず帰って来るから、元気にしとけよ」

ベルはさんまが去った後も、しばらく吠えるのをやめなかった。


さんま「弟子を辞めなアカン状況になったの。ある女性が奈良にいれなくなったの。それで俺が助けてあげなアカンと思ったわけよ、その女性を。それで、〝東京に一緒に逃げよう〟っていうことで、東京へ行ったの」（『明石家さんちゃんねる』２００８年8月13日）

染丸「たしか一時やめたことがありましたね」
松之助「女性問題でね。毎日うちへ通ってたんですが、だんだん痩せてくるねん。『これは女ができたな』とピンときた。親の方へも『気をつけてやってくれ』と連絡してたんやけど、案の定、電話で『やめます』と言うてきた」（『笑福亭松之助聞書　いつも青春ずっと青春』）

東京へ逃げる

家を飛び出したさんまは、康雄の家に向かい、2泊した後、愛に戒井の連絡先を伝え、大阪を後にした。その頃、松之助は花月の楽屋で、「さんまがやめよったわ。でも、あいつは半年もすれば帰ってきよる思うから、そのときはよろしく」と、芸人仲間や吉本興業の社員に挨拶まわりをしていた。そんなことは知る由もなく、さんまは、「これでええんや。俺は自分の大切なものを捨てて、愛を貫くんや！」と、まるで漫画の主人公になったような気分で、自分に酔いしれていた。

さんま「電話で、〝辞めさしていただきます。女性ができました〟って、正直に師匠に全部言うたのよ。ほんで、師匠は電話を切ってすぐに、〝半年後か1年後にさんまがまた帰ってくるからよろしく〟って、みんなに挨拶してくれてたの。俺の行動がわかってたかのように」（『明石家さんちゃんねる』2008年8月13日）

さんま「落語を取るか、女を取るか、悩みました。

ちょうどその頃、マンガの『愛と誠』に凝ってたから、愛を取った方がカッコええという結論に達して（笑）……。

彼女の『家を出たいねん』っていう言葉を、ぼくは、家を出たい言うたら即、家を出て東京へ、という（笑）田舎モンの発想でね。簡単に関西のどこかにすりゃ良かったんだけど、仕事も続けながらやれたんだけど、何を血迷ったんか東京へ行ってしまいましてねぇ（笑）。東京に対しての憧れもあったしね」（「宝島」1985年7月号）

東京に降り立ったさんまは、戒井が勤めるスポーツメーカーの社員寮がある墨田区錦糸町へ向かった。戒井はさんまとの再会を喜び、親身になってさんまの東京での生活をサポートする。さんまは戒井の暮らす寮に2晩泊めてもらい、翌朝から部屋探しを始めた。さんまの希望は、家賃は1万円以内、そして、映画『男はつらいよ』の主人公、車寅次郎の生まれ故郷、葛飾区柴又近辺に住むことだった。

戒井の助けも借り、ようやく見つけた住居は、総武線小岩駅のすぐそば、江戸川区南小岩に建つ木造2階建てのアパート「幸楽荘」だった。家賃は値下げ交渉に成功して8000円。4畳半一間で風呂はなく、炊事場とトイレは共同。日当たりが悪いため、部屋は日中でも薄暗く、カビ臭い部屋であったが、さんまは東京での生活を無事スタートさせることができ、ひとまず安堵する。

翌日からさんまは職探しを始めるが、簡単には見つからなかった。

上京してから数日経った夜、さんまは部屋のカレンダーをじっと眺めた。その日は、さんまが出演するはずだったラジオ番組、『ABCフレッシュ寄席』の収録日だった。未練は断ち切ったはずだったが、突如としてさんまの身に不安の波が押し寄せる。13万円あった所持金もすぐに減り、残り僅かとなっていた。

翌朝、さんまは小岩駅南口の地蔵通りにあるパチンコ店「東京会館」へ向かう。高校時代に鳴らしたパチンコの腕は落ちてはいなかった。慎重に釘を読み、台を決めると、集中力を高めてひたすら打ち込み、玉で満杯の木箱を積み上げた。

さんまはしばらくの間、パチンコで生計を立てることになる。小岩駅南口のロータリーにある喫茶店「ホープ」で朝食をとり、10時から東京会館へ。昼食もホープで済ませ、閉店間際までパチンコ台と格闘。夕食もホープでとり、ピンク色の洗面器を持って、行きつけの銭湯「大黒湯」で汗を流す。

これがさんまの日課だった。角刈り頭で、上下黒色のジャージに女性用サンダルを履き、颯爽と歩くさんまは、あっという間に小岩で暮らす人たちに知られる存在となり、ホープのマスター、山辺とも仲良く話す間柄になる。

山辺教平（喫茶店「ホープ」のマスター）「手打ちの機械を1日に2〜3回打ち止めにしてましたね。ひょっとしたら毎日1万〜2万稼いでたんじゃないですか。麻雀のときもそうだけどパチンコやるときの目は鋭かったね。あの細い目がより鋭くなって怖いくらいでした」（『週刊平凡』1986年3月14日号）

さんま「パチンコで食べてた時期があったんですよ。〝これや！〟と思った台はトコトンまでいってましたから。その台で負けるのは悔いがないわけですよ。そこで浮気して、違う台にいって負けると悔いが倍になるわけですよ。だから、〝この台や！〟と思うと、必ずその台で勝負してたことを覚えてますね」（『明石家さんまのG1グルーパー』1997年4月21日）

そんな暮らしが続いたある日、さんまは東京会館から「パチプロはお断り」と、出入り禁止を言い渡されてしまう。やむを得ず、隣町のパチンコ店まで足を伸ばすが、ツキが逃げたのか、次第に勝率は落ちていき、所持金は瞬く間に減っていく。

さんまはホープへ通えなくなり、パチンコで取った大量のカップ麺で飢えをしのぐ日々が始まった。2日間、何も食べずに動けなくなり、1日中、部屋の中で横たわることもあった。そんなときは、さんまの様子をいつも気にかけていた戒井が、さんまを食事に連れて行き、帰りに黙って5000円を置いていく。秋になり、肌寒くなってくると、戒井は布団を用意し、「こんなとこおったら腐ってまうぞ。帰ってやり直したらどうや」と助言するが、さんまは返事を濁した。

さんま「お金がなくなってねぇ、2日間何も食べなかったことが6回ぐらいあった。2日間何も食べないと、天井見て笑ろてしまうねん。〝なんやお前、天井やんけー〟っていうような（笑）。起き上がる力がないのよ。このまま目を閉じたら死ぬかもしれないと思って寝れないし。テーブルの上に角砂糖があんねんけど、それしか食べもんがないわけよ。それを取る気力すら残ってないの。もう、なんにもする気がなくなるの。

そこで友だちが迎えにきよってん。もう3回目なんか慣れっこになって、〝おい、ごはん行こう〟って言うて、連れて行ってくれんのよ。帰りに5000円置いて」（フジテレビ『コケッコ!?』1994年1月9日）

さんま「もう夢もクソも無かったです。毎日生きていくのに精一杯だった」（「宝島」1985年7

月号)

1974年10月14日、読売巨人軍・長嶋茂雄の引退試合が行われた。

さんまは、パチンコ仲間との賭けに勝って入手した5インチの小さなテレビで、食い入るように試合を観ていた。試合後に行われた感動的な引退セレモニーは、多くのプロ野球ファンと同様、さんまの記憶にも深く刻まれる。


長嶋茂雄「昭和33年、栄光の巨人軍に入団以来、今日まで17年間、巨人、ならびに、長嶋茂雄のために、絶大なるご支援をいただきまして、まことにありがとうございました。皆様から頂戴いたしました、ご支援、熱烈なる応援をいただきまして、今日まで、私なりの野球生活を続けてまいりました。今、ここに、自らの体力の限界を知るに至り、引退を決意いたしました。

振り返りますれば、17年間に渡る現役生活、いろいろなことがございました。その試合を、ひとつひとつ、思い起こしますときに、好調時は、皆様の激しい、大きな拍手を、この背番号3を、さらに闘志をかきたててくれ、また、不調の時、皆様の温かいご声援の数々に支えられまして、今日まで支えられてきました。

不運にも、我が巨人軍は、V10を目指し、監督以下、選手一丸となり、死力を尽くして、最後の最後までベストを尽くし、戦いましたが、力ここに及ばず、10連覇の夢は破れ去りました。

私は……今日、引退をいたしますが、我が巨人軍は、永久に不滅です！

今後、微力ではありますが、巨人軍の新しい歴史の発展のために、栄光ある巨人の明日の勝利のために、今日まで皆様方からいただいた、ご支援、ご声援を糧としまして、さらに前進していく覚悟でございます。長い間みなさん、本当にありがとうございました！」

スポットライトの中にひとり立つ長嶋茂雄を見ながら、実況アナウンサーが言葉を紡ぐ。

「〝人に勝たんと欲する者は、必ず自らに勝つ〟という言葉があります。長嶋選手は、過去の数知れない試練を、まさに、その言葉通りに克服してきました。新しい長嶋は、必ずや、またグラウンドに、その不屈な闘志をもって、不死鳥のように甦ってくるでしょう。長嶋の存在は、多くの人々にとっては、青春そのものであり、また、希望でもありました。人々は、その時々の長嶋に、己を映してきました。今日はその決別の時でもあります」

後楽園球場に「蛍の光」が流れだす。長嶋がチームメイトと握手を交わしながら引退の花道を歩き、涙をぬぐいながら観客の声援に応え、グラウンドを去っていく。さんまはその姿を観て、号泣した。

「アカン、俺はスタート地点でつまずいとる。このままではアカン」

さんまは、いてもたってもいられなくなり、家を飛び出し、台東区の歓楽街「浅草公園六区」にある、演芸場の門を叩いて回る。さんまは事情を説明し、「舞台に立ちたい」と必死に懇願した。

「大阪で芸人やってた者です。幕前でけっこうですから、漫談をやらしていただけませんか！」

どの劇場も答えは同じだった。

「まず誰かの弟子について修業しないと舞台には上がれないよ」

さんまは松之助以外に弟子につく気は全くなかった。船橋にあるストリップ劇場にも何軒か売り込みをかけたが、ことごとく門前払いされ、途方に暮れる。

さんまは松之助の顔を思い浮かべながら、自分が捨て去ったものがとてつもなく大きかったということを、このとき痛感するのだった。

伝説のアルバイト

行き場を失ったさんまは、藁にもすがる思いでタレント養成所に通い始めるが、月謝に見合った指導を受けることはできず、ここでは何も得られないと見限り、すぐにやめてしまう。

「とにかく働き口を探さんと、どうにもならん」そう思いながら、小岩駅前のロータリーを歩いていると、なじみの喫茶店、ホープの2軒隣にあるパン屋「ヤマザキ」のガラス窓に貼られていた求人広告に目が留まる。さんまはすぐに応募し、ヤマザキでアルバイトを始めることになった。

アルバイト初日、さんまは白衣を身にまとい、白い帽子を深々とかぶり、店の外で肉まんとあんまんの販売を担当する。上京してから人と話す機会が極端に減り、しゃべることに飢えていたさんまは、客との会話を楽しみながら、接客に励んだ。

「駅前のパン屋で関西弁の面白い店員が肉まんを売っている」――この噂は口コミで広がり、さんまは店の売り上げアップに大きく貢献した。

ヤマザキでのアルバイトにも慣れた頃、さんまはホープを訪れる。久しぶりに姿を見せたさんまに、マスターの山辺が声をかけた。

「最近、顔出さないと思ってたら、ヤマザキで働いてんだね？　こないだ見かけたよ」

「はい、そうなんですよ。東京会館、出入り禁止になってしもて、他のパチンコ屋に行ってるんですけど、あんまり調子ようないんですわ。ほんで、アルバイトでもせなアカン思て、表で肉まん売ってたんですけど、こないだから店内でレジを任されることになりまして、これが退屈でねぇ」

さんまはタバコをくわえながら答えた。すると山辺はさんまの隣に座り、こう告げた。

「じゃあ、うちに来たら？　夕方から閉店まで手が足りないんだよ。夕食付きで、時給もうちのほうが高いし」

その日、さんまはホープの店員たちと初めて麻雀卓を囲み、朝まで語り明かした。山辺は早速、ヤマザキの店主と話をつけ、さんまのヤマザキからホープへの移籍が決まった。

ホープは、小岩駅南口のロータリーに面する喫茶店。客席は1階に22席、2階に38席あり、地元の人たちから愛される繁盛店だった。さんまは、真っ白のワイシャツに黒のスラックス、黒のボウタイを締め、夕方4時半から、深夜0時の閉店までホールスタッフとして働き、月に7、8万円ほど稼いだ。

ホープでのさんまの働きぶりは、山辺が目を見張るほどのものだった。仕事はすぐに覚え、ミスもなくテキパキとこなし、1週間ほど経つと、常連客を相手にプロ野球の話で盛り上げ、形態模写を披露しながら、選手の解説をして大笑いさせていた。

ホープでは閉店間際になると、店内に「蛍の光」のBGMが流れだす。これがどうにも寂しくて仕方がなかったさんまは、ある日突然、店内を練り歩きながら、客に向かって語り始めた。

「えぇ、皆様、本日はご来店まことにありがとうございます。ホープは12時をもちまして本日の営業は終了となります。本日も、ホープ、ならびに、杉本高文のために、絶大なるご支援をいただきまして、まことにありがとうございました。本日の営業はこれで終わりますが、我がホープは永久に不滅です！　またのご来店、お待ちしております！」

長嶋茂雄の引退セレモニーを引用したさんまのスピーチに、客は大喜びで拍手する。山辺やウェイター仲間も感心しながら手を叩いていた。以来、さんまは、閉店間際の数分間、スピーチや漫談をして客を楽しませた。それは、さんまがネタを披露する時間に合わせて来店する客も現れるほど、好評を得る。さんまは毎回、新たなネタを準備した。そして、人を笑わせることが自分にとって一番楽しく、生きていく上でなくてはならないものだということを、日々実感していくのだった。

山辺教平「言葉がしっかりしているし接客態度がいい。客にいつもニコニコ笑顔を見せ、軽く会釈をし、もみ手までしちゃう。コーヒーをひっくり返したり注文をまちがえたことはいちどもない。欠勤もサボリもなかったですね」（「週刊平凡」1986年3月14日号）

河本準一（次長課長）「実際に漫談されてたっていうのは？」

さんま「12時になったら閉店なんですけど、店内に『蛍の光』が流れるんですよ。そのときに俺が、〝どうも本日は来ていただいてありがとうございます〟って言うて、漫談を10分ぐらい毎日やってたんですよ」

大澤（当時のホープの従業員）「この人はどういう人なのかと思いましたよ」

河本「覚えてらっしゃいます？」

大澤「覚えてます」（『明石家さんちゃんねる』2008年8月13日）

さんま「そのしゃべりを聞きたいために、けっこう客が集まったの。特にやっぱり、大阪からき

とるやつが〝なつかしいで〟〝大阪弁のおもろいやつがおるで〟とかいいながら、仲間連れてきてくれて。だから、東京で初めて人の前で話したのは、喫茶店だったの（笑）。それでも俺は、しゃべれるだけでうれしかったから」（「ＪＵＮＯＮ」１９９０年２月号）

行き詰まり

愛が上京したのは、そんな折のことだった。ふたりは夜が更けるまで、会えずにいた日々の出来事を語り合う。そして、一通り語り終えると、会話は途絶えた。さんまは、「これから一緒に暮らそう」とは言い出せなかった。愛もそのことには触れなかった。

翌日、愛は帰って行った。愛は新幹線に乗りこむ寸前まで、さんまの身体を気遣ってばかりいた。さんまは、どうしようもない苛立ちを抱えながら愛を見送った。

ホープのアルバイト仲間、宮島、坂本、松本の3人は学生で、さんまと年齢も近く、すぐに打ち解けた。さんまはホープの定休日に、3人をパチンコに連れて行き、秘技を伝授するなどして、親睦を深めていく。仕事を終えると、いつもホープの仲間たちと銭湯「ラジウム湯」で疲れをとり、再びホープに戻ると、朝方まで麻雀を打つ。麻雀はさんまの独壇場だった。勝負事になると、さんまは無口になる。笑顔が消え、鋭い眼差しで牌を睨み出すと誰も手に負えない。いつも勝つのはさんまだった。

宮島らがセッティングした、ホープの常連客である美容学校の女子生徒たちとのパーティーでは、小噺などをして楽しませた。仲間たちとナンパ対決をしたこともあった。制限時間は30分。小岩駅周辺でナンパをし、ステーションビル内にある喫茶店「マンジ」に集合。一番先に女性を連れてきた者が勝者となる。学生の3人は、よくモテるタイプだったので、角刈りでいつもおかしな服装をしていたさんまは不利だと目されていた。

結果はさんまの圧勝。女性を連れて来たのはさんまだけだった。開始早々、さんまはひとり目に声をかけた女性を連れ、悠々と皆が来るのを待っていた。

「俺の勝ちやな」さんまはそう言い放つと、唖然とする3人を尻目に、ナンパした女性と席を立つ。それから数分後、さんまはひとりで戻ってきた。

「あの子なぁ、実は家出少女やったんやぁ。今、電車賃渡して家に帰してきた。まぁ、なんにせよ俺の勝ちやからな。ここの勘定は頼むで」

さんまは得意げにメニューを手に取り、笑った。

さんま「パチンコは体にようないよ。体つぶすわ。肺いかれたり、肝臓いかれるしね。それに、いつも同じ運動やから親指がケンショウ炎になって動かなくなるし……。朝起きると吐き気が出はじめたんや。こりゃアカンと思ったよ。もっとも、パチンコだけやなくて、夜は大学生と麻雀。朝6時までやって、寝ないでパチンコ。パチンコ台で打ちながら眠っちゃうことも何度もあったよ」（『ビッグな気分』）

朝からパチンコ、夕方からはアルバイト、深夜から朝方まで仲間たちと遊び、ほとんど寝る間もない日々を過ごすさんまのもとへ、峠、長岡、前田ら、高校時代の仲間たちが次々と幸楽荘に訪れる。さんまを心配する仲間たち数人で旅費を出し合い、代表者を東京へと送っていたのだ。

皆、さんまの痩せ細った姿を見ると、「帰って来い。師匠に謝ってもういっぺん修業しなおしたらええやないか」と口を揃えた。

皆、さんまの才能を信じて疑わなかった。さんまに夢を託している者さえいた。さんまが東京でくすぶっている姿を見るのが辛くて仕方がなかったのだ。愛がさんまの部屋に滞在しているときに、仲間たちが居合わせることもあった。愛の耳にも説得の声は聞こえていた。

さんまは行き詰まる。

「帰りたい。でも、帰れるわけがない。笑いの仕事がしたい。でも、東京で芸人になる道が見つからへん」

愛と一緒に暮らすことさえ未だ実現できずにいた。ホープの仲間たちと過ごす時間は楽しく、すべてを忘れさせてくれる。だが、このままずっとぬるま湯に浸かっていても埒が明かないことは分かっていた。さんまは鬱屈した思いを抱えながら、東京でひとり、静かに年を越した。

Ⅲ. 再起——1975年の明石家さんま

別れの手紙

1975年2月4日、ホープのマスター・山辺が千葉の松戸駅西口にライブハウス「DIME（ダイム）」をオープンさせることになった。ホープの忘年会で、さんまが関西で落語家として活動していたことを知った山辺は、さんまにDIMEのオープニングイベントへの出演を持ちかける。さんまは快く引き受けたが、宣伝のチラシに「笑福亭さんま」の文字を入れたいという山辺の申し出だけは頑なに断った。さんまはホープの従業員たちと松戸駅周辺や、伊勢丹松戸店の前で、ボトル半額券付きのチラシを配って回り、オープン当日を迎える。

さんまは100人近い客が見守る中、漫談、形態模写を披露し、場を沸かせた。その後、ミュージシャンによるライブ演奏が終わると、さんまは豪華景品をかけたジャンケン大会を取り仕切るため、衣装を替え、再び舞台に立った。

藍色の着物姿のさんまが登場すると、DIMEの客は歓声を上げた。着物で登場することは山辺にも知らせていなかった。さんまは所持金が底をつき、困り果てていた頃、幸楽荘の近所にある質屋「佐野屋」に、上京するときに持参した藍色の着物と緑の着物を質入れしていた。それを1月25日、この日のイベントで着るために受け戻していたのだ。

さんまはジャンケン大会を大いに盛り上げる。ジャンケンの勝者が残り数人になると、残った客を舞台に上げ、「あっち向いてホイ」に切り替え、ひとりひとりと会話しながら、ライブ会場を盛り上げた。こうして、ＤＩＭＥのオープニングイベントは、大盛況のうちに幕を閉じた。

山辺教平「江川投手のマネや歌手の堺正章の物マネ。従業員も、それまで何度もみてる芸なのに、涙を流しながら、おなかをかかえて笑うくらいでしたから、お客さんにも大受け。すごく盛り上がりましたよ。ギャラは1万円払ったかな」（「週刊現代」１９８６年12月13日号）

山辺「店で毎日みんなを笑わせたのも、あいつにとっては血みどろの修業だったんです。それはいつかふと見た大学ノートにびっしり、思いついたギャグやコントのネタが書き込んであったことからもわかります」（「週刊平凡」１９８６年3月14日号）

ＤＩＭＥのオープニングイベントの成功により、さんまは毎週土曜日の夜、ＤＩＭＥで漫談を披露することになった。ギャラは1万円。さんまにとって思いもよらない大金だった。さんまは山辺に感謝し、毎週、精一杯舞台をこなした。しかし、さんまは舞台に立つたびに、不安が募っていく。人を笑わせることで稼いでいることに喜びつつも、どこか満足できない自分がいた。

2月も終わりに近づいた頃、愛が上京する。愛はさんまを元気づけようと努めて明るく振る舞った。ふたりは隙間風が吹き込む寒い部屋の中で寄り添い、長い夜を過ごした。

翌朝、さんまが目を覚ますと、愛の姿はなく、小さなちゃぶ台の上には綺麗に畳まれた手紙が置かれていた。

手紙には別れの言葉が短く綴られていた。さんまは手紙の文面を何度も読み返しながら、この半年間、自分がとってきた行動を思い返した。

「俺は東京に何をしにきたんやろう？」

さんまは寒さと寂しさから逃れるため、パチンコ屋へと向かった。


さんま「彼女ですか？　それが結局はあんまり一緒に過ごしてなかったんですよ。彼女が大阪と東京を行ったり来たりで。（中略）それで、ぼくの友だちが自分で交通費払って迎えにくるんですよ、大阪に帰ってこい言うて。それを聞いてて彼女が、やっぱり私がいてたら邪魔になるのね、そやからあなたのこと一生愛してるけど、もう恋愛はできないって置手紙残して帰っていったんですよ」（「宝島」１９８５年７月号）

さんま「なんという力があったんだと自分でも不思議ですよ。今、そんな勇気ないですからね。今、どんな恋をしても、そこまでする勇気はないですよ。何もかも捨てて恋をするなんて、若いときしかできひん」（『ＭＢＳヤングタウン』２０００年11月４日）

師匠との再会

愛と別れてから数日後、さんまの無二の親友、康雄が上京する。家業の骨董店で働く康雄は、誰よりもさんまのことを気にかけていた。さんまは開口一番、愛と別れたことを告げる。

「〝わたしがいると高坊がダメになる。もう二度とあなた以外の人とは恋はしない〟やと」

「……そうかぁ……なあ、高坊、もう帰ってこいやぁ〜」

康雄の間の抜けた声は、さんまの強張った表情を和らげた。さんまはその瞬間、無性に松之助に会いたくなり、その溢れる衝動を抑えきれなくなる。

さんま「ぼくにとっては、松之助師匠以外に弟子になることは考えられないことやった。最初に松之助師匠についたのも、この人なら白紙に戻れるなって思ったからやし。白紙に戻れるってことは、つまり何もかも服従できる。赤ちゃんになれるってことや。杉本高文という個人を全部捨てられると思ったわけや」(『ビッグな気分』)

さんまは無我夢中で兵庫県西宮市にある松之助の自宅へ向かった。到着すると、松之助から預かっていた舞台台本をボストンバッグから取り出し、インターホンを押した。扉を開けたのは、松之助の妻、康子だった。

「ごぶさたしてます。師匠にお借りしてた台本をお返しにきました」

康子は優しくさんまを迎えた。

「寒かったやろう。あがって待ってなさい」

「いや、僕はもう敷居またげませんから、表で待たしてもらいます」

「なに水臭いこと言うてんの！　はよ入りなさい！」

「あっ！　さんま兄ちゃんや！」

松之助のふたりの息子、弘之と正之がさんまの手を取り、強引に部屋の中へと招き入れる。

「ほら、入って！　とにかく待ってなさい」

康子がさんまの背中を押した。懐かしい松之助の自宅の香りは、さんまの心を動揺させた。

「師匠に合わせる顔がない」

今すぐこの場から逃げだしたい気持ちになった。さんまは呼吸をするのも辛くなる。

そこへ、松之助が帰宅する。玄関で男物の靴を目にした松之助は「お客さんか？」と言いながら、さんまが待つ居間へと入ってきた。

「師匠！」さんまはすがるように叫んだ。

「おぉ〜、元気やったかぁ！」松之助は満面の笑みを浮かべながら、さんまが返事をする間も与えず、「どないしてたんやぁ、皆で心配してたんやぞ。まあ、突っ立ってんと座りぃな。ちょっと着替えてくるさかい、待っててんか」と、まくし立てた。

さんまは全身の力が抜けていくのを感じた。

さんまは松之助とふたりきりになると、溢れ出る涙を手でぬぐいながら、東京での生活状況を洗いざらい打ち明けた。松之助はひとつひとつの出来事を丸ごと包み込むように、優しくうなずき、微笑みながら話を聞いた。

さんまは2時間ほど話し込み、松之助の自宅を後にする。

最後まで「もう一度弟子にしてください」とは言えなかった。それでも帰り際、松之助から「また来いよ」と言われたことが嬉しく、足取りも軽やかに新大阪駅へと向かった。

「師匠にもう一度弟子入り志願して、ダメなら全く別の仕事を探す」

さんまの腹は決まった。

この日、幸楽荘へ帰宅したさんまは、久しぶりに朝までぐっすりと眠った。

数日後、さんまは悲惨な思い出が詰まったカビ臭い幸楽荘に別れを告げ、ホープに向かう。

「これ、みんなに渡しといてください」

さんまは、数本のカセットテープを山辺に手渡した。テープにはホープの仲間たちの名前が書かれており、それぞれにさんまのメッセージが吹き込まれていた。

「みんなで応援してるから。ちゃんと連絡くれよ」

「はい、ありがとうございます。ほいじゃあ」

新大阪駅に到着したさんまは、すぐさまなんば花月へ向かった。

出番表に松之助の名前があるのを確認し、楽屋口へ。取り次いだのは、なんば花月で芸人の世話をするお茶子の狭間トクだった。

「入ったらええがなぁ」

「いや、アカンねん、オカン。外で待ってるから。俺が来たことを師匠に伝えてくれたらええから。頼むわ」

「そうかぁ、ほな呼んできたるわ。松ちゃ〜ん！　お客さんやで〜！」トクは大声で叫びながら楽屋へ入っていった。

しばらくすると、松之助が現れた。

「師匠！」

さんまは駆け足で松之助に近寄り、「もう一度、弟子にしてください！」と願い出ようとしたそのとき、「何も言うな、メシ行こう、ついて来い」と松之助は言った。

松之助は無言のまま、さんまを行きつけのラーメン屋へ連れて行く。そこは、さんまが高校生の頃、松之助に弟子入り志願した日に連れて行ってもらったラーメン屋だった。

ふたりはテーブル席で向かい合わせに座る。松之助の立ち居振る舞いが、以前とまるで変わらなかったことに、さんまは安堵する。

松之助はさりげなく、今後の仕事のスケジュールをさんまに伝えた。

「お待ちどおさん！」ふたりの前にラーメンが運ばれる。

「腹空いたやろ？　食べぇな」

「いただきます」

ふたりは黙々とラーメンをすすった。

さんま「女出来てしもてね、東京へ逃げたでしょ。そこでもう、すべては終わってんねんけども。普通の師匠と弟子ならダメなんですよ。〝帰ってきました〟って言うて、〝もう一度お願いします〟言うたかて、ダメなんですよ。うちの師匠はそれを受け入れてくれはったわけですよ」
（『MBSヤングタウン』1994年7月2日）

松之助「『女の髪の毛には大象もつながれる』という諺がありますが、象をつなぐのですから、さんま一匹くらいは容易（たやす）いものです。女の子とどんな約束をしたんか知りませんが、杉本は東京へ出ていきました。そこでタレント養成学校みたいなところに入ったんやそうですが、なんの伝手もなかったらどこも使うてくれますかいな。そこが素人の浅はかなところでしょう。活のええさんまも、冷凍のさんまと変わり果てて戻ってきました」（「楽悟家 松ちゃん『年令（とし）なし記』」2006年9月29日）

染丸「勝手にやめてまた帰ってきた。師匠としては腹は立ちませんでしたか」
松之助「ま、若い時にはいろいろあるからね。それに『こいつは見込みがある』と最初から思うてたから、帰ってきた時は正直嬉しかったですよ」

染丸「師弟というのは、時には親子以上の関係になるものかもしれませんね」

松之助「そうなかったらいかんね」（『笑福亭松之助聞書　いつも青春ずっと青春』）

さんま「ラーメン食べに行ったんですよ。で、食べながら、『おまえ帰ってくる思とったんや』って。あとは、『今の若いやつら、あいつらわかっとらん笑いを』とかいう話で。それは、『おまえがガンバレ』いうことでしょうね。師匠もテレ屋やから、ちゃんといわれへんから。今64歳ですけどね。おもろい人です」（「JUNON」1990年2月号）

「明石家さんま」の誕生

さんまは、康雄や高校時代の仲間たちに会いに行き、再び関西の地で、芸人として生きて行くことを報告する。

「よう帰ってきた。これでお前は大丈夫や」

「もう寄り道せんと、まっすぐ行けよ」

「高坊は絶対売れる！　俺が保証する！」

皆、大喜びでさんまを励ました。さんまは仲間たちの思いをしっかりと受け取り、実家に向かう。

最初にさんまを出迎えたのは、愛犬のベルだった。ベルの大きな鳴き声が辺りに響き渡ると、玄関から音一が現れた。

「高文や！　高文が帰ってきたぞぉ！」

さんまは名古屋で暮らす正樹を介し、時々家族には近況を伝えていたので、それほど心配はかけていないだろうと思い込んでいたが、自分の姿を確認した瞬間、皆が一斉に安堵の表情を浮かべるのを見て、いたたまれない気持ちになった。

「兄ちゃん、はよ入りぃな」正登がさんまの手を引き、招き入れる。束の間の一家団欒の後、さんまは自分の部屋へ。扉を開けると、そこは物置部屋と化していた。さんまはしばらく立ち尽くし、ここはもう自分の居場所ではない、そう思うのだった。

さんま「この6か月というのは、人によっては〝まわり道〟ととるかもわからんけど、そう思う人は、よっぽどまっすぐエリートコースを歩んだ人でしょうね。俺はちっともまわり道や思ってないし、もし〝まわり道〟っていうようなことを1年したら、その分1年長生きしたらいいと思うほうやから。だからちっとも、うん、後悔してないし、よかったと思う」（「JUNON」1990年2月号）

さんま「俺は家を出てこの世界に入って、1年経って実家に帰ったときに自分の部屋がなかったの。すっごいショックやってん。俺はそのとき、二度と実家に帰ることはないと心に決めたことを覚えてるね」（『MBSヤングタウン』1997年7月5日）

再び、修業の日々が始まった。

松之助はさんまに、実家から毎月5万円の仕送りをしてもらうよう命じた。さんまは親には頼

りたくないという気持ちを強くもっていたので、返事に困る。アルバイトをする時間があるなら、人の
「借りれるなら借りとけ。借りた金は将来返せばええ。舞台を観るなり、世間を観て1日も早く一人前になれ」
さんまは松之助の語気に押され、仕送りを受けることにした。さんまの新居は、兵庫県西宮市今津久寿川町、甲子園駅から程近い、「第一久寿川荘」に決まった。家賃は８０００円。古びたアパートだったが、小岩の幸楽荘よりも広く、共同のトイレと台所があり、松之助の住む鳴尾町からも近いことから、即決した。

松之助はさんまの再出発にあたり、「笑福亭さんま」という芸名を変えることにした。

弟子修業を途中で放り出すという愚行を働いたさんまは、本来ならば即破門。それを許し、今後も「笑福亭」を名乗らせておいては、いずれ方々からのさんまに対する風当たりが強くなり、芸能活動に励む上で支障を来すことになるのではないかと考えた松之助は、さんまを上方落語協会には入会させず、自身同様、落語家という枠に縛られることなく、自由奔放に突き進んでほしいという思いを込め、自らの本名である「明石」からとった、「明石家」という屋号を授ける。
「明石家さんま」と名乗ることになったさんまは、型にとらわれることなく、活き活きと芸の道を歩むことになり、世代を超えて多くの人々から愛される芸人へと成長していく。

さんま「師匠が、おまえはテレビの方が向いてるからテレビで行け、笑福亭をつけとくと仲間から『落語せんとあんなことばっかりやって』と言われるから、師匠の本名の明石に『家』をつけて明石家にしてたら、そんなこと言われることはないから、ということでつけてもろたんです」
（和田誠『インタビューまたは対談 その三』話の特集、１９８９年）

さんま「師匠から『笑福亭』やったら落語家っていう肩書きに縛られるけども、『明石家』やったらなんでもできるやろう、好きなだけ、気が済むまでやってこいということで」（テレビ朝日『徹子の部屋』1983年8月22日）

紳助との再会

1975年4月、さんまは紳助と再会する。

「さんまが女と東京へ逃げた」という噂を楽屋で耳にしたとき、紳助は大きなショックを受けた。同期の芸人の中で、誰よりもさんまの才能を認め、誰よりもさんまとの会話を楽しんでいた紳助は、いつの日かさんまと漫才コンビを組みたいと、胸の奥底で思い続けていたのだ。

さんまとならおもろい漫才ができる、そう信じた矢先に、さんまは誰にも相談することなく、東京へと去った。途方に暮れた紳助は、同期の芸人たちを集めて言った。

「おい、俺ら友だちやぞ。絶対、さんまみたいに黙って行くのはやめよう。やめるときは一言声をかけてからやめよう！」

誰もが紳助の熱い言葉にうなずいたが、さんまが去ってから半年足らずの間に、その大半の芸人が何も告げることなく、静かに去っていった。

帰ってきたさんまの顔を見るや、紳助は思いの限りをさんまにぶつけた。まくし立てるさんま、的確に返す紳助。初めて出会った日と何も変わっていなかった。打てばズシンと響く感覚を、久しぶりに味わうことができたさんまは、紳助と貪（むさぼ）るようにしゃべり続けた後、全身に力がみなぎってくるのを感じた。

さんま「仕事はあんまり一緒にならないけど。でもやっぱりライバルなんですよ。だから、あいつの番組が評判良いとがんばらなアカンなぁと。悔しくはないんですよ。嬉しいんですけども、やっぱりこう……ほんでみんながみんな、〝さんまがいてくれてありがたかった〟とか言うてくれるから、相乗効果で。だから近くにライバルがいるっていうのは非常にええことやねん」

（『MBSヤングタウン』2012年9月1日）

さんま「同期ですからね。巨人と紳助と小枝ちゃんは。あとは全部、やめていきましたからね。西日本の学校で一番おもしろい奴らが、4月ぐらいに一気に吉本に集まるんですよ。同期の桜ですよね。まさにね。やっぱり同じ時代を生きてきましたから。俺はいったん、19で女で失敗して東京に逃げてるときに、紳助は俺と漫才コンビを組みたいっていうので、東京にいる俺を探そうかと思ってくれてたぐらいの仲でしたからね。俺が楽屋で紳助とか巨人らとしゃべってるのを、横で他の弟子っ子らが聞いてて、〝この世界は凄い奴がいる、勝てない〟っていうので、3か月経ったら半分ぐらいやめてましたね。賢い奴はすぐやめるんですよ」（『MBSヤングタウン』2004年6月12日）

紳助「やっぱり、おもろいもんね。ほんまにな、心底な、おもろいのはさんまやで。根っからおもろいのは」

さんま「（笑）」

紳助「ほんまに」
さんま「そんなことない（笑）」
紳助「いや、アホちゃうか思うぐらいおもろいもん」
さんま「（笑）」
巨人「いや、ほんま、疲れたときに人間ね、おもろいこと言われへんけど、こいつは、疲れてるときもいっしょ」
紳助「熱の花咲かしておもろいこと言うもん、アホちゃうか言うて」
巨人「なんぼ疲れてても乗ってくれるやろ？」
紳助「俺ら疲れたら機嫌悪いもん」
巨人「ほんで、後輩がしょうもないこと言ったらね、乗らへんけど、こいつは後輩でも乗りよるやろ」
さんま「そらお前、楽屋の雰囲気で、何かひとつのきっかけでギャグが作れるかわかれへんがなぁ」
巨人「あっ、すべて勉強？」
さんま「勉強でもないけど、ただ、楽屋でも、人がな、笑ろたら楽しいねん。近所の兄ちゃんでも良かってん（笑）」（中部日本放送『すばらしき仲間』1985年2月3日）

どうすれば楽しくなるか

ある日、さんまが松之助宅の玄関先を掃除していると、大きなクラクションがさんまをめがけて鳴った。さんまが驚いて振り返ると、さんまと同世代の若者が運転するスポーツカーが横切り、あっという間に走り去って行った。

その様子を見ていた松之助がさんまに声をかけた。

「掃除楽しいか？」

「えっ？」

「さっきから一生懸命掃いてるけど、それ楽しいか？」

「いえ」

さんまは笑いながら正直に答えた。

「せやろ。そんなもん楽しいわけがない。せやからな、掃除はどないしたら楽しくなるか、考えてみい。楽しくなることを考えてるときは楽しいやろ？　どないにイヤなことでも、どないしたら楽しくなるかを一生懸命考えてみい。楽しなるから。同じやるなら楽しいほうがええやろう」

さんまは、素直にその言葉を受け入れた。

「どうすれば楽しくなるかを考える」

さんまはこの言葉を頭の中で何度も反芻し、考え、日々、弟子修業に励んだ。

さんま「これはねぇ、ほんとに正解でね。〝どうしたら掃除が楽しくなるか考えよ〟って言われて。どうしたら掃除が楽しくなるか、考えたのよ。今日は真ん中から、今日はテレビからとか、歌を歌いながらとか。掃除が楽しくなることはない。どうすれば楽しく掃除ができるのかを考えれば楽しくなるの。楽しい掃除の仕方はないんですよね。

毎日、流れ作業みたいなことをやってらっしゃる人は、それをどうすればおもしろくなるのかを、今日はこうしてみよう、今日はああしてみようと思て考えると、そのものが楽しくなるという。だから、散髪いくときに、切ってる間、〝退屈やなぁ〟と思うけど、そのときに、色々考えられるよね。それだけでええねん。〝ちょっとズラしたら散髪屋さん困らはるかな〟とか、ズラさないけど、それを考えるだけで楽しいわけ。そういうことや、うちの師匠が言いたかったことは。これは良い言葉やよね」（『ＭＢＳヤングタウン』２０１２年10月6日）

さんま「楽しくないものをどうすれば楽しいか、ということを考えていくと楽しいんです。いや、ぼくはもう、ほんとうにすごい出会いをさせてもらったと思ってます」

糸井重里「すごいですね。その人がいるかいないかで、さんまさんの人生の軸があるかないかが……」

さんま「あ、もう完全に違いますね」

糸井「ですよね。それなしで、いまと同じこと言ってても、きっともっとふわふわしてますよね」

さんま「はい。これはやっぱり、出会ったたっちゅうのが大きいというか、うちの師匠をチョイスしたたっちゅうのが、ひとつの大きな縁ですし」

糸井「縁ですねぇ」

さんま「けっきょく、たったひとり、ぼくだけですから。弟子は。残ったのは」

糸井「大きいですね。その話は、とっても聞いててうれしいですね。なんていうのかな、いろいろな話がさんまさんからパァっと広がっていくときに、真ん中に1本、大きな塔が立ちますね。さんまさんという景色が安定するというか。うん。そういうのはまあ、テレビで言う機会もないでしょうけど」

さんま「ないですねぇ、ほんとに。ええ」

糸井「ぼくらはここで拾えて本当によかったですね。うれしいです」（「ほぼ日刊イトイ新聞」糸井重里×明石家さんま対談「さんまシステム」、2008年1〜2月）

さんまの落語への取り組みは真剣そのものだった。小岩で暮らしていたときも、就寝前に落語のノートを読む習慣は忘れずに続け、ホープの仲間たちによく聴いてもらっていた。若手落語家の研鑽の場である、勉強会の席に積極的に参加し、松之助と親しい落語家たちに稽古をつけてもらうこともあった。

桂ざこば「さんまの落語、僕聴いてんねん。小枝ちゃんらと一緒にやってた思うけど、（桂）枝雀兄ちゃんもねぇ、観に行って、〝最近の若手はうまいなぁ〟って言うたんやで。古典落語やで。〝うまいなぁ〟言うて感心してた。こら勝てんでいうぐらい」（読売テレビ『今世紀最大！日本のお笑い6時間生ですべて見せますスペシャル』2001年8月18日）

河内家菊水丸「〝落語・明石家さんま〟の看板を掲げ、花月の舞台で漫談を演ってはったことに触れると、あのネタはこうだ、オチは……と解説が入った。桂枝雀師匠のお宅に、古典落語のけいこに通ったことがあるとも教えてくれた。下題は『つる』。これ、もの凄く聴いてみたいと思いませんか？」（河内家菊水丸『菊水丸のスクラップ帖』たる出版、2000年）

やしきたかじんと「グッド・バイ・マイ・ラブ」

落語の稽古に明け暮れる日々の中、さんまは兄弟子の明石家小禄とふたりで落語会を開くことになった。小禄は、さんまよりも6歳年上の落語家で、大学卒業後、二代目露乃五郎（のち二代目露の五郎兵衛）のもとへ入門。露乃小治郎と名乗り活動していたが、諸事情により破門され、さんまが東京・小岩で暮らしていた１９７４年10月、松之助の門下となった。

二人落語会の会場探しは難航した。小禄が知人のツテを頼り、方々に声をかけるが、無名の落語家にタダで貸してくれる物好きは簡単には見つからない。

あきらめかけた頃、小禄が飛び込みで入ったのが、祇園の酒場で流しをしているミュージシャン、やしきたかじんと、その恋人が切り盛りする小さな喫茶店だった。事情を聞いたふたりは、小禄の申し出を快く了承。

さんまと小禄は本番に向け、懸命に落語の稽古を重ねるが、落語会当日、京都の街に大型台風が直撃し、開演時間から2時間が経過しても、小禄が声をかけていた友人たちはひとりも現れなかった。

店には、たかじんとたかじんの恋人のふたりのみ。見かねたたかじんが知人を電話で呼びつけ、さんまと小禄の二人落語会は、3人の客の前で始まった。

3人の客は、ふたりの落語、大喜利を終始笑顔で見届け、小さな落語会は和やかに幕を閉じた。

さんま「僕たちが落語をやったり、大喜利をやったり、ふたりでやったんですけども。それをずっと、面白くないのに笑って頂いたやしきたかじんさんには今でも感謝しております。ほんとに感謝してます」

たかじん「俺の知り合いのスナックのマスターに電話して、〝見にきたって〟って、ひとり来たんや。来たんはそのひとりだけ。それぐらいの大きな台風やってん。彼はいつ会っても、どんな状態のときでも、この喫茶店の二人会の話をしてくれんのよ。ずっと忘れんとね。覚えとってくれてんのよ。たまたま来てんから。ゴザひとつ持って。まあ、貸すとこもないわね、そんなん。でも、そういう芸事が好きな女性やったから。貸したげたら、ということで。ほいで貸したんです。

僕は歌は唄っていたけれども、それは単なる、夜の世界で唄っていたりとか、せまーいライブハウスで唄っていただけの話で。世間はやしきたかじんの〝や〟も誰も知らんときやから」（テレビ大阪『たかじんＮＯマネーＧＯＬＤ』２０１３年4月13日）

さんま「あれはもう、僕は一生ねぇ、絶対忘れられないことなんですよ。1時間、2時間経っても誰ひとりお客さんが来ないんですよ。僕は後々、たかじんさんやってわかったんですけども、目の前にたかじんさんがいてるから、目と目が合うて……もうあのときは愛想笑い、どうもほんとにありがとうございました」

たかじん「どういたしまして。あのときのアレが、コレになるとは、そらわからんわぁ」

さんま「あのとき客席で笑ってた男がこうなるとは、僕もそらわからんわぁ（笑）」（『さんまのまんま』１９９２年1月13日）

愛がさんまの元から去ってから半年が過ぎたある夜のこと。さんまは近鉄難波駅の改札口の前で愛を待っていた。さんまは日々修業に励み、芸人として着々と歩みを進めていたが、いつも愛のことを気にしていた。愛の実家に電話をしたこともあったが繋がらず、時間を見つけては、愛が通勤で利用していた近鉄難波駅で当てもなく待っていた。最後にもう一度だけ会って話をしたい、その一心だった。

その夜、改札口の前で1時間ほど待ったさんまが、「虹のまち」(現・なんばウォーク)と呼ばれる地下街に向かって歩いているとき、愛の姿がいきなりさんまの目に飛び込んできた。愛は、背の高いスーツ姿の男の二の腕をギュッと摑み、楽しげに歩いていた。とっさに進行方向を変え、通り過ぎようとするさんまを、「高坊!」と、愛が呼び止めた。さんまは大げさに驚く振りをし、すぐさま男の方に目をやった。

突然の再会を喜ぶ愛が、男にさんまを紹介する。

「こないだ話した、幼なじみで、芸人さんの……」

男は頷き、「はじめまして。お話は伺ってます」と、屈託のない笑顔で言った。

「どうも、はじめまして」

さんまは軽く会釈した。男の手首には金色のブレスレットが光っていた。

「元気そうで安心したわ」

「高坊も」愛は微笑んだ。

「ほな、またな」

「急いでるの?」

「おぉ、ちょっとな」さんまは男に向かい、「幸せにしてあげてください」と照れくさそうに、冗談めかして言うと、「ほんじゃあ」と、愛に別れの言葉を告げ、その場から立ち去った。

さんまは人でごった返す「虹のまち」を足早に通り抜け、地上へ出た。そしてタバコに火をつけ、一息つくと、難波の千日前商店街に流れる有線放送からアン・ルイスの「グッド・バイ・マイ・ラブ」が流れてきた。

さんま「19歳のときに、いっぺん彼女と東京に逃げて、その彼女と別れたときに、商店街でこの曲が流れてたので、もう、耳についいて。今でもたまに唄ってしまうんですよ」（朝日放送『さんま&槙原敬之の世界に一つだけの歌』2008年3月16日）

さんま「大阪の難波の駅で、電車に乗る時間なんかわからないけども、暇なときはずーっと待ってたのよ、その子を。半年後に会えたの。暇なときは夕方、空いてる時間ずーっと、彼女がこの改札口を通るんじゃないかと思って。今じゃ、そんなことできないよね、そんなパワーがないから。でも、その頃は待つのよ。

いや、でも、うん、あのときは一番、19歳から20歳にかけて、一番楽しかった」（『コケッコ!?』1994年1月9日）

さんま「もう、出会わないやろう。仕事なんか捨ててもええとか思う女性は出てこないやろう。今ねぇ、やっぱり仕事の責任感をそれなりに持ってしまってるからアカンわ。子供がいたりするし。やっぱりねぇ、こう、なんか、どっぷり浸かりたいね。素敵な人と出会ってドキドキしたいよね」（『明石家さんまのG1グルーパー』1997年9月29日）

森啓二とのナンパ

翌日、さんまは晴れやかな気分でなんば花月の楽屋へ向かう。

「さんまちゃん、出番終わったらまた行こかぁ」松之助の出番の支度をするさんまに声をかけたのは、先輩芸人の森啓二だった。

森はさんまと同い年だが、すでに弟子修業を終え、喜多洋司と漫才コンビを組み、毎月、花月の舞台にコンスタントに出演を重ねる吉本興業の期待株。さんまは森を兄のように慕い、森もさんまを弟のように可愛がっていた。ふたりは花月で会うと、いつも終電間際まで街を練り歩いた。目的はナンパだった。森はひとりでナンパをする勇気がなく、いつもさんまを誘っていた。さんまはナンパにはあまり乗り気ではなかったが、森と一緒にナンパの作戦を練ることが楽しく、いつも付き合っていた。森とのナンパは、「ターゲットをいかに笑わせることができるか」それが成否の鍵となった。

ターゲットの女性を後ろから追い越し、距離をある程度保ちながらしばらく歩く。そして片方の靴をわざと脱ぎ、そのまま気づかぬふりをして歩く。何歩か歩いたところで、「あっ、靴忘れた！」と叫びながら、靴を取りに戻り、ちょうど脱いだ靴の位置でターゲットの女性と鉢合わせる。そこで女性がクスリと笑っていれば、勢いにまかせて話しかけ、喫茶店へと誘い込む。この作戦が一番ウケが良く、成功率も高かった。

運良く喫茶店に誘い込むことに成功すると、さんまと森はひたすらしゃべり続け、イヤというほど女性を楽しませた後、店を出る。ここでふたりの持ち金は底をつき、笑顔で女性を見送る、というのがいつものパターンだった。

「さんまちゃん、こないだええ漁場を見つけたんやぁ。今度は上本町に行こう。夕方、仕事帰りの若い女が地下からわんさか湧いて出てくるんや。あそこに網仕掛けたら、なんぼでも捕まるで」

収穫はなくとも、地下鉄の階段を上ってくる女性を眺めながら、森とふたりで他愛ない会話をする時間が、さんまは楽しくて仕方がなかった。

さんまは、うめだ花月で仕事があるときには、泉の広場の「カンテグランデ」、阪急ファイブの「ラ・シャンブル」、大阪新阪急ホテル前の「カスカード」といった喫茶店に、芸人仲間とよく通っていた。

毎回注文するのはコーヒー1杯のみ。いつも3時間ほど居座り、しゃべっていた。

特に、美人のウェイトレスが多いと評判の「ラ・シャンブル」には、1日に二度、三度と通い詰めるほどお気に入りで、気になったウェイトレスには交際を申し込むこともあった。

さんま「目元が大原麗子さんに似た、すっごい綺麗なウェイトレスさんがいてて。ほんとに、プロの女優になったらええのにっていうぐらい、素人界に置いておくのはもったいないなぁいうぐらい、ものすご綺麗で。何回も通って、何回も笑わして、やっとデートできることになったのよ。

でもデートしたら、その子、保護観察中で、保護司に怒られてん(笑)。あのとき、20歳前後。もう、抜群に綺麗なんですよ。今でも顔は覚えてるけど。ちょっと悪っぽいねんけど、綺麗なのよ。ほいで、〝来週、水曜日空いてんねんけど、会うてくれる?〟って聞いたら、〝来週水曜日? 保護司と面談〟って言われて。それからちょっとしてから、彼女はバイトを辞めて、会えなくなってんけども。その後に、武庫川女子大の薬学部の女の子に恋をしてしまって。ふたり連続恋をしてしまったのが、阪急ファイブの2階の喫茶店、『ラ・シャンブル』だったの」（『関西限定・特番！春はさんまからスペシャル』2000年4月2日）

師匠の酒ぐせ

松之助は、普段は温和でユーモア溢れる人柄であったが、ひとたび酒が入ると豹変し、誰も寄り付かなくなる。

「師匠、そない飲みはったら体に毒でっせ」などと言おうものなら、それが誰であろうと、「おのれは、このわしに意見さらすんか！」と怒鳴り散らし、楽屋に遊びに来ていた松之助の息子たちがやかましく騒いでいると、「じゃかましい！」と蹴散らしていた。

二日酔いがひどいときは、さらに酒を欲し、「酒買うて来い！」と、さんまに酒を買いに走らせた。松之助は一升の酒をものの10分程で飲み干してしまうので、さんまは少しでも松之助の酒量を減らそうと、朝から何度も小さなカップ酒を買いに行き、1本ずつ手渡していた。

松之助は、泥酔したまま舞台に上がることも一度や二度ではなかった。

そんな日はまともに高座を務めることなどできるはずもなく、自ら観客に向かって、「こんな酔っ払いの落語を聞いてもおもろないでしょう。お後と交替いたします」と告げると、あっという間に舞台を降りた。会社から何度注意されても同じことを繰り返した松之助は、花月の出番を〝前座扱い〟となるトップへと変更させられてしまう。

桂ざこば「毎晩酒びたり。毎晩、酒！」
さんま「僕、袖で師匠の帯を持ってたんですよ。フラフラで舞台に出れないんですよ。ほいで、〝さんま、帯持っとけ〟とか言われて。〝はい！〟って言うて、帯をずーっと持ってるんですよ。〝出囃子が鳴ったら離せ〟言われて（笑）。ほいで、出囃子が鳴って、ええタイミングでパッと離したら師匠が出ていかはるんですよ。ほんだら前のおばちゃんが、〝あっ！　酔うてはる！〟って言うたんですよ。〝酔うてはる〟って言うたら、うちの師匠が、〝じゃかましわ！　生理もないくせに〟って言うて（笑）」
ざこば「看板、ものすご奥やったんや。それが急に前座になっていったんやな」
さんま「（笑）」
ざこば「で、平気で出はんねんな。不思議なおっしょはんやわぁ」（『さんまのまんま』１９９５年９月15日）

松之助の長男・明石家のんき（元・笑福亭梅之助）「毎日、毎日、飲んでるから、酔うてむちゃくちゃですからね。家の鍵が閉まってたら、手で扉のガラスを割って鍵を開けたり。酔うたまま高座に上がって、〝みなさん、知ってまっか？　わたい、笑福亭松之助です。お後がよろしいようで〟言うて。その後の出番の（中田）カウス・ボタン兄さんがね、松之助師匠やからあと20分あるやろう思てたら、親父が舞台に出て5秒後に帰ってきたもんやから、〝師匠！　あきまへんがな、着替えもしてへんのにぃ〟言うたら、〝お前らがアカンねん。高座は何があるかわかれへんねんから、いつでも衣装に着替えて待っとかなアカンがな〟言うて。

　うちの歴代の弟子で、よう飲んでるときの親父を知ってんのは、さんま兄ちゃんが最後ですわ。

えらい目遭うてるのも、さんま兄ちゃんが最後ですねん」（ラジオ大阪『ミスターサンタオの生活力向上革命！』２０１３年10月13日）

さんま「俺は、師匠が酔うてはるときの弟子やから。周りの芸人さんから、〝よう勤まってるなぁ〟言うて、可愛がってもうたの」（『関西限定!!春はさんまから！スペシャル2』２００２年4月7日）

花月での出番が終わり、阪神電車で帰宅する間、松之助はいつもさんまに芸談を聞かせていた。松之助の話をゆっくり聞くことができるこの時間が、さんまは大好きだった。

あるとき、ほろ酔いの松之助が、さんまの脇腹を拳で軽く、何度も何度も小突きながら、芸人が舞台に立つ心構えについて話し聞かせていた。さんまは何度も深く頷き、ありがたく話を聞いていた。電車が甲子園駅に到着すると、松之助は翌日のスケジュールをさんまに告げ、自宅へと帰っていく。そこでさんまは腹部に違和感があることに気づいた。駅から第一久寿川荘までの帰路、電車に乗っている間はなんともなかった脇腹が徐々に痛みだし、やっとの思いで家についた頃には、うまく呼吸ができなくなり、へたりこんでしまった。

さんま「師匠って酔うと、人の体を突っ突く癖があるんですよ。なんば花月から甲子園まで、ずーっと、〝さんま、わかってんのか〟とか言いながら、グーで突っ突くんですよ。

悪気はないと思うねん。殴ろうと思って殴ってないの。〝わかってるか？〟っていう意味やねん。そのとき初めて、ボディーブローは追い追い効いてくるってわかってん」

松之助「(笑)」

さんま「大きいから師匠、力が強いのよ」（『関西限定!!春はさんまから！スペシャル２』２００２年４月７日）

「師匠、このまま酒飲んでたら、もうすぐ死にまっせ。ふたりの小さいお子さんどないしまんの」

松之助が酒をやめる決意をしたのは、かかりつけの医者が発したこの一言がきっかけだった。

　１９７５年6月1日、長男の笑福亭梅之助が７歳で初舞台を踏む晴れの日に合わせ、松之助は酒とタバコをピタリとやめた。

　一番喜んだのはさんまだった。松之助が酒を一滴も飲まなくなったことにより、ふたりで話をする時間は大幅に増えた。弟子修業も終盤、さんまは、松之助の口から語られるあらゆる話を傾聴し、その口調や話の組み立て方を貪欲に吸収していく。

月亭八方「それまでは、たいがいやったじゃないですか」
松之助「大方、飲んでたね」
八方「楽屋で息子を蹴散らしたりね。どつき倒したりしとったんやで。階段から落としたりして。ひょっとしたら自分の子やないんちゃうか思うぐらい」
松之助「（笑）」
八方「その方が突然酒をやめたって、あれはなんか理由があったんですか？」
松之助「なんかね、アホらしなったんだ。酔うてさめぇ、酔うてさめぇ、常に二日酔い。辛いの自分やからね。それがバカらしなったのと。酒やめてからはトマトジュースと牛乳でずーっと過ごして。１か月いけたから、それでやめた」（『バーばーヤング』２００６年6月18日）

【コラム2】最高の師弟

笑福亭松之助師匠の笑いのセンスに惚れ込み、弟子入りを決意したさんまさん。弟子入り志願に来たその日にさんまさんの入門を許した松之助師匠。

さんまさんが松之助師匠のひとつのネタを観て笑いのセンスを感じたように、松之助師匠もわずかな会話の中からさんまさんの才能を感じとっていたのかもしれません。松之助師匠のご子息である明石家のんきさんの記憶によると、松之助師匠はさんまさんの弟子入りを認めたその日、いつもよりも上機嫌で帰宅し、ウマの合う新しい弟子が来ることをとても喜んでいたそうです。

師匠の家の掃除を行い、食事の準備を手伝いながら、真面目に落語に取り組み、異例の早さで落語家デビューを果たしたさんまさんでしたが、その直後、すべてを投げ出し、愛した女性と暮らすため、東京へと旅立ちます。

その半年後、目的を見失い舞い戻ってきたさんまさんを松之助師匠は何も言わずに温かく迎え入れ、今後活動しやすいようにと、芸名を「笑福亭さんま」から「明石家さんま」へと変えさせました。それから約3か月後、酒浸りの日々を送っていた松之助師匠は体調を崩し、断酒を決意。ここから師弟の濃密な時間は始まります。

さんまさんは松之助師匠の言葉や人生哲学を素直に受け入れ、実践し、吸収していきました。それができたのも、松之助師匠が寛大で、笑いの面でも〝絶対に敵わない〟と思わせてくれる人物であったから。まだ幼くモロさのあったさんまさんの精神は、師匠と過ごすこの時間の中で強く鍛えられたのだと思います。

最高の師匠と巡り合えたことを喜び、「師匠のことは完全に尊敬できる」とまで語っていたさんまさんですが、松之助師匠からの言いつけで守れなかったことがひとつだけありました。

それは禁煙。タバコをどうしてもやめられなかったさんまさんは、師匠に隠れてタバコを吸い、師匠と話す前には必ずカレーライスを食べ、タバコの匂いを消してから接していました。それから45年間、松之助師匠が93歳でこの世を去るまで、さんまさんは一度も師匠の前ではタバコを吸わなかったそうです。

弟子修業時代のさんまさんを語る上で、とても興味深い逸話があります。さんまさんの60歳の誕生日を祝うテレビ番組に出演された女性ファンの方の証言なのですが、当時、小学生だった師匠のお子さんに傘を届けるさんまさんを目撃されたことがあるそうです。その後も何度か小学校の校門の前に立つさんまさんを見ているうちに、小学5年生だったその女性はいつしか恋心を抱きます。そしてそれから数年後、偶然さんまさんをテレビで見た瞬間、「あのときのお兄ちゃんだ！」と気づいたそうです。

弟子修業時代、色白で角刈り頭のさわやかな好青年だったさんまさんは、無名の頃から目立つ存在であり、人を惹きつける独特のオーラを発していたことがわかるエピソードでしょう。

弟子修業を終える頃、さんまさんはその存在感を存分に発揮し、最高のテレビデビューを飾ることになるのですが、それは次のお話になります。

Ⅳ. 研鑽――1976年の明石家さんま

テレビデビュー

さんまは20歳のときに『11PM』という番組に出演する機会を得る。

『11PM』は、月曜日から金曜日の深夜に全国ネットで生放送される人気番組。月・水・金は日本テレビ、火・木は読売テレビが制作する。さんまは、読売テレビが制作する、通称「大阪イレブン」の「20才の性熟度ピンクテスト」という特別企画に出演することになった。

内容は、1976年に成人式を迎える、男女合わせて30人の将来有望な若手芸人をスタジオに招き、お色気を交えたアンケート調査や、ユニークな質問をぶつけ、芸人たちの性意識を探るという企画。

さんまは松之助に、どの着物を着ていこうか相談を持ちかける。

「漫談のときに着てた赤いスーツあったやろ。あれを着ていけ」松之助は平然と言い放った。

芸人は、観客に顔と名前を覚えてもらわなければ話にならない。松之助は、どうすれば自分が他の芸人よりも目立てるのか、それを常に考えている芸人だった。その為、タキシードに半ズボン、サンダルを履いて舞台に登場したり、ワイシャツにネクタイを締め、その上から着物を羽織り、高座に上がることもあった。

「他の落語家は皆、着物を着て行きよるから、ひとりだけ赤いスーツを着てたら目立つやないか。

この世界は人と違うことをせなんだら、すぐに埋もれてしまう。芸人は目立たなアカン。反発があったらワシが全部引き受けたる。思い切って目立ってこい！」

松之助の力強い言葉に送り出されたさんまは、『11PM』への出演が決まったことを、家族や友人、ホープの仲間たちに報告する。皆、自分のことのように喜び、さんまを激励した。

松之助「いつも杉本に言うてますねん、どんな所でも杉本やということが人に分かってもらえなあかん。例えば大阪駅の東口から出て、横断歩道を渡ってるうちに人混みに紛れて、分からぬようになってしもうたらあかん、人混みの中でも目立ってなんだら芸人になられへんでと。つまり人と同じことをするのなら素人でもできる、素人の出けんことをするのが芸人や、そやなかったらお客さんがお金を払うて見にきてくれるか」（『楽悟家 松ちゃん『年令なし記』』２００６年10月３日）

さんま「落語家に洋服着ていけって、おかしな師匠やんか。髪の毛はロングが流行ったら切れと。ショートが流行ったら伸ばせっていう教えの人なんですよ。人の真似をするなと。人とおんなじことしてたら、いつまでも人とおんなじことせなアカンようになるという、それが師匠の教えなんでね」（『ＭＢＳヤングタウン』２００６年2月18日）

１９７６年1月15日23時15分、『11PM』の放送が始まった。

広々としたスタジオに通された30人の芸人が、男女15人ずつ、左右に分かれて席につく。その背後には、アンケート結果の数値を表示するボードが組み込まれたセットが置かれ、上部には「20才の性熟度ピンクテスト」の文字が躍る。

さんまの席は、前列中央。真っ赤なスーツに身を包んだ角刈り頭のさんまの姿が、日本全国のブラウン管に映し出された。ストライプのシャツに黒のネクタイを締め、左胸には「落語・明石家さんま」と書かれたネームプレートが貼られている。周りの席には、遊び仲間の森啓二、同期の落語家、桂枝織（後の桂小枝）の姿もあった。

司会進行は、演芸事情に精通する直木賞作家の藤本義一。アシスタントに若手実力派漫才師、海原千里（うなばらせんり）（上沼恵美子）・万里（まり）。コメンテーターには人気漫才師の横山やすし、落語家の露乃五郎、女優で性評論家の窪園千枝子が名を連ねる。

出演者は各自、プッシュスイッチを手に持ち、次々と出題される性に関するアンケートに回答していく。30人の芸人がズラリと居並ぶ中、さんまは物怖じすることなく、隙あらば声を発し、司会者やコメンテーターからの質問には真っ先に挙手。千里・万里からマイクを向けられると一気にまくし立てた。それはまさに、八面六臂の活躍だった。他の出演者が躊躇するような性的な質問にも、さんまは身振り手振りを交え、大きな声で赤裸々に答えていく。

さんま「あのとき、森啓二さんとか小松兄さん（笑福亭小松）とか、B&Bの（島田）洋八、洋八は年をごまかして出てたんですけどね。俺はそのときから楽屋ではおしゃべりで有名だったんで、本番前にみんなから、〝さんましゃべれ〟と。カメラが俺のとこへ来たら、周りの芸人が映るからというのでね」（『MBSヤングタウン』2006年2月18日）

さんま「まわりが〝いけ！　いけ！〟っていう空気でね。もう舞台とか出てたんでね。それなりに自信もあった頃でしたから、いったんですよ」（『MBSヤングタウン』1996年1月27日）

コマーシャルの間、「おかげでよう映ったわ。ありがとう」と、隣に座る枝織がさんまに礼を言った。番組が終盤にさしかかっても、さんまの勢いはとどまるところを知らなかった。

「性技の四十八手以外の技は？」

「はい！　はい！」さんまが手を挙げるだけで、クスクスとスタジオに笑い声が広がっていく。

「逆さ十文字落とし！」

この日一番の笑いがスタジオにこだました。

「それはどんな技なの？」海原千里が笑いをこらえながらさんまにマイクを向ける。

「女性を逆さに持ち上げまして、そのままベッドに叩き落とすんですわ」

大爆笑の中、番組はコマーシャルに入る。

さんま「20歳のアドリブやがな。〝はい、逆さ十文字落とし〟言うたら、スタジオはドカーンウケたわけよ」

桂小枝「ウケたウケた」

さんま「俺は〝やったー！〟思たわけ。ほんでコマーシャルや。藤本義一さんやがなぁ。〝君は名前はなんていうねん？〟って言うから、〝あら、褒めていただけるんかな〟思て、〝あっ、さんまです〟って言うたら、〝サンマかイワシか知らんけどなぁ、テレビでは言うてええことと悪いことがあるんや。それぐらい覚えて出て来い〟って言われて。コマーシャルの間、ワチャーと思て。コマーシャルが明けて本番に入ったわけよ。ほんだら、〝君はなんちゅう名前なんだ？〟って、また聞きやがったわけよ。ほいで俺は、これはアカン思て、反省したわけよ。〝テレビってそんなもんなのかぁ〟って。天下の藤本義一さんやがな。初めてのテレビ出演でそんなこと言われたら落ち込むがなぁ」（『さんまのまんま』１９９６年12月17日）

さんま「全国のさらし者にしようとしたわけですね。〝テレビもわかってないのにしゃべるな〟っていう。こっちは気持ち的には、〝ほんならそういう質問すんなよ〟と。どうも俺と合わなかったんでしょうね。俺も元々、あんまり好きじゃなかったんで、向こうもあんまり好きじゃなかったんでしょう。俺は番組のために、そういうことを言って、ウケて、ヨッシャと思ってるときに、いきなり、〝君は名前はなんていうねん？〟って聞かれて。

俺はホントに間違ってなかったという自信があるんですよ。放送禁止用語も言ってないし、四十八手以外で知ってるのがあれば、誰かが言ったほうが盛り上がるわけですから。『逆さ十文字落とし』っていうのも別にいいんじゃないかと思うし。あのときはねぇ、なんで怒られてんのかさっぱりわからなかったですねぇ。

みんなにはえらい褒められたんですよ。でも、チョコチョコいらんこと言うてたんでしょうね。俺はそのときのＶＴＲ見てませんけど、今見たら、藤本義一さんに悪いと思うかわかれへんね。〝あれは怒って当たり前です〜〟言うて（笑）」（『ＭＢＳヤングタウン』２００６年２月18日）

コマーシャルが明けると、藤本はさんまに向かって質問を始めた。

「それにしても君はようしゃべるなぁ。名前はなんて言うんだ？」

「明石家さんまです」

「師匠は誰や？」

さんまが答えようとした瞬間、その様子をじっと見ていた横山やすしが割って入る。

「松之助師匠とこの弟子ですわ」

「あぁ、そうか。松ちゃん師匠とこの弟子かいな……それならしゃあないわ」

張りつめたスタジオの空気が一瞬にして和み、番組は穏やかにエンディングを迎えた。こうしてさんまは、『11ＰＭ』で、鮮烈なテレビデビューを飾ったのだった。

山辺教平「大勢の中で彼だけが目立った。しゃべっている声が、あいつの声しか聞こえてこないんです。ほかの人がインタビューされてるときでも。あ、こいつはすげえやつだ、これは売れるかもしれない、と思いました。とにかく気迫が画面からあふれる感じだった」（「週刊平凡」１９８６年3月21日号）

松之助「放映の時間には家内とテレビの前に座り込みです。画面には落語家が着物を着ています。赤いスーツはさんまひとり、思った通りです。『さんま』はしゃべりまくってました。『その調子や、やれッ、いけェッ』とテレビの前で応援」（「楽悟家 松ちゃん『年令なし記』」２００６年2月10日）

横山やすしとのハード・デイズ・ナイト

『11ＰＭ』の生放送終了後、さんまが枝織たちと帰り支度をしていると、突然、出演者控室に、白いマリンキャップをかぶった横山やすしが現れた。

横山やすしは１９４４年3月18日生まれ。14歳の若さで、同級生の岡田好弘（後の堺正スケ）と漫才コンビを組み、素人参加型の漫才コンテスト番組『漫才教室』（ABCラジオ）に出場し、優秀な成績を収める。

翌1959年、高校へは進学せず、少年漫才コンビ「堺伸スケ・正スケ」として、道頓堀・角座でデビュー。〝天才少年漫才師〟の名をほしいままにするが、1961年10月、相方の廃業によりコンビは解散。翌月から横山ノックに弟子入りし、横山やすしと名乗る。

その後、幾多の紆余曲折を経て、22歳のときに西川きよしと出会い、漫才コンビ「横山やすし・西川きよし」を結成。

1970年には第5回上方漫才大賞を受賞。日本を代表する人気漫才師へと飛躍するが、その年の12月、タクシー運転手に暴行を働き、謹慎処分を受ける。1971年4月、舞台復帰を果たすが、事件から2年4か月もの間、テレビに出演することはできなかった。

さんまはこれまで、花月の舞台でやすし・きよしの漫才を目にする機会は何度かあったが、やすしから直接話しかけられるのは、この日が初めてのことだった。

「おう！　さんま君！」

「はい」

「自分、吉本やな？」

「はい」

「そうか。飲みに行こう！」

「あっ、はい、よろしくお願いします！」

「気に入った！　話が早い！　さすが松ちゃん師匠とこの弟子や。お前らも来い！　連れてったる」やすしはさんまの周りにいた数人の芸人を指差し、言った。

さんま「やすし師匠は本番中、ゲラゲラ笑ろてたわけですよ。〝よう言うた!〟言うて。やっぱり、気に入る人と、気に入らない人が出てくるのは当たり前で。まあ、藤本義一さんは、よほど俺のことが嫌やってんやろなとか思うねんけどもやねぇ」(『MBSヤングタウン』1996年1月27日)

テレビ局を出ると、一行は2台のタクシーに分かれて乗り込み、居酒屋へ向かう。さんまは、やすし、枝織と同乗。タクシーが発車すると、やすしの穏やかだった表情が見る見るうちに険しくなっていった。「視界不良や!」後部座席に座っていたやすしは助手席のヘッドレストを取り外すと、運転手に向かって罵声を浴びせ始めた。

「おい! こら! 運転手! なにをチンタラ走っとんねん! ワシは吉本を担う若手を乗しとんねん! 恥かかすな! アクセルはふかすために付いとんねん! ふかせ! ふかせ! さっさと前の車、追い抜かんかい! アホんだらが!」

やすしが冗談ではなく、本気でそう怒鳴っているのだと理解した瞬間から、さんまは生きた心地がしなかった。

「歩道を走れ! 歩道を!」やすしは目的地に到着するまで、執拗に運転手を急かし続けた。

居酒屋に到着し、酒を飲み始めると、やすしは上機嫌になり、料理を次々と注文していく。さんまは飲めないビールを、やすしに急き立てられながら、必死に喉の奥へと注ぎ込んだ。

「芸人として生きていくなら勝たなアカン。負けたらしまいや。とりあえず勝て。評判は気にするな。行く時は行かなアカン。ハイペースで生きろ。マイペースはアカン、どんどんペースが落ちる。スピードは落とすなよ。腹くくって行け」

やすしの話の大半は、〝勝負〟に関することだった。

「よっしゃ！　次行こう！」威勢の良いやすしの掛け声と共に、一行は、やすしが経営するスナックへと向かった。

殺風景な店内の壁には、競艇で使用する本物のモーターボートが飾られている。その真下のボックス席に座ったさんまは、頭上のモーターボートが落ちるのではないかと内心怯えながら言った。

「やすし師匠、素晴らしいボートですねぇ」

「おっ、さんま君、競艇わかるんか？」

「いえ……わからないんですけど、カッコよろしいなぁ思いまして」

やすしは満面の笑みを浮かべながら、競艇講義を始めた。１時間ほど経過すると、皆、疲れの色を隠せなくなってくる。そんな中、さんまは大きなリアクションをとりながら、やすしの話に熱心に聞き入っていた。

「気に入った！　お前はワシに似とる！　インからグッといくタイプや！　アウトからチンタラまくるタイプちゃう！　芸人はインからガーッといかなアカン！　よっしゃ、今からワシの家行こう！　アウトの連中は、とっとと帰りさらせ！」

やすしは他の芸人らを帰すと、さんまを引き連れ、自宅へと向かった。

移動中、さんまはやすしの姿をじっと見つめていた。身長１６０センチ、体重42キロ。華奢な体型だが、若くして漫才の頂点を極めた男から滲み出てくる異様な貫禄に、圧倒された。

自宅に到着すると、やすしは上機嫌でさんまをもてなした。

「さんま君、今からモーターボートのエンジン音を聞かしたるさかい、よう聞いとけよ」

やすしは、「堺伸スケ・正スケ」を解散後、一時は競艇選手になることを本気で夢みていた。しかし、競艇学校の入学試験の視力検査で、わずか0・1足らずに不合格。以後、アマチュア選手としてボートレースにのめり込んでいく。

さんまはやすしからヘッドフォンを手渡されると、各メーカーのエンジン音を正確に聞き分けられるようになるまで、何度も何度も、繰り返し聞かされた。

「どや？　違いがわかってきたやろ？　モーターボートは奥が深いんや。また聞かせたるさかい、今日は帰れ。ワシはもう寝る！」

「やすし師匠、今日はいろいろとありがとうございました」

「おっ！　ほんだらな！　グッドラック！　はよ行け！」

さんまがやすしの自宅を出たのは午前6時過ぎ。前日、寝不足のまま『11PM』に出演した後、苦手な酒を飲まされた上、モーターボートのエンジン音を何度も聞かされたことにより耳鳴りが止まず、頭の中はボンヤリとしていたが、テレビデビューで誰よりも目立てたこと、天才漫才師、横山やすしと朝まで過ごせたという充実感が、駅へと向かう足取りを軽くさせた。

さんま「まあ、飲みに連れて行ってもらったというよりも、〝市中引き回しの刑〟に遭うたわけですよ（笑）」（『MBSヤングタウン』1996年1月27日）

さんま「とんでもない世界に入ったと思たね。ほいで、やすし師匠が次の日、吉本で、〝さんまっちゅうおもしろい奴がおる〟って、みんなに言うてくれはったのよ。ほいで、会社の人とかが

名前を覚えてくれはったの」（『さんまのまんま』１９９６年12月17日）

西川きよし「こない大スターになると思ったか？　しかし」
横山やすし「いや、思てなかった。昔、この放送局（読売テレビ）で、20歳の若手がたくさん出る企画があって。そのとき、キー坊の弟子の森君（森啓二）っておったでしょ？」
きよし「はい」
やすし「森君が出てて。その中にさんまも交じってたわけや。あのときも、あの大勢の中で群抜いとった。その番組が終わって、若手ら連れて、ワシの八尾のスナックへ連れて行ったの。さんまはそこでもやっぱり目立ってた」
きよし「今、ＶＴＲで観た彼の形態模写なんか、はっきり言うて上手いやんか」
やすし「上手い上手い上手い」
きよし「やっぱり売れる人間というのは」
やすし「うん、なんかちがうねん」（読売テレビ『特選！思い出の漫才コンビベストテン』１９８７年３月28日）

『11ＰＭ』の放送翌日、さんまは仮眠をとった後、うめだ花月に向かった。

花月では、漫才、落語、声帯模写に浪曲、民謡ショーにコミックバンドの音楽ショーなど、バラエティ豊かな演芸が次々と披露された後、吉本新喜劇が始まる。その合間、新喜劇のセットを組み立てるまでの僅かな時間に、さんまは緞帳前で漫談を披露することを許されていた。

さんまが楽屋へ入ると、『11ＰＭ』の反響が続々と届いた。

「見たで昨日。ようしゃべってたなぁ」

真っ先に声をかけてきたのはナンバ四郎だった。

ナンバ四郎はさんまの5歳年上の先輩芸人。1973年1月、コミックバンド「ザ・パンチャーズ」にベーシストとして加入。滝裕二、東野俊介、フラット三船、岩下ミーコと共に、コミカルな音楽ショーを演じ、人気を博していた（演奏中、メンバーから一拍遅れて、皆が倒れるというギャグが当たり、後に「Mr.オクレ」と改名する）。さんまとナンバは、すぐに意気投合。ナンバは森と仲が良く、この日を機に、3人で街へ遊びに出掛けることが多くなる。

舞台では、前日の放送を見たと思われる客が、さんまを見てざわついた。客席はまばらだったが、『11PM』のエピソードを交えた漫談で笑わせた。

年季明け

さんまが松之助の弟子となり、2年の歳月が流れた。多くの芸人の場合、弟子修業期間の終了を意味する「年季明け」は、修業期間2年目から3年目の間に、師匠から言い渡される。

しかし、師匠と弟子のつながりを重んじる松之助は、年季明けを明確に告げることはなかった。さんまが通い弟子でなくなった後も、松之助はさんまと楽屋で会うと、これまで通り話し込み、折に触れ、読んだ本の要約や、さんまに伝えたいことを書き綴った手紙を送った。

さんま「修業というかほとんど雑談でしたけど。その間にネタを教えていただいたり。（中略）高座でやるには師匠の了解が要るんですけど、それが二年間で七本。下手くそな落語でしたけれど、朝日放送で演ったやつを録音したテープを鶴瓶さんが持っていて、今でも『おまえはこんなもっさりしたことやってたんやぞ』ってからかわれてます」（「本人vol.11」2009年9月）

弟子修業期間を終えたさんまは、劇場の出番がない日は、丸一日、自由の身となった。金がなく、身動きがとれない日は、暇を持て余し、漫談、落語の稽古を済ませると、近所をぶらついたり、路上で拾ってきたテレビを分解し、またそれを元通りに組み立てたりしながら、時間を潰していた。

さんま「もう、あまりにも暇で暇で、しょうがなくて。漫談の稽古するのもあきるしね。金もないし、行くとこもないし。デートも、その日はないし、やたら体は元気やろ？　何かせずにいられないのよ。それでテレビ分解したのよ……それっきり、そのテレビは」（『MBSヤングタウン』1994年11月19日）

さんま「森啓二さんとオクレさんと3人でブラブラブラブラして。舞台が一緒のときは、3人で3時間ぐらい、梅田の街とか、難波の街を徘徊するわけですよ。ほんで、半年ぐらいしたら、森啓二さんが歩きすぎて、足の小指の軟骨が出てしまったんですよ。それで手術しはって（笑）。医者が、〝歩きすぎですよ〟言うて。

ガラス張りの喫茶店に行って、3人で、前を歩く女性を見ながら、〝50点！〟〝30点！〟とか言うて、点数つけながら。そんなことしか楽しみないねんも〜ん」（『MBSヤングタウン』2001年7月7日）

さんま「歩くと楽しいもんですよ。いろんなものに出くわしますからね。やっぱりねぇ、我々の商売は歩かなきゃいけませんね。毎日4時間ぐらい歩いてましたからね。暇で暇でしゃあないんですよ。お金もないし。とにかく、歩いて歩いて、おねえちゃんをからかいながら、喫茶店に行って時間を潰すんですよ。ナンパ目的で行くんですけども、着てるもんもファッショナブルじゃないし、頭も角刈りですから、モテるわけがないんですよ。そこで笑わしながら、たまに一緒にお茶を飲みに行ってくれる女の人がいるんですけど、お金がないから困るんですよ。出してあげなアカンから。〝どうしょう、380円痛いなぁ〜〟思いつつ。その後、お金がなくなってどこにも行けないんですよ。

そういう毎日でしたからね、あの頃は。もう怖いもんなんてない。もう、前にあんのが夢だけでしたからね。なんにも捨てるものがないわけですから。夢いっぱい広がって。〝売れるぞ！〟〝キャーキャー言われるぞ！〟とか思ってましたからね。もう、たのしーてたのしーて、毎日がワクワクして。

人間ってねぇ、お金がないときは、いろいろ楽しみを考えるもんなんですよ。お金がないほうが絶対いいですよね。なんか考えますからね、人間ってね。あの頃は1日ぼーっとしてても平気ですから。今、ぼーっとしてんのがもったいないと思うやんか。ぼーっとしてなしゃあない状況がええねんな」(同右)

さんま「暇で暇でどうしょうかと思ってるときが、やっぱり一番おもしろかったし、一番いろんなこと覚えたよね。これはもう、確か。関係ない人とも、お茶飲みに行ったりできたし、なんか、ふらっと、モダンバレエの教室をのぞいてみたりね。〝レッスン見せてください〟って。やろうかなと思ったのよ、一瞬。タイツがカッチョ悪いなぁ思て、やめてんけど。

俺、ジャズダンスも日本舞踊もタップダンスもテレビで披露したことあるし、いろんなことを経てきてるわけよ。それなりに。モダンバレエの先生とは知り合いになって、後々、俺がテレビで活躍してんのを見て、挨拶しに来てくれたりね。暇だったからこそ、そういう人と会えたりするわけですから。人の話を聞くっていうのは財産ですよ。別に、これを成功につなげようと思って暇をつぶすんじゃないのよ。今、暇だから、楽しいことをしようと思って、39歳の俺から言わすと、それがプラスになってるよっていうだけのもんやからね」（『ＭＢＳヤングタウン』１９９４年11月19日）

第一久寿川荘（タンポポ荘）

一本立ちしてまだ間もない頃、さんまは、年季が明けた紳助を第一久寿川荘に招待する。第一久寿川荘は、「タンポポ」という美容室に隣接していたことから、仲間の間では、「タンポポ荘」と呼ばれていた。

その日、さんまは仕事があるため、紳助は先にひとりでタンポポ荘に向かうことになった。降りしきる雨の中、紳助はさんまに描いてもらった地図を頼りに、タンポポ荘に到着。夕方の6時を回り、すでに辺りは暗くなっていた。紳助は、老朽化した階段を上り、さんまの住む2階の角部屋へと進む。扉にはダイヤル式の鍵が掛けられていた。鍵の暗証番号を聞かされていない紳助は、扉の中央に「１１３」と、大きく書かれてあることに気づいた。半信半疑で番号を合わせると、鍵はあっさりと開いた。

紳助が首をかしげながら部屋へ入ると、中は真っ暗闇。ライターの火を頼りに照明のひもを探すが見つからない。仕方なくテレビのスイッチを入れるが、どこのチャンネルを回しても砂嵐しか映らず、テレビの明かりが不気味に部屋を照らす。

裏返したビールケースの上にベニヤ板を乗せて作ったベッドと、小さなちゃぶ台が、ぼんやりと浮かび、台所からは、ピチャ、ピチャ、と、水滴の落ちる音が響く。窓にはガラスがなく、雑に貼り付けられたビニール袋が、風が吹くたびにバサバサと音を立てた。

「さんま！　いつまで隠れてんねん？　さっさと出てこい！」紳助は怖くなり、思わず声を上げた。押入れが見えるが、開ける勇気はなかった。何度呼びかけてもさんまは姿を現さなかったので、紳助は書き置きを残し、食事に出かけた。

しばらくすると、さんまがタンポポ荘に帰ってきた。扉は開いたまま、テレビはつけっぱなし。机の上には手紙が置かれてあった。

「友達として今日は泊まりに来たけど、俺は家畜ではない。人間としてこの部屋に泊まることはできない。残念やけど、俺は旅に出る。紳助」

さんまは紳助が押入れに隠れていると思い、声を上げる。

「紳助！　おんのわかってんぞ！　さっさと出てこんかい！」

押入れを開ける勇気はない。何度呼びかけても紳助は姿を現さなかったので、さんまは紳助の手紙の裏にメッセージを書き込み、食事に出かけた。

しばらくすると、紳助が戻ってきた。机の上に置かれた手紙には「君の言葉は胸に突き刺さった。僕は今から死のうと思う」と書かれてあった。

紳助はさんまが押入れに隠れていると思い込み、声を上げる。

「さんま！　そこにいんねやろ！　出てこい！」

そこへ、さんまが帰ってきた。

ふたりは笑い合い、暗がりの中、夜が明けるまで語り明かした。

紳助「ドアに書いてあんねん。『113』って。マジやで」
さんま「〝良いさんま〟の『113』」
中居「(笑)」
さんま「いや、こいつが来る言うからやで(笑)。毎日そうしてるアホちゃうで、俺は(笑)。まあ、泥棒が入ったところで、なんにも盗むもんはなかってんけどな」(『さんま・中居の今夜も眠れない』2005年7月23日)

紳助との直営業

この頃のさんまの仕事は、花月劇場の出番と、落語会の出演のみ。どちらも不定期で、収入は低く、親からの仕送りが途絶えてからというもの、暮らしはひどくなる一方。

紳助は、内弟子修業を終えて実家に戻り、芸道を模索している時期だった。そんなふたりに、イベントや宴会などの席を、司会や演芸で盛り上げる営業の仕事が舞い込んでくるようになる。その大半は、先輩芸人から頼まれた、会社を通さない直接営業。広い人脈をもつ兄弟子の小禄のおかげで、さんまと紳助にはコンスタントに営業の仕事が回ってきた。直(ちょく)の営業のギャラは1回につき5000円から1万円。そのまま懐に入るため、月に2万円から3万円の収入となる。た松之助から芸と関係のないアルバイトを禁じられ、8000円の家賃を払うことすら苦しかった。さんまにとって、直の営業は何よりもありがたく、芸人として生きていく上で命綱となっていた。

1976年5月、さんまと紳助は、奈良県大和高田市にできたスーパーマーケット「ニチイ」のオープニングイベントの司会を担当する。1日2ステージ、ギャラはふたりで5000円。イベントは2日連続で行われた。メインイベントは、屋上で行われる「仮面ライダーショー」と、石川県を代表する伝統芸能「御陣乗太鼓（ごじんじょうだいこ）」。さんまと紳助は、イベントの司会進行を担当。トークで場を盛り上げようと奮闘するが、ふたりのトークは最後まで観客に受け入れられることはなかった。

紳助「俺がコンビ組む前、さんまも全然売れてへんとき、ふたりでよく余興（営業）に行ってたんですよ。これがまた、笑ろてんのふたりだけですわ。俺のトークにさんまが爆笑、さんまのトークに俺、爆笑。20歳ぐらいのとき。今でいう、笑い飯みたいな漫才やな。悔しいからボケっぱなしやねん。

さんまがバーッてボケよったら、〝アホ言え！〟って、普通ツッコむのに、〝あるある〟って言うねん。〝俺もあったもん〟言うて、ボケんねん。ほんで、〝あるかー！〟ってツッコまなアカンのに、さんまが〝あー、あるある、そんなんしょっちゅうある〟って言うて。めっちゃおもろかってんけど、客は笑わん。〝なにしとんねん？〟いう感じで」（TBS『もう時効だヨ全員集合　史上最強！花の芸能界オフレコトークバトル』2004年10月1日）

さんま「安売りのチラシを、笑いを入れながら読まなアカンかって。『ズワイガニ』の『ニ』が抜けてたのよ。その横に、『1時から仮面ライダーショー』って書いてあったから、〝あっ、そうや！〟と思て、〝1時から、仮面ライダーショーが始まります！　相手はズワイガーで〜す！〟とか言うて。終わってから支配人に、〝ズワイガニだ！　バカ！〟とか言われて。〝お前らみたいなのにギャラ払えるか〜！〟とか言われて」（『痛快！明石家電視台』２００５年1月24日）

クスリともしない観客の前でネタを披露し、２日間のステージを終えたふたりは、とぼとぼと駅へ向かった。その道中、さんまが安いコロッケを購入し、食べながら歩いていると、紳助がその姿に哀愁を感じ、こう話しかけた。

「お前、コロッケよう似合うなぁ」

すると、茶色いジャンパーを着ていたさんまは、「せやなぁ、ジャンパー茶色やしなぁ」と返した。紳助はその瞬間、しばらく歩けなくなるほど大笑いした。

紳助「そんなとこまでイヤやねん、普通で終わるのが。だから俺、忘れられへんねん、あのシーン。俺、お前で２回だけめっちゃ笑ろたことがあんねん。１回はそれや。あと、道歩いてて屁ぇこきよってん。ほんで、屁ぇこきよったとき、飛びよってん」

さんま「（笑）」

紳助「俺、この２個だけはたいしたもんやな思たで」

さんま「こいつはめったに笑わへんし、他のタレントさんが一生懸命やってはっても冷めた顔す

るからな」(『さんま・中居の今夜も眠れない』2010年7月24日)

1976年6月26日、さんまと紳助は、ロータリークラブの婦人会の営業に行くことになった。場所は京都ロイヤルホテル。婦人たちが会食する席で、コントをして楽しませるのがふたりの役目だった。ギャラはふたりで4万円。名の知れていない芸人のギャラとしては破格の額だった。

本番直前、ふたりは控え室で夕食をとりながら、テレビに釘づけになっていた。「格闘技世界一決定戦」と銘打たれた、プロレスラーのアントニオ猪木と、プロボクシング世界ヘビー級チャンピオンのモハメド・アリの戦いが、今まさに始まろうとしていたのだ。

そこへ幹事の女性が現れ、ふたりは後ろ髪を引かれる思いでステージへと向かった。持ち時間は15分。ふたりは工事現場のコントを披露する。しかし、婦人たちはふたりには目もくれず、ご馳走をむしゃむしゃと食べながら、大声でベラベラと談笑していた。

ふたりはどうにかして婦人たちの興味を惹こうと話し掛けるが、誰も見ることはなかった。

「皆さ〜ん、一生懸命やっておられるんですから、見てあげてくださ〜い」

幹事の女性が声を掛けるが、婦人たちには聞こえない。ステージに立ち、5分が経過した頃、さんまは突然コントを止め、控え室へ帰って行った。

紳助「だ〜れも見てへんねん。気持ちええぐらい見てはれへんねん。いつもギャラは5000円とかやねんけど、その日はふたりで4万円やねん。当時の俺らにとってはすごいお金や。誰も聞いてへん、涙出そうやねんけど、俺は〝我慢しよう！ 15分我慢したら！〟ってやっててんけど、こいつは、〝誰も聞いてへんやないか、やめようや〟言うて、〝ええかげんにせえ！〟

言うて5分ぐらいで終わってもうてん。

ほんで、隣の控え室行ったら、〝帰ろうや！〟言うて、着替えだすねん。ほんだら幹事のおばさんが来て、〝すいませんでした、皆さんお行儀悪くって、聞かなくてすいませんでした〟言うて謝って、4万円入った封筒を渡さはってん。

ほんだらこいつ、〝いりません！　ちゃんとできてへんねんから、いりません！〟って言いよってん。ほんだらおばさんが、〝いや、そう言わずに〟って言うから、俺がもうたんや」

さんま「この人ね、お金にはちゃんとしてはるから。だって、ツッパリ漫才で、〝俺たち暴走族や！〟言うてたときに、国債買うてた人やからな」

紳助「でも、4万円もらって、おばさんが出て行った瞬間、さんまが、〝おい、2万円出せぇ〟って言うてん」（『さんま・中居の今夜も眠れない』２００５年7月23日）

2階席で笑う関根勤

「さんまの落語は、マクラは面白いねんけど、ネタはまったくやなぁ」

寄席小屋や、花月の楽屋では、そんな声が漏れ聞こえていた。

マクラとは、演目に入る前に、自己紹介や世間話、小噺などをして客の気分をほぐす、落語のイントロダクション。

この頃のさんまは、本題の稽古よりも、このマクラ部分に力を注いでいた。街で目にしたものや、身の回りに起こった出来事などを脚色して話し、小噺などで見る者を楽しませる。それは、さんまが高校時代に得意としていた漫談そのものだった。松之助は、さんまに古典落語を指導する際は、事細かく指摘することはあったが、漫談に関しては、さんまの思うがまま、自由にやらせていた。

松之助「〝さんま〟には何も教えてません。彼が学生の頃に教室でやっていたのをそのままやって、それが時代の要求に適していたのです。わたしの教えたのは木刀の持ち方だけです」（『楽悟家松ちゃん『年令なし記』』２００８年6月12日）

ある日、さんまがうめだ花月に出演していたときのこと。客席はまばらで、20席ほどしか埋まっておらず、中には寝ている客もいた。

「どうもこんにちは。明石家さんまと申します。暖かくなってまいりまして、もう半袖でもよろしいな。これでようやく落ち着いて眠れますわ。というのも、今年の冬は異常に寒かったでしょ？　うちのアパートは隙間風がひどいさかい、寝てる間に凍死するんやないかと思いまして、おちおち寝てられまへんでしたんや。

いや、ホンマに寒かった。あまりの寒さに、うめだ花月の表で3人ほど凍ってましたからね。それを支配人が湯かけて回ってましたんやから。まあ、そんなことはどうでもいいんですけども……」

客席がシーンと静まり返る中、2階席で大笑いしている男がいた。さんまは一瞬そちらに目をやるが、着物の襟元を正し、ネタを続ける。

「最近の若い女の子というのは、パンツを穿かない、ブラジャーをしない、体の線をキレイに見せるためにノーパンノーブラで街を歩く子がいてるそうで。私の高校時分もねぇ、パンツ穿かない子がいてたんですわ……いやぁ〜、京子ちゃん、パンツ穿いてないの？　いやっ、なんでわかんの⁉　スカート穿いてないもん……」

さんまの「京子ちゃんシリーズ」が始まると、2階席の男は腹を抱えて笑いだし、つられて他の客もクスクスと笑い始めた。「笑い」が伝染していく様子を目の当たりにしたさんまは、この日の舞台で大きな自信をつける。以来、どのような環境に置かれようとも、最後の最後まで、決して舞台では手を抜かないと心に誓った。

さんま「自分を好きにならなきゃ、この商売だけは。今まで、世間から100パーセント認めてくれる芸人なんてひとりもいないよ。好きでいてくれる人がいても、嫌いな人もたくさんいるわけやからな。

何か演った後、〝あぁ、ウケなかったんちゃうかな？〟っていう、この『間』がもうアカンねん。やり切った後は堂々とカメラ見とったらええやないか。〝どうや？　おもしろいやろ？〟っていう。俺は昔、『京子ちゃんシリーズ』いうのやってて、自信持ってお送りしたもん。客は笑わなかっても。

そのとき関根勤さんが、うめだ花月に観に来てて、〝おもしろい奴が関西にいるんだ！〟言うて、東京で宣伝してくれてんから。そのとき客はひとりも笑ろてないよ。関根勤さんだけが笑ってたという。自信もってやってたら伝わる人がいてんねん」（『明石家さんちゃんねる』2007年5月2日）

さんま「そのときのことをハッキリ覚えてるんですよ。『京子ちゃんシリーズ』は、わざと、スコンと外しといて、〝これねぇ、なんば花月ではウケたんですけどねぇ〟とか言うて、梅田と難波は近いのに、〝土地柄ですねぇ〟とか言うて、それで引っ張るネタだったんですけどね。〝いや、京子ちゃん、キレイなブレスレットして。いや、私、今、万引きして警察に捕まってるの〟とか言うて、シーンとさして、〝これはねぇ、茶屋町でウケたんですけどねぇ、うめだ花月ではねぇ〟とかいうのを延々やるんですよ。

それをねぇ、客席もポカーンとして聞いてる中、2階席でゲラゲラゲラ笑ってる人がいたんですよ。それが関根勤さんだったんですよ。それが、何かの縁で、今でもこうして一緒に仕事をさしていただくようになったわけですよ」（『MBSヤングタウン』2004年9月11日）

関根勤「大阪に行って、ちょっと勉強で観ようつって、うめだ花月に行ったら、若いのに着物着て、小噺やってて。京子ちゃんでしたっけ？」
さんま「そう、『京子ちゃんシリーズ』」
関根「『京子ちゃんシリーズ』がおもしろくて、ちょっと前説で使わしてもらったことがあるんですよ（笑）」
さんま「（笑）なんで覚えてるかっていうと、2階席で観てらっしゃったんですけど、たったひとりしか笑ってなかったんですよ」
関根「（笑）」
さんま「若い男がたったひとりだけ笑ってるんですよ、他のお客さん誰も笑ってないのに。ほんで、何年後かに会うて」
関根「そうですね、5、6年後に」

さんま「〝あのときの舞台を見さしていただきました〟って言うて」
関根「そうそう」
さんま「〝えっ？　2階席でしょ？〟って言うて」
関根「はい、そうです」
さんま「ハッキリ覚えてたんですよ。それが関根勤の笑い声だったんですよ」
関根「いや、おもしろかったですよ。なんでウケないのかよくわかんなかったですよ」
さんま「時代が来てなかったんでしょうね（笑）」
関根「先いってましたよねぇ。あそこに出てた人たちよりも、なんかねぇ、都会的でしたもん、アバンギャルドだったもん」
さんま「あの頃、まだラビット関根でしょ？」
関根「ラビット関根です」（『さんまのまんま』２００９年6月20日）

大須演芸場での発見

１９７6年7月27日と28日の2日間、さんまは、「千里繁昌亭」という落語会に出演する。「千里繁昌亭」は、上方落語協会が主催する落語会「島之内寄席」の成功により、千里ニュータウンで月例で開催されることになった落語会。多忙の六代目笑福亭松鶴に代わり、松之助が取り仕切ることになった。

林家染丸「今やから言いますが、『師匠の出番の組み方は偏ってる』という意見が協会内にありました」
松之助「それは僕も知ってるねん。でもね。『協会でやってるねんさかい皆平等に』というのはおかしいと思うんや。お客さんからお金をいただいてるのやからね」
染丸「そらそうですな。ひとつの『興行』を打ってるわけですからね」
松之助「そやろ。そうなると、お客さんが喜ぶような出番を組むことが先決やと思うんですよ。別にテレビで売れてる者を、というようなことやなしに、魅力のある落語家、楽しませることのできる落語家を並べんと、お客さんがついてきてくれへん。われわれは商売人で、お客さんは買い手。はっきり言うと、落語家の看板上げても、プロとして通用せん人がいてることも確かやしね。それで、その当時、僕の目で見て、プロとしての自覚のある者、しっかり精進していると思える者しか出番に入れなんだんです」
染丸「この会に出たかったら、もっと勉強せえと…」
松之助「そやね。芸人同志ナアナアでやってたらいかんねん。出番を組む者がちゃんといてて、その人が噺家であっても、寄席の席亭や興行師の目でプロデュースすることが必要ですわ。そのお眼鏡に適うように頑張らないかん。そういうシビアな戦いがないと、落語自体が駄目になってしまう。落語が生き延びていけんようになると思うんですよ。先輩のこしらえたものを、ただただ模倣してやってるだけではね」（『笑福亭松之助聞書　いつも青春ずっと青春』）

同年8月1日から10日まで、さんまは、愛知県名古屋市中区にある寄席小屋、大須演芸場の舞台に立ち、『米揚げ笊（いかき）』『上燗屋』などの演目を披露する。

関西圏以外の寄席に出るのは初めてのこと。初日は独特の緊張感に見舞われるが、1階席、2

階席、合わせて250席の座席を見渡すと、すぐに緊張は解れた。

観客が、前から3列目の中央の座席に座る兄の正樹だけだったのだ。さんまは正樹ひとりを相手に、照れながらも最後まで舞台を勤め上げた。


さんま「兄貴がちょうど名古屋にいたんで、観に来てくれたんですよ。俺がトップなんですね、もちろん新人ですから。出て行ったら客が兄貴だけなんですよ（笑）。兄貴も客席にいてて、弟の落語をどう聞いてええかわかれへんし。兄貴は何回も聴いたことあるやつやってんけど、まあ、一応やったんですよ。

ほんで、出番が終わってから昼ごはんを食べに行こうって約束してたんですけども、客が兄貴ひとりやから、兄貴が動けなくなったんですよ。次の芸人さんの出番がくるから。自分が席を立ったら誰もいなくなるっていうので、兄貴がずーっとひとりで最後まで席を立てなくて、昼ごはんを食べられなかったことを覚えてるんですよ」（『MBSヤングタウン』2013年11月23日）

出演期間中、さんまは、正樹の住むアパートから演芸場まで通った。

さんまは自分の出番を終えると、舞台袖から他の芸人の舞台をつぶさに観察していた。そこには花月の舞台とは明らかに違った雰囲気が漂っており、皆、独特の個性をもった芸人ばかりで、特に、漫談家の伊東かおる、そして、落語家の浮世亭写楽（現・三笑亭可楽）は、さんまに新鮮な驚きをもたらした。

伊東は、漫談の最中、突然ものまねを始めた。

「布施明のものまねをします……フセー！」伊東はそう言い放つと、勢いよく舞台の床に伏せた。

観客のウケは良くなかったが、さんまは伊東の思い切りの良さに衝撃を受ける。

浮世亭写楽は、落語を終えると、額に和紙を乗せ、それを倒さずにフルートを演奏するという一芸を披露していた。さんまはこれを見て、自分も得意の形態模写を披露してみようと直感的に思った。

その日、2回目の公演で、さんまは落語を終えると、こう言い放った。

「先ほど浮世亭写楽師匠が、落語の後にフルートを吹いておられましたんで、わたくしも何か特技を披露したいと思いまして、プロ野球選手の形態模写を演りたいと思います。まずは、巨人の堀内（恒夫）投手が、バックスクリーンにホームランを打たれるところを……」

さんまは着物を脱ぎ捨て、丸首シャツとステテコ姿になると、奈良商の文化祭や、小岩の喫茶店「ホープ」の常連客を相手に披露していたプロ野球選手の形態模写を熱演。この日一番の笑いをとった。気を良くしたさんまは、次から次へと形態模写を演じ上げ、大きな手応えを掴む。

さんま「ウケるはずがないと思って演ったのが、大爆笑だったんですよ。その頃、誰も野球選手の形態模写をやってる人がいなかったから。それがウケて、〝えっ？　野球の形態模写って劇場でもウケるのか〟ってわかって。あれが最初なんです、形態模写を舞台で演ったのは」（同右）

さんま「大須演芸場は、皆行ったんですよ、この頃。修業のためにね。〝ああいうとこにも行って来い〟って、うちの師匠から行かされたんですけども。凄い芸人さんがいっぱい出てはんのよ、ここ。コント55号と、やすきよが初めて同じ舞台に立ったのが、この大須演芸場なんです。えらいライバル心を燃やして演ったという、語り継がれてる話がありますけどもねぇ」（『MBSヤン

グタウン』2009年8月22日）

□1976年7月27日・28日「千里繁昌亭」（千里セルシーホール18：30開演）
出演：明石家さんま、桂小軽、桂べかこ、橘家円三、桂春輔、笑福亭枝鶴、桂歌之助、笑福亭仁鶴、露乃五郎

□大須演芸場1976年8月上席（1日～10日）
出演者：「上方落語・笑福亭さんま」（「笑福亭」は誤表記。「明石家さんま」として出演）／「東京漫才・ザ★ビックリ・シャックリ」／「歌う物まね・伊東かおる」／「上方落語・桂三吾郎」／「アコーディオンジョッキー・泉たけし」／「東京漫才・春日チエミ・章」／「コント・コントウェーブ」／「ヤングマジック・ダーク秀樹・久美」／「東京漫才・東京丸・京平」／「東京落語・浮世亭写楽」／「エレキ三味線・東京バンバン」

水中縄抜けショー

さんまと紳助にレギュラーの営業の仕事が入った。派遣先は、京都市内にある中型遊園地「八瀬遊園」が運営する「八瀬グランドプール」。毎週日曜日、午後1時と3時の2回ステージ。ギャラはふたりで1万円だった。ふたりはマイクを持ち、プールサイドでトークショーを行うが、子供たちや若者は水遊びに夢中で、誰もふたりの話を聞こうとはしない。このままではレギュラーを外されてしまうと危機感を覚えたふたりは、毎週、色々と策を練り、試してみるが、プールで楽しむ客を振り向かせることはできなかった。

その日も、炎天下、ふたりは懸命にトークを繰り広げるが、やはり誰も聞いてはくれない。すると、ステージの脇に無造作に置いてあるロープがさんまの目に入った。

「皆さ～ん！　聞いて驚かないでくださいよ～！　実はこの彼、かの有名なマジシャン、引田天

功の弟子なんです！　その名も押田天功！」

　絶句する紳助をよそに、さんまは続ける。

「早速、その実力を皆様に御覧いただきたいと思います。今からこの押田天功がロープで手足を縛られ、プールに飛び込みます。見事脱出した暁には拍手喝采。題して、水中縄抜けショー！」。

さんまは素早くロープを拾い、紳助の両手足を縛り始めた。

「おい、何する気や？」ロープで両手足を縛られながら、紳助が小声で言った。

「ええから、ええから。このままプールに飛び込んだらええねん」さんまが小声で返す。

「……お前、アホちゃうか？」

「すぐに助けたるがな。安心せえや」

「イヤじゃ、なんで俺が飛び込まなアカンねん。お前がやれや」

「大丈夫やから。ほら見てみい、お客さんも期待しとるがな。根性見せたれや」

さんまは紳助の両手足をしっかりとロープで縛り付けると、プールで泳ぐ客に向かい大声を張り上げた。

「さあ、これで押田天功は身動きがとれません！　それでは飛び込んでもらいましょう！」

さんまはそう言い放つと、紳助をプールの中へ突き落とした。

紳助は水中で、海老のように身体をバタつかせ、もがき苦しんだ。その様子を実況中継しながら、大笑いするさんま。はじめは、あっけにとられていた客も徐々に笑い出し、必死に這い上がろうとしては沈んでいく紳助を見て、さんまは持っていたマイクを置き、へたりこんで笑った。

見かねたプールの監視員たちが救助に向かい、紳助はなんとか一命を取り留めた。

紳助「水の中に入ったら、ゴボゴボゴボゴボゴボって音して、それから長〜い時間、水の中さまよってて。ほんで、初めはお客さんの笑い声が聞こえたんですけど、笑い声が薄っすら消えていって、〝あぁ〜、こんなとこで人って死ぬんやぁ〟って思ったときに、監視員の方が、僕を抱き上げてくれてたんですよ」（『笑っていいとも！』２００９年7月25日）

紳助「プールの監視員の兄ちゃんらが3人飛び込んで、俺を抱き上げてくれてん。水飲んで苦しい中、こいつ、こいつ、プールサイドでヒャーヒャー笑ろててん。俺、水めっちゃ飲んで、プールから上がったら、こいつ、〝ウケたなぁ〟言いよってんで？」

さんま「ウケたんやぁ〜」

中居「（笑）」

紳助「これ、作り話ちゃうで？」（『さんま・中居の今夜も眠れない』２００５年7月23日）

さんま「野外やわ、売れてないふたりやわ、トークの力もないし、なんにもわかれへんから。ほいで、〝水中縄抜けショーします〟言うて、紳助くくってプールに放り込んだの。あがく様を見て笑おうとしてん。あいつ本気で怒っとったもん。〝死ぬとこやったぞ〟言うて」（『さんまのまんま』２００９年7月4日）

紳助の命がけの頑張りが認められたのか、プールの季節が終わってからも、ふたりはしばらくの間、八瀬遊園の営業にレギュラーで入ることができた。八瀬遊園の園内には「八瀬海水水族館」があり、そこでふたりは、アザラシショーの合間にトークショーを繰り広げ、経験を積んだ。

さんま「あの、金魚出てけえへんかったのもウケたなぁ?」
紳助「〝今から人間ポンプしよう〟言うて」
さんま「赤と黒の金魚飲んで、〝赤から出します〟言うてな」
紳助「ほんで出んと、〝明日の朝見にきてくれ〟言うて」
中居「(笑)」
紳助「そんなオチばっかりやってん」
さんま「おもろいやろ? そこまでやらなアカンのよ。必死やねん。その前にアザラシショーがあんのよな? アザラシショーがあって、子供たちがキャッキャ言うたあと、俺らやねん。なにやってもウケへんのよぉ」(『さんま・中居の今夜も眠れない』2005年7月23日)

小禄との漫才

前述したように、さんまの落語家としての初舞台は、1974年7月。演芸プロモーター・楠本喬章が立ち上げた寄席小屋「柳笑亭」だった。楠本は、潜在する落語ファンの掘り起こしを図るため、神戸市東灘区にある東灘文化センターにおいて、「笑民寄席」(月に2回開催)という落語会をプロデュースする。ホールの収容人数は約300人。1976年5月、さんまは、「笑民寄席」の大型企画、「600分マラソン落語会」に出演した。

こうした地道な活動が実り、上方落語の裾野は、徐々にではあるが広がりを見せていた。しかし、吉本興業が運営する花月劇場では、落語のウケが非常に悪かった。古典落語を淡々と演っているだけでは、客はクスリともしない。吉本興業には「とにかく、おもろいことをやれ。名人はいらん」という理念があり、吉本興業に所属する落語家は、花月で落語を演じるときは、さまざまな工夫を凝らして舞台に立っていた。

そんなある日、さんまのもとに、兄弟子の明石家小禄と漫才コンビを組み、テレビ番組『スタジオ2時』(毎日放送)の企画「若手漫才選手権」に出場してみないかという話が舞い込んで来る。

さんま「いっぺん、漫才選手権みたいなの、小禄兄さんと漫才で出たわ。噺家がシャレで漫才の大会出て。シャレで演ったやつやねんけどもね」(『MBSヤングタウン』2001年9月15日)

嘉門達夫(現・タツオ)「もともとは、さんま兄さんとは笑福亭同士で。『笑福亭さんま』って言うてはったから。おんなし一門で、昔からおもしろいんですよ。笑福亭の頃からね」

さんま「そんなにおもしろくない(笑)」

嘉門「いや、おもしろいですよ!『スタジオ2時』で漫才やってはったんですよ。小禄兄さんと一緒に。それを鶴光師匠のカバン持って、ずーっと、〝うわっ、なんちゅうおもしろい!えぇ~!めちゃくちゃおもしろい!〟と思いながら見てました」(嘉門達夫デビュー30周年「真夏のカモン!EXPO!歌と笑いと食のワンダーランド」2013年7月21日)

以前にも、さんまの才能にいち早く気づいていた紳助が、ふたりで営業に行く機会が増えた頃、「俺とコンビ組もうや」と、さんまを誘ったことがあった。

紳助には、芸人となるきっかけをくれた漫才師、「B&B」の島田洋七を超えるという確固たる目標があった。同期の芸人たちが次々と初舞台を踏む中、ひとり紳助は漫才の研究に没頭。B＆Bの漫才のシステムを吸収し、古今東西、可能な限り、あらゆる漫才に触れ、漫才師としてのビジョンを描いていた。

そんな紳助の漫才への思いを知るさんまは、茶化さずに答えた。

「俺はピンでやっていくわ。ひとりのほうが気楽やし、動きやすいやろ。俺はピンで勝負する」

紳助「30歳までの人生計画表いうの作ってん。たとえば、大阪のNHKの漫才コンクールで賞を獲る、上方漫才大賞新人賞を獲る、レギュラー番組をこんだけ持つ、東京進出、東京でゲストで出る、東京で司会を獲るという。設計図があったら計画を立てやすいから、努力の仕方がわかるじゃないですか。弟子離れてからねぇ、みんなすぐデビューすんねんけど、俺、1年半デビューしなかってん。自分で教科書を作ろうと。むやみやたらに努力せん方法がないかと。最短距離でいこうというので、自分で教科書をずーっと作っていったんですよ。どうやったら売れるかと。

京都の実家にねぇ、棒グラフとか折れ線グラフとかが、いっぱい貼ってあんねん。芸人のデータをいっぱい作るんですよ。すると、何かが見えてくんねんな、ある法則が。

ほんで、売れていく奴とダメになっていく奴をグループ分けしていくねんな。そこには明らかに、〝何か〟があんねんな。何が流行るか……。笑いって、『質』が変わってくるやん。5年、10年で笑いの内容が。でも、どういう変化をしてきたっていうのが書かれた教科書がないから、自分で教科書を作ろうと。あの頃はなかったから。今はいっぱい見るもんがあるやんか、教科書があるな。僕らのときなかったもん。さんまも同じことしてんのよ。紙に書いてないけど、あいつは頭の中でやってるだけで」

田村淳（ロンドンブーツ1号2号）「それ、今もまだノートはあるんですか？」
紳助「いや、ほとんど千切って捨てたけど、こないだ見たら、一部だけあったな」（『もう時効だヨ全員集合　史上最強！花の芸能界オフレコトークバトル』2004年10月1日）

さんまには、「ピンで売れたい」という強い思いと、紳助との今の関係を壊したくないという深い思いがあった。

紳助とコンビを組むことが、売れる近道だと感じてはいたが、近くで見てきた漫才コンビの多くは、売れていくにつれ、不仲になっていった。プライベートでは、まともに言葉も交わさないコンビもいた。そういう光景を目の当たりにしてきたさんまは、紳助の申し出を受けることはできなかった。漫才コンビを組まなければ、紳助とはこの先ずっと〝ツレ〟でいられる。さんまは、そう信じていたのだ。

さんま「ピンで笑い取んのが、一番、俺にとっちゃ凄いことなわけですよ」（『MBSヤングタウン』1995年7月8日）

紳助「さんまとコンビ組みたかったんですよ、俺。でも、コンビ組んでても売れてへんわ、絶対な。一緒に仕事行ってるから、〝コンビ組もうや、俺とやろうや〟って言うてんけど、〝俺はピンでやりたいねや〟と。〝将来、ピンでやりたいから、コンビは別れるから無理や。ピンでやりたいねん〟って。〝お前は漫才やれ〟と」（『もう時効だヨ全員集合　史上最強！花の芸能界オフレコトークバトル』2004年10月1日）

さんま「僕はいっぺん、芸能界をやめて、東京へ行ってるんです。女性とね。そのときに、紳助君は僕を探してくれたんです。自分も大阪を離れて、東京へ出て、僕と東京で漫才をしてたかもわかんないんです。ねっ？」
紳助「はい」
さんま「これは事実なんです。ひょっとしたら〝紳助・竜介〟やなしに、〝さんま・紳助〟として漫才をやっていたかもわからない。でも、喧嘩してたでしょうね、たぶん」
紳助「……ね」
さんま「こんだけ離れててもイヤやねんもんな、お前のことは」
紳助「絶対ダメやね。さんまは朝遅れてくるし。僕は几帳面やからね、芸能界入って遅刻したことないもん。僕は気ぃ弱いから、朝起きて〝あ、遅れた！〟思たら現場によう行かない。パジャマ持って病院行くねん」
さんま「(笑)」（フジテレビ『ひょうきん予備校』1986年10月6日）

さんまは、「若手漫才選手権」に出場することに初めは乗り気ではなかった。しかし、ピンでの仕事の量は少なく、スケジュールはガラ空き。日々の生活もままならない。

「若いうちは自分に合うたもんをとことん探したらええ。落語家がシャレで漫才するのもおもろいやないか」という松之助の助言もあり、さんまと小禄は、即席漫才コンビを組み、「若手漫才選手権」に出場することになった。

結果は予選敗退。しかし、後日行われた敗者復活戦で勝ち上がり、年末に行われる「若手漫才選手権年間グランプリ大会」の出場権を獲得する。

香川登志緒（作家、後の登枝緒）「あれ（さんま・小禄）が何で組んだんかねぇ、漫才やる気ではなかったと思いますわな」

横山やすし「まったくないんですわ。ひとりでは余興がおまへん。お金儲けにならない。ほんだらいっぺんふたりでやってみようかっちゅうのが真相なんです」（『特選！思い出の漫才コンビベストテン』1987年3月28日）

窮地を救った巨人のエース・小林繁

漫才コンビとして活動を始めたさんまと小禄は、1976年10月2日に始まる新番組『爆笑三段跳び！』（読売テレビ）の前説を任されることになった。番組の収録が始まるまでの間、笑いで観客を盛り立てるのがふたりの仕事だった。

司会を担当するのは、吉本興業が誇る超人気落語家、笑福亭仁鶴。1937年1月28日に生まれた仁鶴は、25歳のときに六代目笑福亭松鶴に入門する。1966年に深夜番組『オーサカ・オールナイト・夜明けまでご一緒に！』（ラジオ大阪）に出演し、喜怒哀楽を前面に押し出しながら、スピーディーに、淀みなくまくし立てる語り口で若者を魅了。1969年に出演した深夜ラジオ番組『ABCヤングリクエスト』（ABCラジオ）での活躍により、人気が沸騰する。レギュラー番組を多数抱え、吉本興業の芸人としては異例となる、レコードデビューやCM出演を果たすなど、常識破りの人気を誇っていた。

仁鶴が出演する花月の舞台には、いつも大勢の観客が押し寄せ、舞台の端に設置された〝めくり〟が返って「笑福亭仁鶴」の文字が現れただけで笑いが起こり、仁鶴が舞台に立てば大歓声が湧き起こる。笑い声で劇場が揺れるほど、観客を抱腹絶倒させる仁鶴についた異名は「笑いの爆弾男」。たったひとりの芸人が舞台に立ち、耳鳴りするほどの大爆笑を独り占めにする姿を見るたびに、さんまは「ピンで売れたい」という思いが一層強くなっていった。

さんま「ボンカレーいうたら仁鶴師匠やよね（引用者註：1972年、大塚食品『ボンカレー』のCMに出演）。高校のときに、仁鶴師匠の舞台を観に行ったんですよ。そしたらねぇ、〝何と言っても美味しいのが大塚のボンカレー！〟って言うたら、ドーン！　ウケんねん。〝私もいっぺん食べないかん〟ドカーン!!　あれは、ようウケてましたですよ」（『痛快！明石家電視台』1995年8月21日）

『爆笑三段跳び！』の収録は毎週土曜日、なんば花月で行われた。さんまと小禄は、満員の観客を前に、仁鶴の番組に携われる喜びを噛みしめながら、懸命に前説をこなした。過密スケジュールで多忙を極める仁鶴が収録時間に遅れることは、それほど珍しいことではなく、さんまと小禄は、毎週30分以上、場をつないでいた。

その日は、ふたりが前説を始めてから1時間以上経過しても仁鶴は劇場に現れなかった。持ちネタを出し尽くした後も、どうにか場をつなぐが、仁鶴が現れる様子はなく、ふたりは追い込まれてしまう。

するとさんまの脳裏に、大須演芸場で形態模写を披露したときの光景が浮かんだ。大須でウケたとはいえ、プロ野球選手の動作を真似るだけの形態模写が花月の客に受け入れられるとは思えず、これまで一度も披露したことはなかった。

「今日は若い客も結構おるし、いけるかもしれん」

さんまは覚悟を決め、形態模写を披露する。

「えぇ、それでは今から、今年、見事に優勝を果たしました読売ジャイアンツの選手の形態模写を演りたいと思います！　まずは1番バッター、柴田から」

さんまはコミカルな表情を交えながら、無言で柴田のバッティングフォームを真似ると、観客から笑い声が聞こえた。気を良くしたさんまは、高田、張本、王と続け、8番バッターの河埜まで、それぞれの選手のバッティングフォームを夢中で再現して見せた。

小禄も汗だくになりながら、さんまの形態模写の感想を述べ、フォローする。

「最後に巨人のエース！　小林繁！」

さんまは、小林がマウンドを整える仕草、キャッチャーのサインを見つめながら首を横に振る動作、投球フォームを事細かに再現し、投球後のポーズを決めた瞬間、大きな笑い声が劇場に鳴り響いた。

その後、仁鶴が到着し、ふたりは窮地を乗り切った。

そしてこの前説での活躍が認められ、さんまと小禄は、兵隊コントの端役（はやく）として『爆笑三段跳び！』に出演することになる。

さんま「僕が吉本に認められたのは、仁鶴師匠の『爆笑三段跳び！』の前説なんですよ。仁鶴師匠がいつも入り時間がバラバラで。仁鶴師匠が遅れると、前説で延ばしが入るんですよ。１時間半つないだことがあって、もう、しゃべることもなくなって、やることもなくなって、形態模写をやらしていただいたんですよ。そしたらウケたんですよ。ほいで吉本が、若手で変わったことやりよる、こいつはおもしろいぞというので。

ほいで、前説頑張ってたんで、〝いっぺん、本番に出したってくれ〟って言うていただいて、出さしていただいたんですよ。木魚でポンって頭叩かれて。〝長いこと前説しやがって〟って殴られて。〝あんたが遅いせいや〟っていう、やり取りをさしていただいたんですよ」（読売テレビ『大阪ほんわかテレビ　祝笑福亭仁鶴50周年！　仁鶴って〝どんなんかなぁ〜〟スペシャル‼』2013年3月17日）

さんま「あのときは、巨人の選手をやってたんですよ。1番から9番まで。僕が20歳ぐらいのとき、形態模写なんて誰もやってませんでしたから。ほんとに、あの前説のおかげですよ、師匠。ほいで、チョイ役で出してもうてたんですよ。それがきっかけですよ」

仁鶴「よかったなぁ。そのチャンスをしっかり摑んだんも偉いなぁ」

さんま「いえいえ」

仁鶴「そういうチャンスは、皆、巡り合うてくんねんけど、1回ずつ。それを摑むか、摑み損ねるか、気がつかんか、いろいろあんねんけど、しっかり摑んだがな」

さんま「いえ、もう、師匠のおかげですよ、ほんとに」（『さんまのまんま』2008年11月28日）

さんま「師匠、これはヨイショするわけやないですけど、なんば花月で、ピンであんだけ笑いが起こったのは、師匠の他、もう出ませんよね。私もピンでやってましたけど、あんだけ引き込むのは、まあ、いなかったですねぇ」
仁鶴「まあ、無我夢中でやりましたな」
さんま「『笑福亭仁鶴』って、名前が出た瞬間、ウワーって、天井が揺れたという。あのときは吉本は漫才文化でしたから」
仁鶴「そうです、そうです」
さんま「ピンがなかなか、あっこまでいかなかった。師匠、あの時代の手応え、まだ残ってるでしょ？」
仁鶴「それはねぇ、やっぱり、後ろに吉本新喜劇という、当時、大変な人気で。今でも人気やけど。あの芝居の笑いに負けんようにしようというのが目安やったんや。そやから、それ目指して、まあ無茶しましたな」（同右）

さんまとのりお

西川のりおは、さんまより4歳年上の先輩芸人。森啓二、ナンバ四郎と同様、のりおとは弟子っ子時代から多くの時間を共にしていた。

さんまとのりおが出会ったのは、のりおが漫才コンビ「横中バック・ケース」を組み、花月の舞台に立っている頃のこと。横中バック・ケースは、１９７５年に解散。のりおは、ひとりで芸道を模索していた上方よしお（元二代目B&B、当時は上方真一と名乗っていた）とコンビを組み、「西川のりお・上方よしお」を結成する。

コンビ結成に至るまでには一悶着があった。よしおは、島田洋七（当時、島田洋一）とのコンビを解消する際、芸能界を引退すると受け取られていた。それにより、よしおがのりおとコンビを結成したことを知った洋七の師匠、今喜多代が、筋を通していないと憤慨。のりおの師匠である西川きよしが仲裁するが、事態は収まらず、よしおの師匠、上方柳太の仲立ちにより、のりおとよしおは、コンビを組むことを許された。

なんば花月の隣にある喫茶店「ケニア」で、のりおからその知らせを受けたさんまは、「真一兄さんとやったら大丈夫ですよ。次は仲良うやってくださいよ」と、新コンビ誕生を喜んだ。

「……さんま、もっと売れたいなぁ」

「売れたいですねぇ」

「今はこんなんやけど、将来は俺が全国ネットの番組の司会して、お前がパネラーや」

「そうでんなぁ、そうなれたらよろしいなぁ」

ふたりは寒空の下、難波の街をさまよい歩きながら、夜更けまで語り明かした。

のりお「星を見ながらね、〝俺ら今、こんなんやけど、将来、東京で全国ネットの番組を俺が司会して、お前がパネラーや〟って……今、お前が司会しとるやないかい！　俺、今でも星見とるわ！　ハッキリ言うて！」

さんま「(笑)」

のりお「覚えてるやろ？〝そうでんなぁ、兄さん、そんなんなれたらよろしいなぁ〟言うとったやろうが！」（TBS『おかしや?・さんま!』2003年9月24日）

のりお「よう俺の前で似てへんものまねしたなぁ、喫茶店で2時間も3時間も。桜田淳子のものまねなんか、ちっとも似てなかったで」
さんま「〝桜田淳子のものまね、完成しました〟言うてね（笑）。〝こんにちわぁ〜〟言うたら、〝似てへんわ！〟言うて」
のりお「ツッコんだら、さんまちゃんが椅子から落ちるやつを」
さんま「やってましたねぇ〜（笑）」
のりお「ほんで、堺正章さんのものまねもやってたんやぁ」
さんま「楽しかったですねぇ、あの頃〜。無敵でしたね」（中略）
さんま「あんだけ暇やったんですね、我々」
のりお「ホンマに暇やったで。わざわざ、出番ないのに、待ち合わせしとったがな。たまるとこ決まってんねや。阪急ファイブの下の喫茶店とか」
さんま「喫茶店で4時間5時間いましたよね、コーヒー1杯で」
のりお「昼の1時、2時から、夕方の6時ぐらいまで。夕方6時ぐらいになったら、パトロールすんねん。女の子の集団があったら、声かけてな（笑）」（中略）
のりお「阪急電車の京都と大阪の間で、しゃべりまくっとったんや」
さんま「（笑）よう、あんだけ兄さん、話ありましたねぇ」
のりお「さんまちゃんは仕事ないのに、衣装持ってんねや。仕事ないのにスーツバッグ持ってたやろ？　京都まで」
さんま「必ず、着替えの服を持ってたんですよ。誰のとこに泊まるかわかりませんから」（『さんまのまんま』２００６年４月21日）

忘れじの髙島屋の香り

さんまは金欠に陥ると、決まって難波にあるデパート「髙島屋」に向かい、各売り場の女性店員たちから金を借りていた。高校時代の同級生が髙島屋のハリウッド化粧品の売り場に勤めていたことがきっかけだった。

さんまは、化粧品売り場の女性店員たちを笑わせているうちに、知り合いが徐々に増えていき、その輪は、婦人服売り場、家具売り場、屋上のゲームコーナーにまで広がり、各売り場に出向いては、女性店員を笑わせ、金を借りていた。借りる金額はひとり5000円ずつ。1回につき1万円と決めていた。その分、さんまはものまねなどをして店員たちを笑わせ、そこでウケたネタを劇場や営業で演って、稼いだ金を返済に充てる。いつしか、髙島屋はさんまにとって笑いのトレーニングの場となっていた。

こうして髙島屋に通い詰める間に、香水売り場の店員、光子（仮名）と出会う。さんまは以前、道ですれ違った女性がつけていた香水の香りが忘れられず、「あの香水の香りをもう一度嗅ぎたい」と、髙島屋の香水売り場に相談を持ちかけた。そのときに応対したのが光子だった。光子はさんまから匂いの特徴を聞き出し、その情報を元に、その香水が資生堂のオーデコロン「モア」であることを探し当てた。さんまは感激し、光子をお茶に誘う。以来、ふたりは親密な関係になっていく。

光子に婚約者がいることをさんまが知ったのは、それからしばらく経ってからのことだった。その日、ふたりはホテルにいた。光子はポニーテールを解くと、さんまの耳元で囁いた。

「ほんまは、あんたの方が好きやねんで」

さんまはその言葉を受け取ると、小柄な光子の体を強く抱きしめた。光子の首筋からは、モアの香りがした。

数日後、さんまは光子から借りたホテル代を返そうと髙島屋へ向かう。しかし、光子はすでに退職していた。モアのまろやかな甘い香りは、さんまにとって、一生忘れることのない、思い出の香りとなった。

さんま「難波の髙島屋の化粧品売り場の女性たちに助けてもらってたの。金貸してくれてはったのよ、ずっと。その化粧品売り場のおねえちゃんたちの人気者になるために、どんだけ笑わしてきたか（笑）」（『明石家電視台番外編 くりぃむしちゅーのトップオブ大阪』2004年3月14日）

さんま「〝パチンコ行くから5000円貸して〟言うて。知り合いが多くなりすぎて、借金地獄になって、髙島屋の化粧品売り場に、2か月ほど行かれへんかってたん」（『MBSヤングタウン』1994年11月12日）

さんま「僕は、難波の髙島屋の1階の化粧品売り場のおねえちゃんたちと知り合わなきゃ餓死してたかもわからない。仕事が入ったら返して。ギャラのええ大きな仕事が入ると、髙島屋のおねえちゃんたちを飲みに連れて行ってあげたりしてたんです。ほんで、そこでパーになって、ほんでまた次の日、〝すまん、5000円貸して！〟言うたら、またウケるんですよ。よく遊んでましたねぇ、化粧品屋のおねえちゃんたちとは。3階の紳士服売り場には、男の同級生がいてたん

で、そいつにも金借りによく行ってました。その人らに感謝やね」（『ＭＢＳヤングタウン』１９９８年４月25日）

同期の〝巨人〟

１９７６年12月29日、『スタジオ２時』の大型企画「若手漫才選手権年間グランプリ大会」が放送される。

形態模写に強い手応えを感じていたさんまと小禄は、互いにアイデアを出し合い、形態模写を取り入れた漫才のネタ作りに励んだ。ふたりが昨今のプロ野球について、ひとしきりしゃべくり合い、小禄の実況に合わせてさんまが野球選手の形態模写を演じるという基本スタイルに加え、小禄が貴ノ花（初代）、さんまが魁傑を真似る大相撲の力士の形態模写や、旬なスポーツ選手の形態模写を取り入れていく。

さんまと小禄は、黒のタキシードに大きな赤い蝶ネクタイ姿で「若手漫才選手権年間グランプリ大会」の舞台に登場し、大きなインパクトを残すが、優勝を飾ったのはオール阪神・巨人。断トツの優勝だった。

オール巨人は、さんまの同期の芸人の出世頭だった。

同期といっても、巨人は素人時代に、高田昭徳（後のオール阪神）と「マネマネゴンスケ・マンスケ」（桂三枝が命名）というコンビを組み、人気ラジオ番組『ＭＢＳヤングタウン』にレギュラー出演。１９７４年７月、吉本興業に入社すると、吉本新喜劇の座長・岡八郎に弟子入りする。１９７５年４月、高田の高校卒業と同時に漫才コンビを結成し、同年７月11日、「オール阪神・

巨人」として京都花月で初舞台を踏む。さんまが駆け落ち騒動を起こして出演を断念したラジオ番組『ABCフレッシュ寄席』では、1975年度のグランプリ新人賞を獲得。コマーシャル出演、レコードデビューを果たすなど、超大型新人漫才師として活躍していた。

「若手漫才選手権年間グランプリ大会」では、ベテランも舌を巻くほどの本格的なしゃべくり漫才で、他を圧倒。さんまはこのとき、遊び半分で通用するほど、漫才の世界は甘いものではないことを痛感する。

さんま「巨人・阪神なんか、もう高校時代にスターになってて、それで初めから契約金はろて吉本が引き抜いて、オール巨人・阪神という名前をテレビで募集して、それでスタートして、もうサラブレッド。あいつはシンボリルドルフみたいにきたから。おれはもう、公営の大井競馬から、そこらじゅう走らされましたよ。カツラギエースとハイセイコーです、おれと紳助は」(原文のまま引用。「PLAYBOY」1985年9月号)

大みそかの不完全燃焼

1976年12月31日、さんまと小禄は、朝のワイドショー番組『小川宏ショー』(フジテレビ)に出演することになった。この日の特集のタイトルは「1976年を飾った男たち」。ふたりは形態模写を交えながら、1976年に活躍したスポーツ選手を紹介していく役割を担った。

出演を目前に控えたさんまは、京都花月の楽屋の壁に「さんま・小禄! フジテレビ! 小川宏ショー! 形態模写コント! ネタはなんと4分!」と書いた紙を貼りつけ、宣伝して回り、トミヤマ靴店で新しい靴を購入し、本番に備えた。

西川のりお「東京の『小川宏ショー』に、初めてテレビで行く言うたとき、〝兄さん、このブーツどうでっか？〟って、よう見たら、靴底が登山靴みたいになってて。〝そんなブーツ、お前アカンで〟言うて」

さんま「（笑）」

のりお「靴の裏がボコボコやってん。90度の坂を登れるような靴買うてきたんや。ものすご硬そうな素材で。真っ白のズボンはいて」

さんま「（笑）お金なかったから、あれしか買えなかったんですよ」（『さんまのまんま』２００６年4月21日）

小禄の意気込みは、さんまよりも激しく、連日、徹夜で形態模写の練習に励んだ。

出演前日、さんまは京都花月の前座のトップとして舞台に立っていた。1回目の舞台を終えて楽屋へ戻ると、「さんまぁ、飛行機の時間、遅れるなよ！」と、小禄からの電話が入った。２回目の舞台が始まる直前、再び小禄からの電話が鳴った。

「今から2回目の出番やろ。俺はもう空港に着いてるから、巻きで演って、すぐこっちへ来い」

さんまが大阪空港に到着したのは午後6時。飛行機の出発時刻は午後8時40分。小禄は出発までの間、空港のトイレでネタ合わせをしようと提案。ふたりは出発までの約2時間、みっちりと稽古に励んだ。宿泊先の赤坂東急ホテルに到着しても、小禄は部屋でくつろぐさんまを呼び出し、深夜までネタの最終確認を行った。

翌朝7時半、ふたりは迎えの車に乗り込み、フジテレビへと向かった。

放送が始まり、いよいよふたりの出番。準備は万全だった。

ひとつ目のネタは、「アントニオ猪木×モハメド・アリの再現VTR」。小禄が猪木を、さんまはアリの形態模写を演じた。すべり出しは順調だったが、途中、小禄がプロレスのネタを飛ばしてしまい、4分ある持ち時間を、2分半で切り上げてしまう。

こうして、さんま・小禄の出番は、あっけなく、不完全燃焼のまま終わった。

●1976年12月31日『小川宏ショー』(フジテレビ9:00〜10:30)「特集1976年を飾った男たち」ゲスト:張本勲、稲葉修、子門真人ほか

【コラム3】 記念すべきテレビデビュー

さんまさんが衝撃的なテレビデビューを飾った『11PM』(1976年1月15日)の映像は現存していません。残っているのは数葉の写真と数名の証言のみ。鮮明に写っている写真は桂小枝さんが所有されている1枚だけかもしれません。そこには松之助師匠の助言を聞き入れ、赤いジャケットを身にまとった笑顔のさんまさんが確かに写っています。

さんまさんがデビュー戦で活躍できたのは、高校時代に1000日以上、人を笑わせることばかり考え、全校生徒の前でもひるむことなく笑わせるという経験があったからでしょう。また、花月の楽屋で同期の芸人たちをいつも笑わせ、「さんまにしゃべらせておけば、自分たちもテレビに映るし、番組も盛り上がるだろう」という認識を与えていたことも。そして何より、松之助師匠から「芸人は目立たなアカン。反発があったらワシが全部引き受けたる。思い切って目立ってこい!」と送り出されたことで、力みが取れ、いつもの力を存分に発揮できたからではないかと思います。

「とにかく思いっきり投球するこっちゃな。怖がっちゃアカンのよ。笑いでもそうや。〝これウケるかな?〟と頭をよぎるだけで笑わへんねん。イケる思たらガーンといけ。そしたら同じスピードでも威力がちがうねん」

さんまさんが現在でも貫いている笑いの信念です。20歳の頃のさんまさんはすでにこの信念をもっていたようで、生まれて初めてテレビカメラを向けられながら、何も恐れることなく浮かんだ言葉を瞬時に発し、司会の藤本義一さんにあきれられるほど、そして天才漫才師・横山やすしに絶賛されるほど、爆笑をとりました。

松之助師匠はその奮闘ぶりを自宅のテレビで見ながら、「よっしゃ、よっしゃ。芸人はあきれられてるぐらいがちょうどええ。それでええ、それでええ」と微笑んでいたそうです。

２０１７年に公開された映画『ワレワレハワラワレタイ　ウケたら、うれしい。それだけや。』（「キム兄」こと木村祐一が１００人を超える吉本興業の芸人にインタビューするドキュメンタリー）の中でも、さんまさんのテレビデビューの話題になったとたん、松之助師匠はスイッチが入ったかのように瞳を輝かせ、嬉しそうに回想されていました。

きっと松之助師匠は、さんまさんがテレビデビューを飾ったあの日、屈託のない笑顔をふりまき、場を盛り上げ、多くの人々を笑わせることのできるさんまさんの才能を強く感じとり、その活躍の場は落語の舞台ではなく、テレビであると確信されたのではないかと思えてなりません。

この約3年後、さんまさんは落語から距離を置くことになるのですが、その話はまた後ほど。

鮮烈なデビューを飾ったからといって、各テレビ局からさんまさんのもとへオファーが殺到することはありませんでした。

さんまさんがその次にテレビに出演するのは、それから11か月後のこと。１９７６年12月28日に『スタジオ2時』、12月31日に『小川宏ショー』に出演します。

さんまさんはこのふたつの番組で兄弟子の明石家小禄さんと形態模写漫才を披露することになりますが、本文で紹介したように、『小川宏ショー』では不完全燃焼のまま出演を終えました。

『小川宏ショー』のエピソードは、西川のりおさんの著書『ジョーダンはよせ』（ワニブックス、１９８５年）で詳細に書かれていたので知ることができたのですが、このときにさんまさんは、「ピンで売れたい！」と痛切に思ったのではないかと思います。

生活のため、アルバイト感覚で始めた小禄さんとの漫才でしたが、ふたりの形態模写を用いた漫才が脚光を浴び、次々と仕事が舞い込んでくるようになると、吉本興業から正式にコンビを組むことを迫られます。それをさんまさんは頑なに断り、窮地に立たされるのですが、それは次のお話になります。

V. 覚悟――1977年の明石家さんま

念願の『ヤングおー！おー！』に初出演

さんまには、松之助に弟子入りした頃から抱いていた夢があった。

それは、堺正章、大原麗子とドラマで共演すること、ラジオ番組『MBSヤングタウン』、『オールナイトニッポン』に出演すること。そして、テレビ番組『ヤングおー！おー！』に出演すること。『ヤングおー！おー！』は1969年に始まった毎日放送の人気公開番組。芸人による漫才、大喜利、ゲーム、さらには、人気アイドルやミュージシャンによる歌、トークで構成され、若者を中心に絶大なる人気を誇っていた。

司会を務めるのは、仁鶴と並ぶ、吉本興業の看板スター、桂三枝。三枝は、1943年7月16日生まれ。1966年、桂小文枝（後の五代目桂文枝）に入門してから1年足らずで、深夜ラジオ番組『歌え！MBSヤングタウン』に出演。従来の落語家にはなかったスマートな語り口と、若者向きのセンスあふれるネタで、多くのリスナーを魅了。1969年7月、『歌え！MBSヤングタウン』のテレビ版として制作された『ヤングおー！おー！』に出演すると、勢いそのままに、爆発的な人気を獲得する。

形態模写を取り入れた漫才が話題となり、吉本興業の注目の若手漫才コンビとなったさんま・小禄は、月に一度のペースで『ヤングおー！おー！』の演芸コーナーに出演することになった。

このコーナーの出演陣には、やすし・きよし、Wヤング、オール阪神・巨人といった実力派が名を連ねており、さんまはその一角に入ることができた喜びをひしひしと感じながら、『ヤングおー！おー！』デビューの日を迎える。

桂三枝「なんば花月劇場に若くておもろい奴がおると聞いて（昔の吉本は、今ほど若い芸人がいなかったから若い芸人の情報は、結構注目の的だった）、見に行った。

それだけに、若い芸人にとって初めて見た者に、おもしろく思わせないと十年ほどは、冷や飯を食ってしまう。やせて明るい若い男は、緞帳前で次の舞台のつなぎに芸を披露していたが、結構おもしろかった。それが、私がさんまの芸を見た最初だったのである」（「週刊読売」1996年3月31日号）

さんま「あの時は、お笑いがちょっとダメな時代やから。そこへ若手の活き活きしたのが来たら、そらみんながチヤホヤしてくれるわけですよ。放送局はとにかく若手を育てたいというのがあったからね。

ほいで、『ヤングおー！おー！』という番組があって、月一で、巨人・阪神、やすきよ、Wヤングが出てて、もう一枠を、俺たち、さんま・小禄が出ることになったんですよ」（『MBSヤングタウン』2008年3月22日）

さんま「テレビの力は大きい大きい。1回のオンエアでたくさんのファンがつきますからね。俺なんか『ヤングおー！おー！』がそうでしたから。『ヤングおー！おー！』に1回出て、シーン

としてた客席が、2回目から〝ギャー〟って言われましたからね」（『MBSヤングタウン』1998年6月20日）

『ヤングおー！おー！』に出演し、吉本のホープとなったさんまと小禄に、次々と仕事の依頼が舞い込んでくる。

中でも、藤田まこととの共演は、さんまを興奮させた。藤田まことは、1933年4月13日生まれ。1961年、コメディ番組『スチャラカ社員』（朝日放送）で、とぼけた社員役を演じて頭角を現すと、翌年から始まる『てなもんや三度笠』（朝日放送）で、主役のあんかけの時次郎を演じて一気に大ブレイク。1973年にスタートした時代劇『必殺仕置人』（朝日放送）の中村主水役で、人気は不動のものとなる。

さんまは小禄と共に、藤田まことのイベントの前座として漫才を披露。子供の頃に見ていたテレビスターとの共演は忘れられない思い出となった。

さんま「『てなもんや三度笠』。〝あたり前田のクラッカー！〟って、我々関西の子供は全員真似したという。〝口から手ぇ突っ込んで奥歯ガタガタいわしたろか〟とかいうギャグがこの頃流行って」

藤田まこと「『てなもんや三度笠』は、28ぐらいかな。僕は年とってからね、〝若い頃、どんな芸人さんだったんですか？〟って聞かれるんですよね。〝僕はねぇ、今から考えてみたら若い頃、さんまさんみたいな感じとちごたかなぁ〟ってよく言うんですけど」

さんま「僕もよく、インタビューで、藤田さんの名前を出されました。〝将来、藤田まことさんみたいになられるんですか？〃とか言われて。〃いえいえ、めっそうもございません！〃言うて、お答えしてましたけど、よく言われました」（中略）
さんま「藤田さんは覚えてないと思うんですけど、藤田さんがショーやってはる頃に、前座で、僕ら漫才やってたことがあるんですよ」
藤田「うん、うん、うん」
さんま「あれ、覚えていただいてますか？」
藤田「覚えてます、覚えてます」
さんま「ありがとうございます！　そのとき、藤田さんに借金があって、〃今こうしてショーで回って、稼いではんねや〃っていうのを聞かされてて。芸能界の先輩がそうして頑張ってはんねんなと思って」
藤田「（借金は）張りができるじゃないですか」
さんま「まあ、張らなしゃあない状態ですよねぇ」
藤田「うん。〃よーし！〃ってなもんですわ」
さんま「こうして、一線でずっとやっていただいてるのは、我々の夢みたいなもんですので。これからも頑張っていただいて」
藤田「ライブみたいなん、やってはるんでしょ？」
さんま「はい、年に1回」
藤田「そのとき事務所に知らしてくださいよ」
さんま「あっ、ありがとうございます」
藤田「そのときは前座で出ていくかわかれへん（笑）」

さんま「（笑）前座で使いたいですねぇ」（『さんまのまんま』１９９６年３月22日）

まぼろしの「アトム・スリム」

「若手漫才選手権年間グランプリ大会」出場の効果で、『スタジオ2時』の芸人相撲大会に参加する機会を得たさんまは、お尻にバツマークの絆創膏を貼り、大相撲力士の形態模写をコミカルに演じ上げ、大きな笑いをとった。これが功を奏し、さんまは『スタジオ2時』のレポーターに抜擢され、全国各地を飛び回ることになる。

レポートの仕事はさんまが思っていたよりも過酷だった。日本初のサファリパーク「宮崎サファリパーク」を紹介するロケでは、プロデューサーからチーターの前で漫談をするよう命じられ、巡回車から突然降ろされた。外国人の飼育員から「チーターの目を見る……近づかない」と、カタコトの日本語で助言をもらうが、チーターは何頭もいるので、どの目を見ていればいいのかわからない。それでもさんまは、チーターがうろつくパーク内で、笑顔を強要されながら、命がけで漫談を披露した。

その後も、巡回車から顔を出し、凶暴な熊にエサをやるよう命じられたり、「人間を一撃で殺せる動物はダチョウだけです」と、飼育員から説明を受けたあと、ダチョウの背中に乗って走らせるよう命じられるなど、無理難題を押し付けられ、そのすべての要望に応えていった。しかし、過酷ロケの箇所は放送ではカットされ、オンエアされることはなかった。

さんま「本田いうプロデューサーがいてて。あのオッサンに宮崎に連れて行かれて、サファリパ

ークのレポートに行ったんや。俺、チーターの前に降ろされたんやで。〝チーターの目を見てれば、近づいてきても絶対止まりますから〟って……30匹おんねん。どの目ぇ見てええかわかれへんねん。俺もう死ぬ思たもん、マジで」（嘉門達夫デビュー30周年「真夏のカモン！ＥＸＰＯ！歌と笑いと食のワンダーランド」２０１３年7月21日）

「どぶろく風呂」のロケは、酒が飲めないさんまにとってさらに厳しいロケとなった。どぶろくとは、濾過や熱処理をせず、麹や酵母が生きたままの、白く濁った生の酒。どぶろく風呂に浸かり、人はどれほどの時間で酔うのかを実験するロケだった。さんまは１時間程どぶろく風呂に浸かり、終始懸命にレポート。ロケが終わった瞬間、その場で倒れ込んだ。

さんま「チーターがいる前で車から降ろされたり、いろいろしてきましたけど、一番辛かったのは、どぶろく風呂。どぶろくのお風呂なんですよ。誰も辛いと思わないでしょ？　俺もあったかくて気持ちええと思っててんけど、へベレケになるんですよ（笑）。あれは驚いた」（『痛快！明石家電視台』２００５年3月21日）

さんまと小禄の漫才は、１９７７年２月から花月劇場でも披露されることになり、京都花月２月上席（1日〜10日）と、なんば花月２月下席（21日〜28日）、計18日間の出番が与えられ、吉本興業は、さんま・小禄に、「アトム・スリム」というコンビ名で正式に活動するよう要請する。

しかし、さんまはこの話を頑なに断った。レギュラー番組をいくつか用意するという好条件を提示されても、さんまは決して折れなかった。駆け出しの若手芸人にとって、事務所の意向に逆らうことは、仕事がもらいにくくなることを意味していた。

さんまはこの一件の後、出演を予定していたうめだ花月3月中席（11日〜20日）の出番がなくなり、約4か月間、花月の舞台に立つことはなかった。

それでもさんまは、「ピン芸人として生き、売れたい」という意志を貫いたことを後悔することは微塵もなかった。

1977年4月10日から始まった木村進、間寛平主演のコメディドラマ『わろてんか三度笠』（関西テレビ）では、脇役として抜擢され、『ヤングおー！おー！』の出演がなくなった後も小禄との関係は途切れることはなく、互いのピンの仕事に支障がなければ、漫才のオファーも受けることにした。そしてさんまは、形態模写を織り交ぜた漫談作りに取り掛かり、花月で披露するようになる。

さんま「21歳ぐらいのときは、〝さあ、これからや〟と思ってましたからね。〝芸能界おもしろいなぁ〟とか、〝どんだけ楽しいことしようかなぁ〟とか。売れようなんて思ってませんからね、その頃は。売れるなんて思ってないし。どうしてみんなと楽しく遊ぼうとか、〝楽屋にいたら楽しいなぁ〟とか思ってた時代。夢中でした」（『MBSヤングタウン』2007年9月15日）

さんま「ピーターさんは、僕がデビュー当時に出演してたテレビ番組のメインをやってらっしゃったんですよ」

池畑慎之介（ピーター）「『わろてんか三度笠』」

さんま「（笑）」

池畑「(笑)」

さんま「すごいタイトルでしょ？ (笑)『わろてんか三度笠』。ピーターさんには大事にしていただいて、コーヒーをいただいたりしてたわけなんですよ」(『痛快！明石家電視台』1995年6月5日)

●1977年4月10日〜9月25日『わろてんか三度笠』(関西テレビ毎週日曜13：15〜14：00)
出演：木村進、間寛平、ピーターほか

〝紳竜〟結成を仲介

紳助が芸人を辞めるという噂が流れたのは、さんまが「アトム・スリム」結成の話を断った頃のことだった。

アルバイト先のサパークラブ「カルダン」で、セカンド・マネージャーに昇格していた紳助は、理想の漫才を実現するため、漫才の研究を進めながら相方を探していたが、なかなか見つからなかった。芸人としてもらえるギャラは微々たるもの。カルダンの月給は10万円を超えている。紳助の心は揺れ動いていた。

「芸人辞めるんか？」さんまは、タバコの煙でプカプカと輪っかを作りながら紳助に聞いた。

「辞めたない。でも、まだわからん。相方が見つからな、どないもならんわ」

「ほな、俺が紹介したるわ。ちょうどええのがおるぞ」

さんまは、なんば花月で進行係を務めていた松本竜介を紳助に紹介した。竜介はさんまのひとつ年下の、吉本興業の研究生。さんまの漫談が大好きで、仕事がない日でもさんまの漫談を目当てに花月へ足を運ぶほど心酔し、「松本竜介」という芸名の名づけ親である西川のりおを介して、さんまと交流を持つようになる。さんまは竜介が持つ純真さと無鉄砲な行動力は、紳助の性格と合うのではないかと思っていた。

後日、さんまは、紳助と竜介を引き合わせた。そしてふたりは漫才コンビを組み、1977年7月15日、「島田紳助・松本竜介」として京都花月で初舞台を踏む。

松本竜介「まさか、漫才をするなんて自分でも考えていなかったのに。
そんなこんなで、ある日のこと、島田紳助という逸材との出会いが用意されていたのだった。
さんまさんの『竜介、紹介したいやつおるんやけど、会ってみるか？』
まさしく、運命を変える一言となった。（中略）
ボクは、まったくの素人やったわけやもの。漫才の基礎もなにも知らない。制作進行ということで、舞台の袖からいろんな芸人さんを見ていただけ。（中略）
今、考えると、そんなボクに紳助を紹介するというのはかなり無謀か、さんまさんの気まぐれやと思う。
ボクを選んだ紳助も、一か八かの選択だったのかも知れない。（中略）
紳助は努力の人で、ボクはのんきな人。意外にそれが良かったのかも…そう、今になって思う」（松本竜助『うそどりの志』愛育社、1999年）

紳助「サパークラブ〝カルダン〟でバイトをしながら、昼間は芸人としての仕事をしていた。
さんまなんかと、よくいっしょに仕事へ行った。仕事といっても、スーパー・マーケットの開店とか、ゴレンジャー・ショーの司会とか、別に芸人でなくてもいいような仕事ばかりだった。

それに、さんまと、さんまの兄弟子の小禄さんと3人がコンビのように、仕事へ行っていた。

一時は、3人でコンビを組もうかという話もあったが、さんまも小禄さんも落語家。いずれは、ひとりで仕事をする。そのとき、また俺はひとり。コンビを見つけなくてはいけなくなる。だから、やっぱり俺は、誰かとコンビを組むことにした」（島田紳助『紳助の青春の叫びPART5〜大人になる前に書きたかった〜』レオ企画、1980年）

紳助「〝なんば花月で進行してる松本いうのがおる〟と。〝あいつ、どうや。根性あんで〟って、さんまが言うんですよ。〝なんで根性あんねん？〟って聞いたら、〝卓球してた〟って言うんですよ。その根拠がようわからんのですけど。

7月15日が初舞台やったんですよ。稽古したのが2週間ぐらい前なんですよ。それまでの数か月は、うちの実家に来てもらって、僕の『漫才教科書』いうのがあったんで、こういう理論でやっていきたいと。理屈でわかってくれと」（フジテレビ『今日は竜介の一周忌やねん！』2007年4月1日）

紳助「20歳ぐらいのときに、一回やめよう思てね、コンビ組む前に。やめて真剣に水商売やろうと。ほんだら、仲良かったオール阪神が泊まりにきよってん。止めに来てくれたんやと思たら……〝ノート（『漫才教科書』）くれ〟って言いよってん（笑）。〝相方に、机の三段目に入ってるノートもろて来い言われてん〟言うて（笑）」（『もう時効だヨ全員集合　史上最強！花の芸能界オフレコトークバトル』2004年10月1日）

紳助「竜介とコンビ組んで、勉強会をして、デビューする2週間前に初めて漫才の稽古して。それまでの3か月ぐらいは、これから何をするかというのを教えてたんですよ。
でけへんかってもええから、俺が何をしようとしてるのかだけわかれと。絶対売れると。これは絶対売れる。でも一個だけ欠点があんねやと。長く続かんと。いつか解散するから、〝個人個人のためにがんばろな〟って言うて」（同右）

突然の交代劇

1977年9月、さんまは、いつも何かと気にかけてくれていた先輩落語家の桂文也から、『ヤングおー！おー！』のレギュラー出演が決まったことを告げられる。その夜、ふたりは祝いの席を設け、語り合った。

1973年に桂小文枝に弟子入りした文也は、端整な容姿と知的な語り口で人気が急上昇。『ヤングおー！おー！』でブレイクした落語家ユニット「ザ・パンダ」のメンバー（桂文珍、林家小染、月亭八方、桂きん枝）に加わり、新たに結成されるユニットの主要メンバーとして活躍することを期待されていた。さんまは、文也がそのような重要なポジションに抜擢されたことを自分のことのように喜び、祝福した。

ところがその数日後、事態は急変する。

文也が以前、仕事先でトラブルを起こしていたことが発覚し、初収録を目前にして、『ヤングおー！おー！』のレギュラー出演の話が白紙となったのだ。そこで急遽、文也の代打として、さんまに声がかかる。さんまを強く推薦したのは、桂三枝だった。

三枝は、なんば花月の公演（1977年9月中席）でさんまと共演し、さんまの急成長を間近で感じとっていた。プロ野球の形態模写を交えたさんまの漫談はテンポが良く、さんま目当ての女性客が黄色い声援を送りながら、大笑いしている。発想的にはいま一歩、芸人として大切な繊細さも足りない。ただ、さんまが持つ強大なバイタリティーに大きな可能性を感じ、三枝は「さんまを育ててみたい」という思いを密かに持っていたのだ。

『ヤングおー！おー！』のプロデューサーから突然のオファーを受けたさんまは戸惑った。憧れの番組『ヤングおー！おー！』のレギュラーになれることを手放しで喜びたい気持ちと、文也のポジションを奪う形で出演することへの後ろめたさが交錯する。

さんま「吉本の歴史を作った人ですからねぇ」
三枝「いやいやいや、そんなたいそうなことないですよ」
さんま「いやいや、ほんとに。我々は三枝兄はんが作った道を、ただ歩いてるだけで」
三枝「アホなこと（笑）。よう、そんなこと言うわ。でも、ほんとに変わらないですよ、あなたは。〝なんば花月に前説で出てるおもろい兄ちゃんがおるでぇ〟と、僕が、わざわざなんば花月へ見に行ったら、〝いや、おもろい子やなぁ〟思て」
さんま「ほんで『ヤングおー！おー！』に推薦していただいたんですよ」（『痛快！明石家電視台』2007年8月6日）

さんま「みんなにうらやましがられてたけど、当時、ぼくは有頂天だったわけやない。むしろ、

そんなに急いでなかったんや。そりゃあ、出たい気持ちはあったけど、『ヤングおー！おー！』っていったらビッグな番組。出れば、勝負がかかる。ぼくは、男の勝負は25才になってからと思うてたから、飛び上がって喜ぶということもなかったわけや。

ボクシングでいえば、5ラウンドぐらいからいこうかって気持ち。まだ早いなあ、という半面、やっぱり魅力的な番組だから出たいなあ……いわば五分五分や。ただ自分自身、いつかはこの番組に出てやんねんという気持ちがあったから、単発で形態模写やって出演した時、もうぼくはこれでええわって思ったぐらいや」（『ビッグな気分』）

さんま「『ヤングOH！　OH！』に出ると人気が出てしまうんで、そこで勝負したくなかったんですよ。今から考えるとそんな大層なもんやなかったんですけどね（笑）。あの頃はこれに出て勝負というか、ステップのように大層に考え過ぎてて」（『インタビューまたは対談　その三』）

収録は目前。じっくりと考える時間は与えられなかった。『ヤングおー！おー！』という人気番組の、それも重要なポジションで戦うにはまだ早すぎる。そんな思いを抱えながら、さんまは松之助に相談する。

「出てくれ言われたもんは出たらええがな。文也のことは気にせんでええ。そんなもんプロの世界では当たり前のことやがな。お前がレギュラーになったところで、実力がないなら、半年もすれば代わりのもんが現れて、今度はお前が降ろされる。そんなもんやで、この世界。その間にせいぜいテレビの世界を勉強してきたらええがな」

さんまの迷いは完全に消えた。

『ヤングおー！おー！』の収録は公開で行われる。メインターゲットはタイトルにある通り、若年層。収録を観覧する若者たちも番組を盛り上げる重要な存在と捉え、たびたび客席にカメラが向けられる。観覧は3人1組で参加できるため、緊張感なく番組を楽しめ、口コミ効果も絶大だった。進行役はコーナーの合間に客に話しかけ、新人歌手は客席の通路で歌い、出演者と観覧客の一体感を演出する。

さんまのレギュラー出演者としての初収録は1977年9月27日、名古屋で行われ、新ユニットの紹介は盛大に行われた。三枝の大きな掛け声と共に、ステージ中央に設けられた「迫（せ）り」と呼ばれる昇降装置から、シルクハットを目深にかぶり、純白のタキシードに身を包んだ、さんま、文珍、小染、八方、きん枝の姿が徐々に見えてくる。さんまをセンターに舞台に立つ5人。ドラムロールが鳴り始め、シンバルの合図で一斉にシルクハットを放り投げると、一枚刈り（一分刈り）にした5人の頭がホールのライトに照らされ、観客から笑いが起こった。

初々しい挨拶を終え、温かい声援と拍手で迎えられたさんまは、演芸コーナーにも出演し、形態模写を披露する。これまで味わったことのない緊張感に襲われながらも、得意の巨人の選手に加え、1977年8月に行われた第59回全国高等学校野球選手権大会にて、愛知県代表・東邦高校の1年生エースとして大活躍した、バンビこと坂本佳一（よしかず）の形態模写を演じると、大きな笑いと割れんばかりの拍手が会場に鳴り響いた。

1977年10月2日17時30分、その模様がオンエアされた途端、さんまの周辺の空気が一変する。どこへ行っても知らない人から声をかけられ、サインを求められるようになり、花月には多くの女性ファンが押し寄せた。

「『ヤングおー！おー！』のレギュラーになると、必ずスターになる」

さんまが先輩芸人からよく聞かされていた言葉が頭をよぎる。このときさんまは、喜びと不安を同時に感じていた。


さんま「初めの約束で、いちおうレギュラーにはするけど、あかんかったら3か月でおろすという条件や。

よし、やったる、絶対3か月以上やったると思った半面、正直な話、『もうええわ』と思ったこともあったんや。

というのは、ものすごい緊張感なんや。舞台あがる前からドキドキして大変や。胸が苦しくて、苦しくて……。こんな緊張を毎回するのはイヤやと思ったんや。（中略）

でも、そんな時、思ったんや。

『自分のいちばん得意なものをやったらいいんや』と。

評価とか評判なんかは、他人が決めることや。そう開き直ったわけや。他人にうけようと思ったら、自分のやりたいこともできなくなることもある。人にほめられようと思っても、ダメなんはダメ。そうやろ。

だから、ぼくは形態模写をやった。（中略）

ぼくの中に、本格的に野球選手のマネをしたのは日本で初めてやったという確信があったしね。

（中略）

やってみることやね、どんなに苦しくても、どんなにイヤでも。うまく言葉にいいあらわせないけれど、開き直ったらええわ。

『私にはこれしかないわ』って」（『ビッグな気分』）

さんま「僕の『ヤングおー！おー！』の（レギュラー）デビューは名古屋だったんですけど、そこで坂本投手の形態模写をやったのは覚えてますねぇ。坂本投手は、甲子園の決勝で風邪ひいて、鼻をすすりながら投げてるんですよ。それが話題になって、そのものまねをしてウケたのを覚えてますね。えらいウケてましたよ」（『MBSヤングタウン』2007年3月10日）

浜本忠義（元『ヤングおー！おー！』プロデューサー）「当時、小林投手の形態模写をソロでやったり、五所の家小禄（引用者註：1981年7月31日、「明石家小禄」から改名）とコンビでやったりするのを見て、これはいままでにないフィーリングだと思いましたね。まずゲストに出演させてみたら、若者に大うけにうけたんです。それでレギュラーになってもらいました。若い人の中に、自然に違和感なく入っていけるキャラクターでした」（「週刊平凡」1986年3月21日号）

さんま「僕ら若いですし、すぐにキャーキャー言われるわけですね。テレビちゅうのはこんなもんやなと思うて、ものすごショック受けました。師匠に、『キャーキャーキャーキャー言いまんねん』言うたら、『大丈夫、こんなん半年やから』『そうですよね。半年でこんなもん終わりますよね』。それがズルズルズルズル今日に至っているという感じなんです」（『インタビューまたは対談その三』）

「ビールス7」結成

1977年10月、さんまは、西川のりお・上方よしお、B&B、ザ・ぼんちと共に、コントユニットを結成することになった。7人のコントは、テレビ番組や、映画のパロディを主軸としながら、メインキャストである西川のりおと、B&Bの島田洋七、ザ・ぼんちのおさむの3人が、ストーリー展開を無視して、好き勝手にギャグを連発し、場を混乱させていく、破壊のコント。観客の多くは嫌悪感を示し、笑いはあまりとれなかった。

舞台を荒らすだけ荒らし、観客や、共演する芸人たちに多大な迷惑をかける7人を観た吉本興業の会長・林正之助が、「あのバイ菌どもを、はよ降ろせ！　二度と出すな！」と怒鳴っていたことを耳にした7人は、このユニットを「ビールス7」と名付ける。

のりお、洋七、おさむ、この3人の個性の強い芸人をまとめることができるメンバーは、さんましかいなかった。さんまは、3組の漫才を舞台袖からよく観察していたので、メンバーの特徴や癖を知り尽くしていた。圧倒的な躍動感だけが売り物の、無秩序なビールス7のコントも、さんまが問題児3人の暴走を懸命にコントロールしながら、軌道を修正し、何とか形に仕上げていく。だが、さんまが進行を忘れて爆笑することにより、荒くれ者3人がさらに暴走することもしばしば。

さんまは、このアドリブまみれのコントが大好きだった。稽古中に摑み合いの喧嘩をするのりお、洋七、おさむ。それを気にもとめずに傍観するよしお、洋八、まさと。最年少メンバーで、皆から可愛がられていたさんまは、いつも仲裁役に徹していた。

そしていつしか、さんまはビールス7のリーダー的存在となっていた。

さんま「のりお・よしお、ザ・ぼんち、B&B、私で、若い時に、ビールス7というグループを組んで、売り出そうということになったんですけど（笑）」

のりお「のりお・よしおも、ぼんちも、B&Bも、ハッキリ言うて、これ全部、しょうもない奴らや。3人とも、このとき人間できてなかったわけよ。さんまちゃんが一番後輩やけど、その中に入ったわけよ。ほんで、そのときに、B&Bの洋七ともめたんよ」

さんま「（笑）」

のりお「ほんで、舞台の袖に、小道具の刀があったわけよ。ほんで僕がそれ持って、〝お前やんのか！　こらー！〟って言うたらね、洋七が、〝お前、俺を殺す気か！〟言うて。そのときにさんまちゃんが、〝まあ、まあ、まあ、やめなはれ〟と。〝出番前にそんなことやったらあきまへん〟って言うてるのを、会社の人間が見とったわけよ。こんなしょうもない連中をようまとめてるなと、君は人間できてると」

さんま「（笑）」

のりお「ぐっと、株が上がったわけよ。あいつら6人はアホやけど、その点、さんまはよう堪えてやってるなと。俺らアホのまんまや、ハッキリ言うて！　ほんま、そのまんま、ずっと年重ねたんよ」

さんま「喧嘩の話したら、兄さんキリおまへんで、ほんまにぃ。仲良くやっていこういうグループが、洋七兄さんが、赤い紙を鼻のとこにつけて、〝鼻血ブー！〟ってやったら、〝おもろいことあるかぁ！〟言うて、舞台で取っ組み合いになって。〝まあ、まあ、僕が悪いんです！

僕が悪いんです！〟言うて、間に入って」（『おかしや？さんま！』2003年9月24日）

おさむ「さんまちゃんはいっこも悪なかったんや。ビールス7で、B&Bと、のりお・よしおと、ぼんちでな。とにかく僕たちの考えは、自分さえ目立ったらええいうだけで」

さんま「そうですよ」

おさむ「チームプレイとか関係ないから」

さんま「関係なかったです」

のりお「せやけど、考えたら、さんまちゃんが得してると思うのはな、俺らみたいな、のりお・よしお、ぼんちとかな、B&Bとかそんな連中やからな、アホばっかりやん。ものすご偏差値低いわけや」

さんま「（笑）」

のりお「正直言うわ。周りがごっつレベル低いからやなぁ、さんまちゃんはごっつ得したと思うわ、ある意味」

さんま「そんなことない。爆笑王でっせ、ふたり共」

おさむ「爆笑王ちゃう！　ウソつけー！　自分だけ腹抱えて笑ろとっただけやないか！」

さんま「（笑）」

おさむ「3人が喧嘩して、好き勝手なオチ言うて、コントもまとまらへんし」

のりお「それこそな、〝のりお兄さん、そのギャグおもろいでっせ！〟言うから、本番でやったら全然ウケへんねん」

おさむ「俺らに、〝おもろいわー、おもろいわー〟言うてくれるから、俺らが勘違いして、おもろいと思てまうねん」
さんま「(笑)」
のりお「さんまちゃんが〝おもろい〟って言うたギャグ、本番では必ずウケへんねん」
さんま「ちがう！　あれはホンマにおもしろい思て、〝兄さん、やんなはれ！〟言うたら、それがウケへんかっただけですやんか」
のりお「ほんで俺らがウケへんかったら、ごっつ喜びよんねん！」
さんま「(笑)いや、ホントに。僕はふたりのファンですから。マジでおもしろかった」(『さんまのまんま』2006年4月21日)

おさむ「さんまちゃんが司会してて、のりお・よしお、B&B、ぼんち、みんな自分さえウケたらええねん。ものすごい仲悪なんねん。人がギャグやってる間に自分のギャグで潰していくねん」
さんま「あれは兄さん、僕は人生のええ勉強になりました」
おさむ「一番最初のコント、『八つ墓村』のたたり」
さんま「〝たたりじゃー！〟っていうフレーズが流行ったときにね」
おさむ「洋七が畳を持って、上手(かみて)から下手(しもて)まで走りながら、〝たたみじゃー！〟って叫ぶねん。その途中でのりおが出てきて、〝ホーホケキョ！〟てギャグかまして。それをのりおがやってる間に、俺が〝♪潮来(いたこ)の～伊太郎～〟って、橋幸夫のものまねして、全員が潰し合いしてんねん」
さんま「ほんま笑うよ。朝、洋七兄さんが新聞丸めてな、みんなの頭叩きながら、〝おはよ！　おはよ！　おはよ！〟って。のりお兄さんとこ行ったら、〝おはよ！〟〝誰がおはようじゃー！〟

言うて。胸ぐらつかんでケンカになんねん。今から舞台やのに。俺が間に入っていって、〝僕が悪かったんです〟って」
おさむ「そうそうそう」
さんま「だからねぇ、まさと兄さんとか、洋八とか、よしお兄さんは、ケンカしてんのに知らんふりしはんねん。俺しかいないねん、止めんの」
おさむ「さんまちゃんが止めたら、〝まあ、ええか〟と」
さんま「あれは困ったわぁ」
阪神「楽屋でも弟子の頃から人気もんやったもんね」
小枝「そうそう」
巨人「めちゃめちゃ、ほんまに言うのは悔しいけど、男前やったもんな、若いとき」
さんま「（笑）」（『さんまのまんま』２０１３年8月24日）

まさと「会社からはクレームばかり。なぜなら、時間は延びる、勝手なことをする、個性が強くて、もめごとが多い。

本社の冨井次長（後・専務）にはいつも怒られていた。

『ほんまにお前らはビールス、ばいきんどころか、ゴミや！　辞めてまえ！』

そう言いながらも、冨井さんは2年近く使ってくれた。

のりおさん、おさむ、洋七がボケたおし、よしおとぼくがどうにもならんのを、さんまが先輩相手にこれがまたうまいこと操る。サーカスの猛獣使いみたいに、狂言まわしと言うのか、ツッコミを入れながらも自らもボケて、そしてまたツッコむ。

あの頃からただものやなかった」（里見まさと『おおきに漫才！ 人生は何歳からでもやり直せる』ヨシモトブックス、２０１３年）

桂三枝のありがたい説教

１９７７年11月19日、さんまと小禄は、演芸番組『お笑いネットワーク』（読売テレビ）に出演する。収録日は10月24日。プロ野球日本シリーズ、読売ジャイアンツvs.阪急ブレーブス戦の最中に行われた。

さんまは、バッターボックスに立ち、ホームランを打つまでの長嶋、末次から淡口へ、審判に代打を伝える長嶋監督、ホームランを打った王貞治をホームベース付近で出迎える長嶋監督、そして小林繁の形態模写を次々と披露したが、ウケはそれほどよくなかった。

さんまはこの日、形態模写の限界を僅かに感じた。そして、漫才への意欲は薄れ、小禄と漫才をする機会は次第に減少していく。

１９７７年11月27日、『ヤングおー！おー！』で結成された、さんま・文珍・小染・八方・きん枝による新ユニットのユニット名が発表された。

その名は「ＳＯＳ（「サニーと大阪スペシャル」。後に「サニーズ大阪スペシャル」と変更）」。サニーとは、ＳＯＳのコーナーで司会進行を務める桂三枝のニックネーム。ＳＯＳの５人は、ゲームやコント、チャレンジ企画などでコーナーを盛り上げた。

三枝は、さんまを番組のスターに育て上げようと、毎週、厳しく指導する。

ＳＯＳのコーナーでは主に、「叩いてかぶってジャンケンポン」「被害者は誰だ」「さわってさわって何でしょう」「あたかも読書」など、三枝が発案したゲームや大喜利が行われ、これらの企画を通して、さんまは三枝から、テレビ番組において笑いが生み出される仕組みを徹底的に叩き込まれる。

語感に対する意識、緊張と緩和を駆使した話のオチのつけ方、状況に応じた声の出し方、リアクションの取り方、表情の作り方など、ありとあらゆる笑いの技法、笑いのセオリーを教え込まれた。

コーナーのリハーサルは、本番さながらに行われた。お題に沿って三枝が進行し、SOSのメンバーが答え、三枝がメンバーに的確なアドバイスを与えながら、笑いが作り込まれていく。「神経を研ぎ澄ませる」「躊躇なく」「5人のバランスを考え自分の役割を把握する」「リアクションは大げさに」「流れを読む」「言葉尻は流してはいけない」「奇抜な着想」「視野を広く」「人の意表を突く」。三枝の指示が息つく暇もなく飛び、台本が完成していく。三枝の妥協のない指導は、本番が始まる直前まで続いた。

本番は、段取り通りに進められ、客は三枝の目論(もくろ)み通りに笑う。さんまは驚異を感じた。段取りを忘れ、お題に答えるタイミングが少しズレただけで笑いが減少する。回を重ねるごとに説得力を増していく三枝の流儀は、さんまの体にじわじわと浸透していった。

『ヤングおー!おー!』の公開収録は大阪・中之島にあるSABホールを軸に、全国各地のホールや会館で行われた。すでに関西ではスター芸人であった先輩芸人たちとの共演ということもあり、立ち上がりこそ緊張感を隠せなかったものの、毎週、懸命にコーナーの段取りを覚え、本番に臨み、急速に番組の空気になじんでいく。観客からの黄色い声援が次第に大きくなり、心にゆとりが生まれると、さんまは大喜利の最中にギャグやアドリブを挟むようになる。

三枝はギャグには寛容で、テレビ番組におけるギャグの重要性について、日頃からSOSメンバーに説き、自らいくつものギャグを開発し、披露していた。しかし、流れを無視した自分勝手なギャグや、チームワークによって生まれる笑いを乱すようなアドリブは、決して許すことはなかった。

三枝「僕は、とにかくギャグを作りたかったんや。それはねぇ、芸人が全国制覇をするには、やっぱりギャグやと。舞台に出ていって、なんかギャグをパーンって言うたら、お客さんがワッと笑うでしょ。その笑いが、まあいうたらツカミが、早いほうがええと。で、出ていってすぐの言葉がギャグやったら、早くツカめるわけですから。

ほんで考えたわけですよ。『いらっしゃい』をギャグにしようと。普通は、『いらっしゃいませ』とかいうのを、『いらっしゃ〜い』と。ほんで、それがおもしろいということで、『新婚さんいらっしゃい！』っていう番組のタイトルになって、僕を司会にって言うてくれはったんですよ」(『いろもん』2000年3月9日)

さんま「今でこそわかるんですけども、若い頃ってやっぱり、画面に映ったら、思いついたことをやりたいじゃないですか。目立ちたいじゃないですか。計算もなしにね。あのとき流行ったギャグでねぇ、頭をかきながら〝エヘヘ〟って言うギャグがあったんですよ。それを関係ないとこでね、〝エヘヘ〟ってやったら、ドーンとウケたんですよ。それで本人は大満足なわけですよ。ウケてやったというのでね。

ほんで、楽屋に帰ったら、〝コラッ！〟とか言われて、〝なんでしょうか？〟言うたら、〝そこへ座れ。どういう気でああいうことやってんねや、お前は〟とか言われて。その頃はわからないから、〝この人、何言うてはんねやろ？〟と思って。〝ハハーン、俺がウケたから、やきもち妬きやがって〟と思って。

〝みんなのおかげでこういうことがやれてるのをわかってんのか！〟とか言われて。〝はい〟って言うてて。〝俺らは屁ぇか！〟って言うて机を叩いた瞬間、三枝さんが勢いあまって後ろへ倒れはったんですよ。そこで笑ろてしもて、〝何がおかしいねや！〟とか言われて、また説教されてね」（読売テレビ『関口宏のびっくりトーク　ハトがでますよ！』1993年12月20日）

さんま「机叩いてひっくり返ったのは覚えてらっしゃいますよね？」
三枝「覚えてないなぁ」
さんま「僕を怒って。〝こら、さんま！　ちょっと来い！〟って言うて。〝お前、テレビをなめんなよ！〟ってテーブル叩いた、その反動で椅子からひっくりコケて」
三枝「（笑）」
さんま「ほいで、僕が思わず笑ろてしもたら、三枝兄さんが寝ながら、〝お前、なに笑ろてんねん！〟言うて」
三枝「ちょっと待って。あのなぁ、物の道理として、〝お前なぁ！〟と、テーブルを叩いて、後ろへはひっくり返れへんと思うねん。それは作ってると思うわ」
さんま「証人が何人もいます」
三枝「証人？」
さんま「ＳＡＢホールの楽屋ですよ」

三枝「フェスティバルホールの下ね」
さんま「そうです。あそこでテーブル叩いて後ろへひっくり返って、髪の毛かき上げながら、〝お前、なに笑ろてんねん！〟言うて」
三枝「倒れるときに、こんなん（髪の毛かきあげる仕草）せえへんと思うわ」
さんま「それはします。倒れたときに髪の毛が乱れたんですよ」
三枝「（笑）君なぁ、それ8割作ってるやろ」
さんま「8割って失礼な、9割ですって」
三枝「（笑）」
さんま「（笑）いやいや、これはホントです」（『さんまのまんま』２０１２年3月24日）

「俺が一番おもしろい」

さんまは、そう思い込まなければ、人気番組のレギュラー出演者として、売れっ子芸人たちと同等のポジションを任されるという重圧に押し潰されそうだった。

さんまは毎週、一心不乱に笑いをとりにいく。三枝に何度注意を受けても、身勝手なギャグやアドリブを放ち続けた。客にはウケているにもかかわらず、三枝から説教を受ける。そのことがなかなか理解できずにいたのだ。

三枝は、勢いまかせ、力まかせに笑いを貪っていくさんまの手綱を決して離さなかった。自分ひとりだけが笑いをとれば良いという姿勢を断じて許さなかった。三枝の説教は毎週続く。

さんま「『ヤングおー！おー！』のＶＴＲを見ると、よく怒られたことを思い出しますね。毎週

毎週怒られたことが、今、役に立ってますよ。でも『ヤングおー!おー!』のVTRを出されんのが一番イヤやね。『ヤングおー!おー!』は、自分の中で納得してない番組なのよ。まあ、もちろん納得するときもありましたけどね。〝こうじゃないんじゃないか?〟とか、そういうこと考えつつやってましたね。

やっぱり、先輩っちゅうのは煙たいもんですからね。いつの時代もね。だってやっぱり、人間は個人の意見を持ってるわけやから。その意見を否定されると、〝えっ? そうなの?〟っていうね。ほんで、まあまあ、先輩の言うことは正しいねんけども、それを我慢して聞くときってねぇ、やっぱりしゃあないがな、それは……。

でも、それはもうやっぱり、マジメな話するようやけども、今の自分があるのは、みなさんのおかげよ。三枝さんが僕を叱ってくれてね。小染さんがそれをフォローしてくれ、八方さんがなぐさめてくれ、きん枝さんがね、お酒を飲みに連れていってくれ、文珍さんの家に招待されえの。そうして先輩に可愛がられてね、今の僕があるっていっても過言じゃない」(『MBSヤングタウン』1995年8月12日)

さんま「人間てねぇ、よほど好きじゃないと怒れないよ。期待してるとかじゃないと怒らないもん。

俺、竹内と野元(当時のさんまのマネージャー)なんか怒ったことないもん、期待してないから。ジミーとショージには怒る。期待してるからね。だから、怒ってもらえるっていうことは、ものすごい幸せなことなのよ。怒る労力っちゅうのは、凄いですからね。三枝兄さんはその労力を、エネルギーを捨ててまで、僕を叱ってくれたんですよ」(『MBSヤングタウン』1996年3月30日)

三枝「怒られた人間は怒られたことをよう覚えてるらしいんですよ。僕も、いろんな方に怒られましたけども、怒られたことはよう覚えてますねん」

さんま「三枝兄やんはねぇ、突然のアイドルだったんで、昔の楽屋では、ようするにイジメもたくさんあって来られたんですよ。だから我々がイジメ少なかったのは、三枝兄さんのおかげなんですよ、マジで。一番ひどい目に遭ってらっしゃる」

三枝「まあ、いろいろありましたけども、僕がさんまちゃんに怒ったいう覚えは、まったくないんですよ」

さんま「はっ?」

三枝「全然覚えてないんですよ。やっぱり、さんまちゃんをなんとか世に出してあげようとかね」

さんま「それはわかってますよ」

三枝「さんまちゃんをようしてやりたいという気持ちはありましたけど」(『痛快!明石家電視台』2003年12月8日)

他のメンバーがミスをしたときでも、その矛先はさんまに向けられた。これが一罰百戒の効果を生み、SOSのチームワークはどんどん良くなっていき、番組は活気を帯びていく。三枝は、SOSのメンバーに気を休めることを許さず、地方への移動中でも大喜利で使うネタを振り続け、収録がない日には、いくつもの課題を与えていた。さんまの発想力は否応なく実践の場で鍛えられていく。

文珍「この人は偉大な人でねぇ、（大喜利で）我々がねぇ、ちゃ〜んとネタ振ってねぇ、さんちゃんが一番おいしいところで大ボケできるようにネタ振ってんのに、そのネタを忘れはんのよ。忘れてるのに知らん顔してねぇ、〝さよなら〜〟言うて元気に帰るんやから」

さんま「（笑）」

文珍「そらもう、〝この人は肝っ玉据わってるなぁ〟思て。客席から見えんようなってから、〝ちゃんと覚えとけ、アホ〜（頭を叩く）〟言うて」

さんま「（笑）」

文珍「ほんだらあんた、それでも、なーんともめげてのうて、客席から、〝キャ〜！　さんまさ〜ん！〟とか言われたら、また顔出して、〝ひゃ〜！〟言うて。全然こたえてない」

さんま「（笑）」

文珍「〝あっ、参った〟と思たね、あの時にね。そんなことありましたなぁ」（『痛快！明石家電視台』２００７年７月２日）

八方「僕は怒られた記憶がないねや、あの人（桂三枝）には」

さんま「でも、八方兄やんは、〝八方、なんかおもろいことないか？〟って、よう言われてたでしょ？」

八方「よう言われた。おもろいことなんかあれへんねん」

さんま「（笑）」

八方「そない毎日あるわけないやん。車乗ったら、〝なんぞおもろいことないか？〟言うからやねぇ、無理やり作らなアカンねん。でも今思たら、ええ勉強になった思うわ。無理やりやもん。もうそれこそ、ウソ言う以外アカンねんもん」
さんま「(笑)」
八方「おもろいことなんていうのは、ウソつかなあれへんねやもん」
きん枝「まあ、それか、小さい話を大きするかやね」
八方「いや、小さい話だって、毎回あれへんよ。そういうときは丸っきりないウソを言わなしょうがない」
さんま「〝さんま、最近おもろいことないか?〟って聞かれて、もう僕もなかって。〝いや、こないだビックリしたんが、地底人と会うたんですよ〟言うて。〝……それはウソや〟言うて。そんなことでも言わな去ってくれへんから」
八方「でも、そんなことが好きやった、あの人はね」
さんま「そうですよねぇ、あれ勉強なりましたよねぇ」(『痛快!明石家電視台』2012年10月8日)

三枝「ひとりでやる人がなかなか出てけえへんわけですよ。僕らはやっぱり、ひとりでやる人が吉本から出てほしいというのでね。

さんまはねぇ、なんば花月におもろい奴がおるいうから見に行って、〝あっ、なかなかおもろいやないか〟ということで番組に出てもらって。〝これはおもろい〟思てね、〝こいつを鍛えたらいけんのちゃうか〟思て、ずっと鍛えたんですよ。

やっぱり、笑いのもっていき方がね、若いから、自分が自分がみたいになんのと、ココへもっていかないかんのに、途中で落としてしまうと笑いが別の方向にいってしまうでしょ。それをあとで、〝こうちゃうで、ああちゃうで〟みたいなことですな。

宿題をよう与えたんですよ、〝考えとけ〟と。タクシーの移動中でも、僕が問題出したりとかね。大喜利みたいなのをね。だから移動中もゆっくりでけへんかったと思うわ、みんな」（『いろもん』２０００年3月9日）

さんま「いま考えてみると、客席と舞台って感じじゃなくて、テレビを見てる人、たくさんいてるんやからテレビのことも計算せえよってことといいたかったんやと思うけどね。

『ヤングおー！おー！』っていうのは、なんたって三枝兄さんの番組でっしゃろ。やっぱり座長を怒らすようなマネしたらアカンわ。

いま何本も自分の番組もってみて、その点がとてもよくわかるんや。自分の番組だけは大事にしたいからね。若いころは、もっとムチャやらしてくれればいいのに、なんて思ったこともあったけど、それはやっぱりちがうんやね」（『ビッグな気分』）

さんま「『ヤングおー！おー！』のプロデューサーの林誠一さんがいうてくれた、『テレビが故郷といえる芸人になれ』って言葉が忘れられまへんな。

テレビと舞台って、ほんとにちがう。

やることもちがうし、言葉もちがう。

だから、ぼくにとっては、それぞれの場所で、笑いのもっていきようがちがうわけや。

テレビは寸法あるし、約束ごとを守らにゃあかんし、ゆうたらあかん言葉も多いしね。舞台はそういうことはないからね」（同右）

さんま「『ヤングおー!おー!』のSOSのコーナーなんて短いコーナーでしたからね。1時間ある中の10分でしたから。そこに5人がいるわけですから。ひとつ振られて一言だけで終わる日なんていっぱいあるわけですから。そこを絶対クリアしとかなアカンわけですから。

ほんで頑張ると2打席くれたりね。2回パスくれたりするわけですよ。そこで2回笑わしたら次は3回と。こいつはいけるなと思ったら、4回、5回と、だんだんメインになっていくわけですよね。『ヤングおー!おー!』は勉強になりましたよ。ああいう厳しい先輩がいてくれたおかげで」(『MBSヤングタウン』1998年12月12日)

芸人仲間と花月の楽屋

「さんま!　ちょっと来い!」

『ヤングおー!おー!』の収録が終わると、楽屋にはいつも三枝の怒鳴り声が響き渡っていた。三枝の説教は1時間近くに及ぶこともある。その都度、うつむき加減でSABホールの楽屋から出てくるさんまに、SOSのメンバーは、優しい言葉をかけ、励ました。

「おつかれさん。今日はすまんかったなぁ。ワシのミスでさんまちゃんが怒られてしもて。とりあえず飲みに連れてったる!」小染が目じりを下げながら言った。

小染のふっくらとした穏やかな笑顔を見ると、さんまの陰鬱な気分は一瞬にして晴れた。

さんまは小染に導かれるまま、スナック「ホワイト」へと向かった。酒に酔うと小染の性格は豹変する。小染は千鳥足で店を出ると、地中で配管工事をしている作業員に話しかけた。

「おっちゃん、そんなとこで穴掘って何してんの？」

小染が興味深そうに2メートルほど掘られた穴の底を覗き込む。

「危ないから向こういっとけ！」

作業員の怒声が飛んだ。

「……埋めたろ」

小染は足で土をかき集め、穴の中へ蹴り入れた。

「こらっ！　なにさらすんじゃ！」

作業員が叫んだ。

「すんません！　酔うてはるんです！　兄さん、あきませんよ！　今日はもう帰りましょう！」

さんまは小染の腕を取った。

「アホなこと言いないなぁ、まだ帰さへんでぇ、せや！　歌いに行こう！」

小染は民謡酒場へ場所を移すと、さんまの気遣いをよそに、裸になり、歌い、踊り、ぐでんぐでんになりながら朝方まで飲み明かした。

「さんまちゃん、うまい寿司食わしたる、ついてきぃ」

呂律(ろれつ)が上手く回らなくなった小染が、ぽってりとした体を揺らしながら店を出る。さんまは慌てて勘定を済ませ、小染の後を追った。

ふたりはタクシーで大阪市中央卸売市場へ向かった。小染はズラリと並ぶ鮮魚をぼんやりと眺めながら微笑んでいる。

「さんまちゃ〜ん、さんまはどこかなぁ〜？　あっ、マグロやぁ〜、大きいマグロやなぁ〜……オシッコかけたろ」

「アカン！　兄さん！　怒られますって！」

「ほな、さんまちゃんにかけたろ」

「うわっ！　やめてください！」

さんまは市場内にある寿司屋で、小染が注文した脂がたっぷりと乗ったマグロを無理やり胃に流し込んだ後、勘定を済ませ、小染をタクシーに押し込み、帰宅した。

「ほんま、参りましたわ。三枝兄さんの説教よりもしんどかったですわ」

その日の昼間、さんまは前夜の事の顚末を、うめだ花月の楽屋でおもしろおかしく報告していた。そこへ、寝ぼけ眼の小染が入ってくる。

「おはようさん。えらい賑やかやなぁ」

「あっ、兄さん、おはようございます。昨日はありがとうございました。今ちょうど、昨日の兄さんの話をしてたとこなんですよ」

さんまは笑いながら言った。

「あぁ、そう……昨日のことあんまり覚えてないねん。また何かした？」

小染は、頭をボリボリかきながら、愛嬌のある笑顔を見せた。

「えっ？　全部忘れましたん？」

「……『ホワイト』までは覚えてんねんけどなぁ」

「『ホワイト』まで？　民謡酒場と、中央市場は？」

「知らん」

楽屋中に笑いが満ち溢れた。

さんま「僕がミスしてないときでも、僕が怒られてたんですよ。何回も。小染兄さんとか八方兄さんがミスしてんのに、〝さんま！　ちょっと来い！〟言うて」
三枝「あれはねぇ、やっぱり小染さんは、僕より年は下やったけども、この世界に入ったんが早かったんですよ。まあ、言うたら芸能界の先輩やから、怒りにくいから」
さんま「（笑）」
三枝「君しか怒れる者がいなかったんよ。ほいで、君に怒っといたら、みんなも気づいてくれるやろうと」
さんま「はい（笑）、もうその通りでした。小染兄さんが大失敗して、僕が怒られて、小染兄さんが、〝さんま、悪いなぁ〟言うて、その夜、市中引き回しの刑に遭うたんですよ」
三枝「（笑）」
さんま「もう、飲めない酒を、〝飲め！　飲め！〟言われて」（『さんまのまんま』２０１２年３月24日）

さんま「小染さんなんか11時ぐらいにへべレケやったもんな。それからは何言うてはるかわかれへんし。夜中の3時ぐらいになったら、〝松之助師匠のとこに電話せぇ〟とか言われるんですよ。〝いや、もう3時ですから……〟〝電話せえ言うたら電話せえ！〟〝勘弁してください、うちの師匠寝てますから〟。

ほんで、〝電話入れましょう〜〟言うて、自分でかけはるんですよ。すぐに代わって、〝師匠、こんな時間にかけてすいません！〟言うて。まあまあ、小染兄さんの酒癖のことはうちの師匠も知ってはるから、〝辛抱せえよ〟とか言われて。〝行こかぁ、今から師匠の家〟〝それだけは勘弁してください〟とか、そんなんでしたからねぇ。そんな思い出もええ思い出やから、迷惑かけて

あげることも優しさとかねぇ、思うときがありますねぇ」（『MBSヤングタウン』2010年5月8日）

毎週火曜日に行われる『ヤングおー！おー！』の収録は、さんまに大きなストレスを与えていた。その張りつめた心をほぐしてくれたのは、いつも花月の楽屋だった。

花月の楽屋では、売れている者、売れていない者、羽振りの良い者、酒、ギャンブルに溺れ、借金で首が回らない者、様々な事情を抱えた芸人たちが入り乱れ、いつも大きな笑い声が響いていた。持ち前の明るさで、誰彼構わず、懐に飛び込んでしゃべりまくるさんまは、楽屋に集う癖の強い芸人たちや、楽屋の世話係として働くお茶子たちにとても可愛がられていた。

劇場の出番が終わると、吉本新喜劇のメンバーと麻雀卓を囲み、楽屋のムードメーカーである月亭八方の楽屋話に耳を傾け、皆で話題を膨らませていく。芸談から猥談、昔話に内輪話、あることないこと引っ切り無しに雑談が繰り広げられていた。

「あんたらいつまで遊んでんの！　掃除の邪魔や！　さっさと帰って！」ホウキを持ったお茶子の怒鳴り声が上がると、芸人たちは速やかに夜の街へと消えていく。

さんまは、のりお、ナンバ四郎、竜介らに連れられ、ミナミにある行きつけのディスコ「葡萄屋」へと繰り出すと、そこで出会った女の子たちと朝方までしゃべり倒し、難波のラブホテル街にある「ふくや」という安宿に泊まり、翌朝、そこから花月へ向かう。

来る日も来る日も、漫談のネタや、三枝から出された課題を考えながら仕事をこなし、それ以外の時間は、花月で先輩たちの舞台を見学し、仲間たちと談笑していた。

「さんまちゃん、テレビに出だして天狗になっとんちゃうか？」先輩芸人の中田ボタンが冗談交じりに言った。

「はい、ならしてもうてます」さんまが悪びれずに笑って言い返すと、楽屋がどっと沸いた。

「それはおもろい！　そんな返しをした奴は初めてや！」

「はい、ならしてもうてます」は、たちまち楽屋の流行ギャグとなった。刺激に満ちていて、なおかつ、リラックスできる花月の楽屋が、さんまは大好きだった。


さんま「〝天狗になっとんちゃうか？〟って言われて、俺が〝ならしていただいてます〟って言うたのが、楽屋で一時期、流行ってね。ボタン兄さんとか八方兄やんとかが、合言葉のように、〝さんま、お前、天狗になっとんちゃうか？〟〝ならしてもらってます〟〝おもろいなぁ〜〟言うて。それが流行って。

ほんで、ボタン兄さんが、三枝さんに、〝天狗になっとんちゃうかって言ってみなはれ〟言うて。ほんだら三枝兄さんが、〝さんま、天狗になっとんちゃうか？〟って言わはって。俺はいつものギャグやがな、〝ならしていただいてます〟って言うたら、〝なってどうすんねん！〟言うて。〝そこへ座れ！〟言うて。

〝誰のおかげやと思てんねん！　みんなの力やろ！　それをなんやねん！　ならしてもうてますとは！〟〝はい……〟言うて。ボタン兄さんは知らん顔して楽屋から出て行くわけよ。〝アンタが振ったんや！　アンタが〜〟いうやつでね。〝どう思てんねん！　みんな先輩が、お前のことを可愛がってくれたからやろ！〟〝はい〟言うて（笑）。えらい怒られて。

そのあと小染さんが入ってきて、〝気にしなやぁ〜〟言うて。気にするっちゅうねん！」（『明石家さんまのＧ１グルーパー』１９９７年８月11日）

【コラム4】ピン芸人としての覚悟

兄弟子の小禄さんとの形態模写漫才が人気を博し、花月劇場の出演やテレビ番組への出演オファーが舞い込んでくるようになったさんまさんは、大きな決断を迫られます。

1977年2月、京都花月となんば花月への出演を果たして勢いに乗る「さんま・小禄」は、吉本興業の幹部から、正式に漫才コンビを組み、「アトム・スリム」というコンビ名で活動するよう要請されます。

そのためにレギュラー番組もいくつか用意するという好条件。花月の出番も確実に増え、顔の広い小禄さんと組めばギャラの高い直営業の仕事も入りやすくなる。生活に困窮していた21歳のさんまさんに選択の余地はなかったと思うのですが、さんまさんはきっぱりと断ります。「もうお前なんか売ったるか～！」と罵られても、「ピン芸人として売れたい！」という意志を貫いたのです。

当時の花月劇場の事前情報が掲載されていた情報誌「プレイガイドジャーナル」を確認したところ、「1977年3月のうめだ花月中席（11日～20日）」の欄には「さんま・小禄」と記載されていたのですが、うめだ花月の公式リストを見ると、さんまさんの名前が消去され、「明石家小禄」とだけ書かれてありました。さんまさんは予定されていたテレビの仕事もすべて白紙に。電気・ガスの料金が払えずに、すきま風が吹き込む暗い部屋で暮らす日々が続きます。

アトム・スリムの話を断ってから約半年後、『ヤングおー！おー！』に出演していた、「ザ・パンダ」という落語家ユニットを解散させ、そこにもうひとり、若手を入れて「ＳＯＳ」という新ユニットを作ることになりました。

当初は、さんまさんのことをいつも可愛がっていた先輩落語家の桂文也さんが入る予定だったのですが、初収録の３日前、事情により文也さんの出演がなくなります。そこで急遽、桂三枝さんの強い推薦により、さんまさんに声がかかりました。

さんまさんは世話になっていた文也さんに気を遣い、一度はこのオファーを断ります。収録３日前に『ヤングおー！おー！』という関西の人気番組からオファーを受け、それも重要なポジションでレギュラー入りすることに対し、少し動揺したのかもしれません。

最終的にさんまさんの背中を押したのは松之助師匠でした。

「出てくれ言われたもんは出たらええがな。文也のことは気にせんでええ。そんなもんプロの世界では当たり前のことやがな。テレビの世界を勉強してきたらええがな」

収録は９月下旬に名古屋で行われ、１９７７年10月２日にオンエアされました。ここからさんまさんの人生は好転していきます。自らの意志を貫き、勇気ある決断を下したことで、大きなチャンスを摑みとったのです。

同時期に、西川のりお・上方よしお、Ｂ＆Ｂ、ザ・ぼんちと共に「ビールス７」というコントユニットを結成することになります。ここで、後に訪れる漫才ブームで大活躍するメンバーと交流したことにより、さんまさんはさらに腕を磨き、ピン芸人として唯ひとり、漫才ブームにくらいついていくことになるのですが、それはまだ先の話。

【1977年の明石家さんま活動記録】

——1977年（21〜22歳）の花月の出演記録

■京都花月2月上席（1日〜10日）
出演：さんま・小禄、露乃新五、ザ・ダッシュ、岡田東洋・小菊、市川歌志・泰子、月亭八方、二葉由紀子・羽田たか志、ニューコメッツ、中山恵津子、中田ダイマル・ラケット、吉本新喜劇

■なんば花月2月下席（21日〜28日）
出演：さんま・小禄、桂文太、滝あきら、ザ・パンチャーズ、新谷のぼる・泉かおり、笑福亭松之助、日吉川秋水、中田ブラック・ホワイト、コメディNo.1、三人奴、松旭斎たけし、笑福亭仁鶴、吉本新喜劇

■京都花月6月下席（21日〜30日）
出演：西川のりお・上方よしお、林家染二、花園ベティ・江美領一、明石家さんま、翠みち代、市川歌志・泰子、吉本ひでき、坂本良、東洋朝日丸・日出丸、横山やすし・西川きよし、木川かえる、桂小文枝、吉本新喜劇

■うめだ花月7月上席（1日〜10日）
出演：西川のりお・上方よしお、ザ・ぼんち、明石家さんま、タキ進、ザ・パンチャーズ、桂きん枝、こづえ・みどり、東洋朝日丸・日出丸、桂小文枝、チャンバラトリオ、吉本新喜劇

■京都花月7月下席（21日〜31日）
出演：ザ・ぼんち、明石家さんま、明石家小禄、滝あきら、中山礼子・八多恵太、日吉川秋水、月亭八方、こづえ・みどり、ザ・パンチャーズ、露乃五郎、中田ダイマル・ラケット、横山やすし・西川きよし、吉本新喜劇

■うめだ花月8月中席（11日〜20日）
出演：明石家さんま、松旭斎たけし、桂きん枝、中山礼子・八多恵太、ザ・パンチャーズ、林家染二、こづえ・みどり、京極利則、鈴木和栄、桂三枝、オール阪神・巨人、Wヤング、吉本新喜劇

■なんば花月9月中席（11日〜20日）
出演：明石家さんま、明石家小禄、こづえ・みどり、ザ・ダッシュ、笑福亭松之助、林家小染、桂三枝、Wヤング、中田ダイマル・ラケット、コメディNo.1、吉本新喜劇

■京都花月9月下席（21日〜30日）
出演：明石家さんま、桂文太、今いくよ・くるよ、市川歌志・泰子、松旭斎たけし、林家小染、こづえ・みどり、二葉由紀子・羽田たか志、ザ・ダッシュ、桂きん枝、人生幸朗・生恵幸子、吉本新喜劇

■うめだ花月10月上席（1日〜10日）
出演：島田紳助・松本竜介、明石家さんま、ザ・ぼんち、ザ・パンチャーズ、翠みち代、桂きん枝、チャンバラトリオ、コメディNo.1、東洋朝日丸・日出丸、桂三枝、吉本新喜劇

■京都花月10月下席（21日～31日）
出演：B&B、明石家さんま、露乃新五、笑福亭松之助、トリオOHK、新谷のぼる・泉かおり、中山礼子・八多恵太、一陽斎蝶一、東洋朝日丸・日出丸、笑顔・やっこ・笑美子、桂三枝、吉本新喜劇

■うめだ花月11月上席（1日～10日）
出演：ビールス7（明石家さんま、西川のりお・上方よしお、B&B、ザ・ぼんち）、新谷のぼる・泉かおり、松旭斎たけし、桂きん枝、東洋朝日丸・日出丸、月亭可朝、チャンバラトリオ、吉本新喜劇

■京都花月12月上席（1日～10日）
出演：桂文太、森啓二・喜多洋司、花園ベティ・江美領一、ザ・ダッシュ、明石家さんま、木川かえる、松旭斎たけし、若井小づえ・みどり、桂きん枝、笑福亭松之助、人生幸朗・生恵幸子、吉本新喜劇

■うめだ花月12月中席（11日～20日）
出演：ビールス7（明石家さんま、西川のりお・上方よしお、B&B、ザ・ぼんち）、ザ・パンチャーズ、ニューコメッツ、二葉由紀子・羽田たか志、島田洋之介・今喜多代、チャンバラトリオ、月亭可朝、吉本新喜劇

――1977年（21～22歳）の主な舞台出演

□12月16日（金）『お笑いタイトルマッチ 落語vs.漫才』（うめだ花月19：30開演）

出演：西川のりお・上方よしお、島田紳助・松本竜介、明石家さんま、明石家小禄

Ⅵ. 刺激——1978年の明石家さんま

刺激的な日々

『ヤングおー！おー！』には、郷ひろみ、西城秀樹、野口五郎、沢田研二、ピンク・レディー、山口百恵といった、旬なアイドルたちがゲスト出演していた。SOSのメンバーがアイドルたちと番組で絡む機会は少なかったが、さんまにとって同世代のアイドルとの共演は大きな刺激となっていた。

1978年3月5日、解散コンサート「ファイナルカーニバル」（後楽園球場）を間近に控えた女性アイドルグループ、キャンディーズがゲスト出演。SABホールは多くのキャンディーズ・ファンで埋め尽くされ、「キャンディーズ・バイバイ・パーティー」と題されたスペシャルプログラムが組まれた。

「豪華なヒットメドレーがズラッと並びます。最後の最後まで華麗に大きく咲く三輪の花、ランちゃん、スーちゃん、ミキちゃん、キャンディーズに熱い声援と拍手を送ってください。オッケー！　キャンディーズ！　バイバイメドレー！」

司会進行の川村ひさしの掛け声と共に、キャンディーズは、「年下の男の子」「やさしい悪魔」「ハートのエースが出てこない」「あなたに夢中」「春一番」をメドレーで熱唱。エンディングでは感動的なセレモニーが行われ、さんまはSOSのメンバーらと共に、キャンディーズに花束を贈った。
収録が終わってからも、しばらくの間、キャンディーズへの惜しみない拍手は鳴り止むことはなかった。

●1978年3月5日（日）『ヤングおー！おー！』（毎日放送17：30〜18：30）出演：桂三枝、キャンディーズ、岩崎宏美、高田みづえ、SOS、西川のりお・上方よしお、島田紳助・松本竜介

1978年4月2日から、さんまはコメディドラマ『爆笑！ナンチャッテ横丁』（毎日放送）に、ブティックに居候する学生役でレギュラー出演。主演の伊東四朗、花紀京らから演技を学んだ。

さんま「そのころは、どんな仕事でもつねに新鮮やったからおもしろかったたし、何やっても初めてのことやったから楽しかった」（『ビッグな気分』）

さんま「ほんとにお世話になりまして」
伊東四朗「基本的にはまったく一緒ですね」
さんま「なんの進歩もないというやつですよねぇ」
伊東「いや、そういうことじゃなく、体型というか、顔つきというか」
さんま「体型はまったく変わってないですね」
伊東「かわいかったよねぇ」
さんま「いやいや、ほんとに（笑）」

伊東「俺はあの頃から、ずーっとかわいくないんだよぉ」
さんま「……ちょっとまあね、ひねくれた顔してらっしゃいますもんねぇ？」
伊東「……ひねくれてる？（苦笑）」
さんま「（笑）ちゃう、あの、そんなことないです。ほんとに変わってらっしゃらないですよ（笑）。伊東四朗さんを見ると、〝♪ツン・ツクツクツクツン〟って言ってしまうんですよ」
伊東「あぁ、そうなの？」
さんま「伊東さんみたいに、ああいう軽妙な出方をする人は、あの頃、関西芸人にはいなかったんですよ。いつまでも、ああいうのはやってほしいですよね。我々は〝まだ、このオッサンやってるわぁ〟っていうところを目指したいですよね」（『さんまのまんま』2008年5月30日）

藤田まこと「今日は、下の娘の絵美子が、昔、さんまさんと一緒に、番組やらしていただいてて、その絵美子がですねぇ、さんまさんにこれを（時計を渡す）」
さんま「あっ、そうですか！　娘さん、おいくつになられたんですか？」
藤田「えっ……年は言うなって言われてきたんです」
さんま「（笑）娘さんが小さい頃にねぇ、一緒にレギュラーやってたんですよ。いろいろね、面倒見てたんですよ、それなりに（笑）」
藤田「うちの子がまだ、小学校4年生ぐらいかなぁ」
さんま「伊東四朗さん主演のねぇ、『ナンチャッテ横丁』という番組で」（『さんまのまんま』1996年3月22日）

●1978年4月2日〜7月30日『爆笑！ナンチャッテ横丁』（毎日放送毎週日曜12：00〜12：45）
出演：伊東四朗、花紀京、茶川一郎、竜虎、橋幸夫、荒木由美子、原田絵美子、今喜多代、Wヤング、芦川よしみほか、第一回ゲスト：ちあきなおみ、江木俊夫

1978年4月19日、京都会館第一ホールにて、『オール阪神・巨人　大爆笑リサイタル』が開かれ、巨人の同期であるさんまが司会を務めることになった。この日、飛び入り出演したやしきたかじんと再会したさんまは、3年前に小禄との「二人落語会」で世話になったときの話をし、感謝の言葉を述べた。

巨人「三枝師匠がたかじんを連れて来たんですよ。普通の汚い格好でね、ギターぶら下げて。そのとき、ずーっとねぇ、たかじんは三枝さんの鞄持ちをやっとったんです。付き人みたいなん。まあ、嫌々やったと思うけどね、たぶんな（笑）。三枝師匠が、〝連れて来たから、ちょっと歌わさしたってくれや〟って。全然予定に入ってへんかってんけど、彼がギター弾いて歌ってくれたんですよ」（関西テレビ『追悼！やしきたかじん　追悼ってなめとんか！やしきたかじんを全部しゃべり倒したらぁ〜SP』2014年2月8日）

□1978年4月19日（水）『オール阪神・巨人　大爆笑リサイタル』（京都会館第一ホール18：30開演）
司会：明石家さんま、出演：オール阪神・巨人、横山やすし・西川きよし、Wヤング、コメディNo.1、桂三枝、やしきたかじん、間寛平、林家小染、月亭八方、桂きん枝

1978年7月、さんまは、毎日放送が制作する昼の連続ドラマに端役で出演する。タイトルは『母の償い』。複雑な親子関係に苦悩する母と娘がやがて深い絆で結ばれていく姿

を丹念に描いたドラマで、さんまの役どころは陽気な酒屋の配達員。

初めての本格ドラマ出演に際して、さんまは短く、些細なシーンの中で少しでも視聴者の印象に残るよう、アドリブを取り入れた。車中のシーンでは、台本にない歌を口ずさんだり、配達先で注文をとるシーンでは、会話中にノリツッコミをしたり、インクがなくなりかけたボールペンでメモ書きをするという設定を加え、ボールペンの先をなめて書き、それでもうまく書けずに再びペン先をなめ、舌についたインクを苦い顔でペッと吐き出す演技を入れた。

休憩時間にも笑いを取り、懸命に現場を和ませようとするさんまに好感を抱いた出演者やスタッフたちは、さんまのアドリブを歓迎。さわやかで明るい好青年・西野を最後まで演じ切り、役目を果たした。

中居「ドラマやってるときでも、なんかおもしろいことをしたがってたんですね」

さんま「あの頃はね、あの頃は特に。ちょっとしか出番ないからぁ、なんせ目立ちたいわけよ。芝居がどうのこうのちゃうのよ。なんせ印象を残したいという思いばかり」

中居「あれはアドリブみたいなことなんですか？」

さんま「アドリブみたいなことですよ。ノリですけどね、単なる。あれを考えて、ちょっとでも長く映りたい時代なんですよ。ドラマなんてめったに出れないですから。俺、この『母の償い』、タイトルの字が読めなかったんですから、『償い』を。これ、ほんまやねん。『母のともない』とか言うてましたからねぇ。

ほんでねぇ、僕はドラマに出たら、共演者と恋愛関係になると思いこんでる時代ですよ。奈良の田舎者やから。ドラマで共演した役者さん同士が私生活でも結ばれていくのを見てたから、俺、お手伝いさん役の女性（原須磨子）と絶対結ばれると思ってましたもん」（ＴＢＳ『中居正広のテレビ50年　名番組だョ！全員集合　笑った泣いた感動したあのシーンをもう一度　夢の総決算スペシャル』２００５年10月２日）

さんまは、ドラマの撮影期間中、共演者の吉沢京子にほのかな恋心を抱く。そのことを知った他の共演者たちは、「相手が女優だからといって遠慮することはない。勇気を出して告白すれば良い」と、さんまを応援し、ふたりの仲を取り持つが、結局、告白できないまま、撮影は終わった。

●１９７８年７月10日〜10月６日『母の償い』（毎日放送月曜〜金曜13：30〜13：45、全65回）
出演：岡田茉莉子、加茂さくら、吉沢京子、松本幸男、山本茂、原須磨子、明石家さんまほか

１９７８年９月13日〜15日、３夜連続で開かれた中田ダイマル・ラケットの独演会『中田ダイマル・ラケット爆笑三夜』を、超満員の会場の最後列に陣取り、鑑賞。さんまは、かつて「爆笑王」の異名をとった老熟の漫才師の姿を目に焼き付けた。

「さんまは、『人並み以上に努力しているのに、天才だと感じさせてしまうタレント』と言われる。だが、その勉強熱心さを周囲はちゃんと知っていた。放送作家の古川嘉一郎は、『笑の会』主催で『ダイラケ爆笑三夜』（昭和五十三年九月、大阪・心斎橋パルコ）を開いた時、『会場の後ろでじーっと聴いているさんまの姿が印象的だった』と言い、佐敷（引用者註：吉本興業の社員）も、『新人のころから、お笑いに限らず、他人の芸をよく観察していた』と証言している」（読売新聞

大阪本社文化部編『上方放送お笑い史』読売新聞社、1999年）

□1978年9月13日（水）～15日（金）『中田ダイマル・ラケット爆笑三夜』（心斎橋パルコスタジオ18：30開演）
出演：中田ダイマル・ラケット、横山やすし・西川きよし、中田カウス・ボタン、Wヤング

『MBSヤングタウン』

1978年10月、三枝は、自身がメインパーソナリティを務める毎日放送のラジオ番組『MBSヤングタウン土曜日』にさんまを推薦する。

『MBSヤングタウン』は、1967年10月2日に放送を開始した、月曜日から土曜日に放送される帯番組（開始時のタイトルは『歌え！MBSヤングタウン』）。さんまがいつの日か出演したいと願っていた番組のひとつだった。1977年には、谷村新司がメインパーソナリティを務める『MBSヤングタウン水曜日』が、関西のラジオ番組の中で聴取率のトップに輝くなど、隆盛を極め、関西の深夜ラジオを席巻する人気番組となった。

さんまが出演することになった土曜日は、生放送である他の曜日と違い、素人参加型の公開録音。収録は、大阪府吹田市千里丘にある毎日放送本社の第一スタジオで行われた。番組のサブパーソナリティを務めるのは、『ヤングおー！おー！』で共演中の月亭八方。土曜日のメインコーナー「ヤンタン歌謡選手権」で審査委員長を務めるのは、小禄との二人落語会で世話になった縁のあるやしきたかじん。

さんまは早々に番組に溶け込み、土曜日の人気コーナー「サニー&チャッピーの恋のとりもち

コーナー」のアシスタントを担当する。

三枝「本日の、恋のとりもちコーナーは、智子ちゃんの登場です！　では早速、智子ちゃんの意中の男性を呼び出してみましょう」

さんま「もしもし、こちらヤンタンですが、今日はあなたのことを想い続けてる女性がスタジオに来てくれてます。話だけでも聞いたってほしいねんけど……」

さんまは毎週、コーナー参加者の意中の相手にスタジオから電話をかけ、司会の三枝と共に、恋を実らせようと懸命に話しかけた。

さんま『ヤングタウン』。これはもう、三枝兄さんの推薦で入れていただいて、僕と三枝兄さんで、恋のとりもちコーナーをやっていて。その前に、漫談をやらしていただいて、〝いやぁ、京子ちゃん、パンツはいてないの？〟〝なんでわかるの？〟〝スカートはいてないもん〟っていうネタをやったところ、〝なんのこっちゃわかれへんわ〟と言われ、怒られて。〝あぁ、『ヤングタウン』のレギュラーになれないか〟と思ったら、その次の週からレギュラーにならしていただいて、すごい反響で。ファンの人たちがいつも来てくれてたんです」（『復活！桂三枝の歌え！MBSヤングタウン』2012年7月14日）

さんま「三枝さんが、大ナベさん（プロデューサー・渡邊一雄）に、〝さんまっていう若いええのがおるから入れたってくれ〟言うてね」（『MBSヤングタウン』2007年6月2日）

三枝「その頃、私は『サニー』っていう愛称で、さんまちゃんにも、〝君もなんか愛称つけぇ〟言うて、『チャッピー』とつけたんですよ」（『痛快！明石家電視台』２００３年12月８日）

さんま「三枝兄さんに〝チャッピー、ちょっと電話かわって〟とか言われて、俺が電話出たりしてね。終わってから毎週怒られてたんですけどね。〝余計なことばっかり言うな！〟言うて。〝なんで毎週こんなに怒られるのに俺は来てんねやろう〟と思いながら」（『MBSヤングタウン』２００８年3月29日）

「サニー&チャッピーの恋のとりもちコーナー」は、一般の高校生を相手にすることが多く、その反応は読みづらい。さんまには、そういう状況の中でコーナーをおもしろく展開することが要求された。各コーナーの合間には、スタジオに集まった１５０人ほどの若者に積極的に話しかけ、場を盛り上げなければならない。毎回が真剣勝負だった。


渡邊一雄「ヤンタン本番中の彼は、来た時から他の新人とは『目』が違っていた。

　野獣の目というか、今にも襲いかかりそうな目で、さんまちゃんはマイクを向けた相手に迫ってくるのだった。（中略）その時のさんまちゃんの目をぼくは今も忘れることができない。

　それは遠くにいるディレクターや三枝くんには見えなかったかも知れないが、ぼくやフロア・ディレクターにははっきりと見えた。（中略）ああ見えながら、ここまで誠心誠意、仕事に集中してるのだとぼくは驚いた」（渡邊一雄『ヤンタンの時代。』角川書店、２００５年）

池田治郎（『ヤンタン』ディレクター）「さんまさんは本番中とそうでない時はまったく目が違うんです。本番中は目がぜんぜん笑っていないんです。言葉は悪いですが、野獣のような目で相手をにらみつけていて、すごいやつがいるものだとぼくは思いました」（同右）

渡邊「向こう気の強いやつやなあ、というのが第一印象。でも、こいつは伸びるというオーラみたいなものを感じさせた」（『上方放送お笑い史』）

松之助「杉本がラジオのレギュラー番組に使ってもらって三カ月ほど経った頃です。杉本がわたしの所へ来て、『ラジオで年齢の低い者の相手をするのは疲れます、やめたいと思うのですが』といいますから、わたしは『レギュラー番組を持つということは中々のことやないねんで、それを止めてどうするねん。落語は流行ってないしこれからも流行ることはない。好き好んで何にもならんことをするより、仕事を自分に適した仕事にするのが肝心や』」（『楽悟家 松ちゃん『年令(とし)なし記』』２００６年10月５日）

１９７８年10月14日から始まった、西川きよしが司会を務めるテレビ番組『きよしのでたとこ勝負！』（読売テレビ）に、さんまはレギュラー出演することになった。

『きよしのでたとこ勝負！』は、きよしと視聴者から募集した子供が対談する「チャプチャプ対談」、坂田利夫（コメディNo.１）と、視聴者から募集した女性がお見合いをする「坂田利夫の嫁さがし」など、和やかなコーナーが行われ、さんまは補佐役として坂田の見合いを盛り立てた。

●1978年10月14日〜1980年3月29日『きよしのでたとこ勝負!』(読売テレビ毎週土曜12:00〜13:00)
出演:西川きよし、コメディNo.1、鮎川いづみ、明石家さんまほか

1978年10月、ラジオ番組『ふれあい広場決定版』(MBSラジオ)にレギュラー出演。収録は、ダイエー京橋店など、大阪府内のスーパーマーケットから公開で行われた。毎週、歌手やタレントをゲストに招き、さんまは司会進行を務めた。

●1978年10月15日〜『ふれあい広場決定版』(MBSラジオ毎週日曜9:30〜10:00)

レギュラー番組が徐々に増え、少し生活にゆとりが生まれた頃、さんまは転居を決意する。引っ越しの朝、荷物をすべて運び出した後、「初めて飛行機に乗った! 俺は大スターや!!」と書かれた張り紙を剝がし、さんまは3年間暮らした「タンポポ荘」こと、第一久寿川荘に別れを告げた。

新居は、大阪市福島区に建つ、立地の良いマンション「メガロコープ福島」。家賃は7万円。さんまは4畳半の部屋と6畳の部屋の仕切りをなくし、質の良い絨毯を敷き詰め、部屋の奥にはビールケースで作ったベッドではなく、本物のベッドを置いた。

再びの小林繁

1978年11月、日本プロ野球界は江川騒動で揺れていた。

ドラフト会議を翌日に控えた11月21日、巨人は江川卓（元法政大投手）と選手契約を結んだことを発表。江川は前年のドラフト会議でクラウンライターライオンズに指名されるも入団を拒否。1年間アメリカへ留学し、この日を迎えた。クラウンライターの交渉権が切れるのは11月20日。ドラフト会議は11月22日。野球協定の盲点をつき、その合間の11月21日、江川は巨人と選手契約を結んだのだ。

セントラル・リーグ事務局は、この契約を認めず、巨人の選手登録申請を却下。巨人はその決定を不服とし、ドラフト会議をボイコットする事態に。翌日行われたドラフト会議では4球団が江川を指名し、抽選の結果、阪神タイガースが交渉権を獲得した。江川サイドは巨人との契約の正当性を主張し、阪神との交渉は進展せず。

同年12月27日、巨人は江川との契約を白紙に戻し、交換トレードでの解決を模索するが、阪神は態度を保留。年が明けた1月31日、巨人と阪神がコミッショナーの強い要望に従う形で、阪神が江川と入団契約を交わし、すぐさま、江川と巨人の選手との交換トレードが成立する。

交換要員として選ばれたのは、巨人のエース、小林繁だった。

小林は、巨人のキャンプ地である宮崎に向かうため、羽田空港に到着したところで、球団関係者からトレードの話を聞かされる。不意に騒動に巻き込まれてしまった小林だったが、阪神入団会見の席で、爽やかにこう言い放った。

「みんな同情してくれるかもしれないが、僕は同情なんてされたくありません。江川君の犠牲で阪神に行くわけじゃない。阪神が戦力として欲しいと言ってくれたからです。僕は今でも巨人が好きだし、阪神も好き。何より野球が大好きです。阪神に行ってからの僕を見てほしい。江川君も大変だと思いますが、これから巨人の一員として頑張ってほしい」

この瞬間、小林はプロ野球界のヒーローとなった。

この一連の騒動を興味深く追いかけていたさんまに、「小林の形態模写」の依頼が殺到する。

さんまは、レギュラー番組や花月の舞台、余興などで、何度も何度も「小林の形態模写」を披露した。それまでは、漫談のネタのひとつに過ぎなかった「小林の形態模写」は、時代を象徴するギャグとして独立し、一躍脚光を浴び始める。

阪神タイガースのユニフォームに身を包んださんまが小林の投法を忠実に再現した後、おどけた決めポーズをとると、観客は大笑いして喜んだ。キャンプからオープン戦の最終登板まで、小林の姿を追う連日の報道が、前年のペナントレースでダントツの最下位という屈辱を経験した阪神ファンの期待を、いやがうえにも膨らませていく。

さんまはこの大波に乗った。


さんま「それまでは、〝巨人の〟小林をやってたのよ。ほいで、あの騒動で、もういっぺん小林をやってくれという声が多くなったのよ。ほいで、掛布と小林やっててんけど。あれはもう、俺が形態模写やめたあとのふたつなのよ。だから俺、イヤイヤやってたの。巨人時代の小林は、〝やるぞ！〟っていう気持ちでやってた形態模写」（『ＭＢＳヤングタウン』１９９４年11月19日）

西川のりお「プロ野球の小林繁の形態模写して、

『さんま〜、さんま〜』

て女の子にさわがれるようになったんです。オレだって『オーメン!!』で人気あったんや。それがなんや、小林の物マネでウケるんなら、オレもやったるわい、と思ったけどもいかんもんやね。小林繁は『無念のトレード』で時の人やったしな。あいつ、ごっつう似とるやろ、まして、関西の番組や、客にウケるの決まっとる。人気爆発や」（『ジョーダンはよせ』）

「さんま&大阪スペシャル」

西川のりお・上方よしお、ザ・ぼんち、そして、めきめきと頭角を現してきた紳助・竜介の3組が新たに『ヤングおー！おー！』のレギュラー出演者として加わった。このメンバーは「チンチラチン」と名付けられ、SOSの対抗グループとして番組を盛り上げていく。

さんまは、売れない頃から励まし合ってきた仲間たちと『ヤングおー！おー！』のレギュラーメンバーとして共演できることを心から喜んだ。

三枝「かつてこの番組でザ・パンダという若手落語家のユニットを作ったことから彼らがブレークしたという前例がありましたので、その漫才師版の『チンチラチン』というグループを作ってみたらどうかと考えたんです」（桂三枝『桂三枝という生き方』ぴあ、2005年）

紳助「燃えるような思いがあったよな。ライバル意識もあったし。〝負けへんど〟っていう。ほんで、友達でいたいからがんばろうって。一緒に酒飲んだりメシ食いたいから」（『漫才やって20年阪神・巨人！爆笑バラエティー』1995年7月23日）

さんま「お前、よう客と喧嘩してたな？　覚えてるやろ？　デビュー当時。客とよう喧嘩したやないかい。ちょっと言われたら、〝やめたらあ！　こんな舞台！〟って。それが終わって、俺はお前になんて言うた？〝紳助、売れてからや。売れる前は我慢しょう〟って、なぐさめたん俺とちがうんかい」
紳助「俺かて、なぐさめたやないか。お前が三枝さんにケツ蹴られるたんび」
さんま「なんて？」
紳助「〝我慢せえ〟言うて。〝三枝の時代もすぐ終わる〟て。全然終わりやがれへんねん（笑）」
さんま「（笑）」
紳助「アホらしなってきたわ。こないだ家見に行ったら、デカイデカイ」（『さんまのまんま』1986年6月16日）

SOSとチンチラチンのコーナーは人気を呼び、番組の厚みが一層増していく。SOSは当初、「サニーと大阪スペシャル（後に「サニーズ大阪スペシャル」）」の略称だったが、さんまがレギュラー入りしてから1年が過ぎ、小林繁の形態模写効果で人気が急上昇したところ、さんまがレギュラー「さんま&大阪スペシャル」と改められ、さんまが新生SOSのコーナーの司会を任されることになった。
しかし、さんまは素直に喜べなかった。先輩たちを差し置いてグループのリーダー的なポジションについたことがプレッシャーとなり、司会進行がどうしても遠慮がちになってしまう。

それを察した文珍は、あえてさんまに対し妬み深い先輩キャラを演じ、接した。

さんま「はい、えぇ、今日も、SOSのコーナー、頑張っていきたいと思います」
文珍「さんま君、今日もあんたが司会？」

さんま「はい、よろしくお願いします」
文珍「フン！　偉なったんやねっ！」
これが観客に大ウケし、コーナー恒例のギャグとなった。

さんま「最初が良かったんですよ。『ヤングおー！おー！』が。先輩とばっかりだったでしょ。あれはねぇ、やっぱりええ勉強になって、遠慮しながら」
文珍「してない（笑）」
さんま「いや、文珍兄さん、僕は遠慮してたんですから！」
文珍「全然してないわぁ。俺はトランポリンでけへんから横で見てたら、さんま君、楽しそうに跳んでたで」
さんま「（笑）」
文珍「俺はこんなんでけへんわ思てたら、さんちゃんは嬉しそうにトランポリン跳んでた」
さんま「（笑）ほいでね、三枝兄はんが総合司会をやって、SOSのコーナーが、『さんま&大阪スペシャル』っていうコーナーに変わったときに、僕が一応、司会だったんですよ。そのときの文珍兄やんのギャグですよ」
文珍「（笑）」
さんま「初っ端、こっちは先輩に対して失礼や、申し訳ないと思いつつ司会やってるときにね、23歳ですよ。大先輩を横に置いて、司会をやらしていただいて申し訳ないと思ってんのに、〝えっ？　今日あんたが司会？〟って言うんですよ。〝はい〟って言うたら、そのあと、ギャグなんですけども、〝フン！　偉なったんやねっ！〟って言わはるんですよ。そのギャグが流行ってしまったんですよ。でもねぇ、言われる僕は辛いんですよ」

文珍「そのときは、そういう風にやらんと、さんま君がね、辛いやろうと思て、いっそそれを出した方が、かえって彼はやりやすいはずやっていうね」

さんま「それがねぇ、やっぱり30過ぎてからわかるんですよ。文珍兄さんのやさしさというのは」（『さんまのまんま』１９９５年12月８日）

さんま「あれはねぇ、きついギャグでした。毎週イヤでした。早く、このギャグのブームが去ればいいと思ってました」（『ＭＢＳヤングタウン』１９９６年3月30日）

【コラム5】 桂三枝の指導

1978年は、さんまさんにとって学びの多い年でした。

歌舞伎や、宝塚の舞台、中田ダイマル・ラケットの独演会など、数多くの舞台に足を運び、演芸のエキスを吸収。初のドラマ出演となった『母の償い』ではドラマ作りのノウハウを、『きよしのでたとこ勝負!』では、『ヤングおー!おー!』とは真逆のゆったりとした番組作りを学び、『ふれあい広場決定版』では初の単独司会を経験。とても有意義な時間を過ごします。暗い思い出ばかりの「タンポポ荘」から大阪市福島区のマンションに転居し、暮らしにもゆとりが生まれ、テレビを見る時間も増えました。

この年は、まだ雑誌の取材もほとんど受けていない時期であるため、さんまさんに関する資料が乏しく、情報収集に苦労した思い出があります。

僕が入手した一番古い雑誌の記事は、「週刊明星」の1979年1月14日号。そこには、どこかの横断歩道で大きく飛び跳ね、現在のさんまさんの代名詞ともなっている〝パーデンネンポーズ〟をとるさんまさんの写真が掲載され、記事には「子供の頃から寄席好きで、5年前に笑福亭松之助に弟子入り。関西では人気急上昇中で、女の子にも大モテ。人を笑わせることに生きがいを感じ、〝ミュージカルをやりたい、大原麗子とドラマを撮りたい〟等々、人が聞いたら吹き出しそうな話を本気で考えている。八方破れこそ彼の真骨頂。〝死んだら新聞の一面に出る芸人になるぞ〟」とあります。時々読み返したくなるような、初々しく微笑ましい記事です。

1978年のさんまさんのテレビ出演情報を得るためには、何度も図書館へ通い、図書館員から借りたマイクロフィルムを専用の機械にセットし、大阪版の新聞のラテ欄を、「さんま」の文字を探しながら見ていく必要があります。しかし、レギュラー番組である『ヤングおー！おー！』の欄でさえも、郷ひろみ、西城秀樹、山口百恵、ピンク・レディー……と、当時のアイドルの名が躍るばかりで、「さんま」の文字はひとつもなし。1月から11月まで成果はなく、12月17日に放送された『テレビに釘づけ』（読売テレビ）という番組の欄に「さんま」の文字を見つけたときは思わず大声を上げてしまいました。結局、『テレビに釘づけ』だけが、唯一の収穫だったのです。70年代のさんまさんの情報を得るのは非常に困難であることを思い知らされた体験でした。

この当時、誰からも好かれていたさんまさんは、先輩に叱られることがあまりなかったようですが、「ピン芸人を育てたい」という思いを強く持っていた桂三枝さんからは厳しく鍛えあげられます。さんまさんは、『ヤングおー！おー！』の収録がある火曜日が近づくと憂鬱になり、月曜日の夜には交際していた女性の家へ行き、気を紛らわせていました。

当時のさんまさんは空気を読まず、流れを無視して、自分ひとりだけが笑いをとろうとする傾向があり、三枝さんは、そういった自分勝手なギャグや、チームワークによって生まれる笑いを乱すようなアドリブを決して許すことはありませんでした。それでもさんまさんは、観客にウケているにもかかわらず、三枝さんから叱られることに納得できず、同じことを繰り返すばかり。そのたびに、三枝さんに叱られていました。

しかしさんまさんは、本番中に致命的なミスを犯し、舞台袖で怒鳴られたりしても、気落ちすることはなく、客席から声援が聞こえた瞬間、すぐに舞台に戻って笑顔をふりまいていたそうで、『ヤングおー！おー！』で共演されていた桂文珍さんは、「この子は、ほんとに肝っ玉が据わってるな」と感心されたそうです。

松之助師匠の言うこと以外、誰からの意見も聞き入れることはなかったさんまさんでしたが、収録のとき以外でも、地方の市民会館への移動の途中や花月の楽屋などで、大喜利のお題を出しアドバイスを送るなど、三枝さんの粘り強い指導は続きました。三枝イズムを徐々に吸収していったさんまさんは、三枝さんからの信頼を勝ち取り、憧れの番組のひとつであった『ＭＢＳヤングタウン』のレギュラーの座についたのです。

そして江川騒動を契機に、さんまさんの知名度は急上昇。人生で一番忙しい日々を迎えることになるのですが、そのときに、三枝さんから叩き込まれ、吸収していった笑いの基本は、存分に生かされました。そのあたりのことは、次のお話になります。

【1978年の明石家さんま活動記録】

――1978年（22～23歳）の花月の出演記録

■うめだ花月1月上席（1日～10日）
出演：B&B、滝あきら、松旭斎たけし、明石家さんま、ザ・ぼんち、若井小づえ・みどり、京極利則、林家染二、東洋朝日丸・日出丸、桂文珍、月亭八方、桂三枝、コメディNo.1、吉本新喜劇

■うめだ花月2月上席（1日～10日）
出演：桂文太、ビールス7（明石家さんま、西川のりお・上方よしお、B&B、ザ・ぼんち）、二葉由紀子・羽田たか志、ザ・ローラーズ、木川かえる、露乃五郎、オール阪神・巨人、コメディNo.1、吉本新喜劇

■京都花月4月上席（1日～10日）
出演：トリオOHK、B&B、明石家さんま、松旭斎たけし、若井小づえ・みどり、中山礼子・八多恵太、笑福亭松之助、木川かえる、東洋朝日丸・日出丸、桂きん枝、島田洋之介・今喜多代、吉本新喜劇

■京都花月6月上席（1日～10日）
出演：西川のりお・上方よしお、桂文福、明石家さんま、桂三と九、桂サンQ、明石家小禄、笑福亭松之助、笑福亭仁鶴、松旭斎たけし、ザ・ダッシュ、桂きん枝、東洋朝日丸・日出丸、林家小染、コメディNo.1、吉本新喜劇

■なんば花月6月中席（11日～20日）
出演：島田紳助・松本竜介、クレイジースカンク、松旭斎たけし、新谷のぼる・泉かおり、ビールス7（明石家さんま、西川のりお・上方よしお、B&B、ザ・ぼんち）、桂きん枝、林家小染、チャンバラトリオ、コメディNo.1、吉本新喜劇
※ビールス7は、『NHKのど自慢』、ザ・ドリフターズの『8時だョ！全員集合』のパロディコントを演じる。

■うめだ花月7月上席（1日～10日）
出演：木川かえる、平和勝一・勝三、桂文珍、林家染二、桂文福、明石家さんま、翠みち代、Wヤング、中田カウス・ボタン、月亭八方、笑福亭仁鶴、吉本新喜劇

■京都花月8月上席（1日～10日）
出演：島田紳助・松本竜介、明石家さんま、ザ・ダッシュ、松旭斎たけし、若井小づえ・みどり、中山礼子・八多恵太、ザ・ローラーズ、東洋朝日丸・日出丸、露乃五郎、チャンバラトリオ、吉本新喜劇

■うめだ花月9月中席（11日～20日）
出演：滝シード、月亭八方、明石家さんま、桂文福、横山アラン・ドロン、若井小づえ・みどり、桂文珍、中山礼子・八多恵太、オール阪神・巨人、桂三枝、吉本新喜劇

■なんば花月9月下席（21日～30日）
出演：晴乃ダイナ、クレイジースカンク、滝あきら、花園ベティ・江美領一、ビールス7（明石家さんま、西川のりお・上方よしお、B&B、ザ・ぼんち）、日吉川秋水、月亭八方、三人

奴、コメディNo.1、吉本新喜劇

■京都花月11月上席（1日〜10日）
出演：笑福亭仁扇、島田紳助・松本竜介、芙蓉愛花、明石家さんま、今いくよ・くるよ、花園ベティ・江美領一、新谷のぼる・泉かおり、七福山楽笑、オール阪神・巨人、月亭八方、チャンバラトリオ、吉本新喜劇

■なんば花月11月中席（11日〜20日）
出演：晴乃ダイナ、桂三と九、ザ・ローラーズ、B&B、明石家さんま、椿秀春、オール阪神・巨人、月亭八方、林家小染、笑福亭松之助、Wヤング、吉本新喜劇

■うめだ花月12月下席（21日〜30日）
出演：島田紳助・松本竜介、明石家さんま、ザ・ダッシュ、今いくよ・くるよ、笑福亭松之助、ザ・ぼんち、松旭斎天正・小天正、新・爆笑軍団、日吉川秋水、二葉由紀子・羽田たか志、桂文珍、Wヤング、吉本新喜劇「ドラフト人生」

――1978年（22〜23歳）の主な舞台出演

□6月11日（日）『染二の会』（料亭「暫」畳屋町14：00開演）
出演：明石家さんま、林家市染、笑福亭鶴三、林家染二

――1978年（22〜23歳）の主な出演番組

●4月8日（土）『土曜演芸館』（毎日放送12：00〜12：55）
出演：オール阪神・巨人、中田ダイマル・ラケット、桂朝丸、笑福亭鶴光、吾妻ひな子、明石家さんま

●12月17日（日）『テレビに釘づけ』（読売テレビ12：15〜13：15）
出演：あのねのね、由紀さおり、金井夕子、明石家さんま、桂文珍、笑福亭鶴瓶

――1978年（22〜23歳）の主なCM出演

○菓子「味の集」（ぼんち株式会社）

Ⅶ. 進撃——1979年の明石家さんま

初の冠番組と単独ライブ

1979年1月1日、元日恒例のフジテレビの演芸番組『第12回初詣！爆笑ヒットパレード』が放送された。さんまはこの番組の司会を務める三枝の推薦で出演する機会を得る。

三枝と小染が主演を務める朝日放送のコメディドラマ『花の駐在さん』にも三枝の推薦を受け、町医者の役で出演することになった。

さんま「三枝兄さんは、一番私が世話になってる人ですから。初めて東京に連れて行っていただいたのも三枝兄さんですから。フジテレビのスタッフに真っ先に紹介してくれたのも。それが僕が23のときですから。〝大阪におもろい奴がおる〟言うて、連れて行ってもうて、『パッパ出ましょ』いうゲームをやってたんですよ」（『痛快！明石家電視台』2003年12月8日）

さんま「吉本って、大きなタレントが上にいてくれるから、三枝さんを出すっていうたら、さんまもつけてくれとか。そうして、みんなチャンスを生かしていける。チャンスはいっぱいあったわけよ。バーターいうやつ。だから、大きい事務所に入るって利点はあんのよ」（『MBSヤングタウン』1995年12月23日）

1979年2月、さんまは、横山やすし・西川きよしが司会を務める毎日放送のテレビ番組『モーレツ!!しごき教室』に出演する。収録はうめだ花月で行われ、『ヤングおー!おー!』で人気者となっていたさんまと紳助・竜介を目当てに女性ファンが殺到。収録が終わると、客席から大量のバレンタインチョコレートが舞台へと投げ込まれた。

浅香あき恵「『モーレツ!!しごき教室』という番組がございまして、そのときに、さんまさんとか、紳助・竜介さんが出てたんですよ。収録のとき、まあ、バレンタインのチョコレートが宙を舞う、宙を舞う。お客さんが舞台に向かってチョコレートを投げまくる。それを私は終わってから拾い集めました」（『今夜で最後！サヨナラうめだ花月SP』2008年10月31日）

1979年4月8日、さんまがメインパーソナリティを務めるラジオ番組『ミスターさんまタイム』（MBSラジオ）が始まった。放送時間は日曜日の早朝。さんまにとって初めての冠番組となったこの番組を、さんまは多忙を極めるまでの間、1年間継続させた。

●1979年4月8日～1980年3月30日『ミスターさんまタイム』（MBSラジオ毎週日曜6：05～6：35）

1979年5月4日、なんば花月で初の単独ライブ『さんまDEサンバ』を開催する。このライブは「明石家さんま初のリサイタル！　アドベンチャー・コンサート」と銘打たれ、さんまとサンバの融合をテーマに、トークと歌とコントで構成された舞台。客席は若い女性ファンで埋めつくされた。

オープニングで、さんまがサンバ隊を従えて登場すると、悲鳴のような歓声がなんば花月を包んだ。さんまは応援にかけつけた紳助・竜介と共に、サンバのリズムに合わせ、口ずさむ。

「♪ドンドンパ～ン　♪ドンドンパ～ン　♪ウキウキウ～　♪ウキウキウ～」

3人は、ぎこちないサンバのステップを踏みながら、恥ずかしさのあまり、ゆっくりとマイクから遠ざかっていく。観客はその姿を見て大笑いした。サンバとは最後の最後まで融合できなかったが、さんまは紳助・竜介とのトーク、コント、稽古を積み重ねた歌と殺陣（たて）を披露し、初公演を成功させた（この模様は7月29日にサンテレビで放送された）。

しかし、公演の打ち上げの席では、さんまの表情は冴えなかった。自分がメインの舞台の演出は人任せにするものではない。いつか思う存分、自分の好きなように演出したいという思いが湧きあがるのを抑えきれずにいた。


さんま「サンバをなんとか盛り上げようということで。〝なんで俺がサンバと組まなアカンねん〟とか思いつつ。あの時は、〝はい、はい〟って事務所の言うこと聞いてる時でしたから。もう『さんまDEサンバ』、タイトル聞いただけでイヤやんか、なんか。

メンバー紹介みたいなとこがあるんですよ。紳竜が一緒やったんですけど、俺が、〝♪ウキウキウ～　♪ウキウキウ～〟とかいうのをやらされるんですよ。それが恥ずかしーて……竜介がドラムやったのよ。♪ドンドンパ～ン　♪ドンドンパ～ン　♪ウキウキウ～　♪ウキウキウ～とか言うて。

サンバってみな陽気やんか。〝カッコ悪い〟思て。みんなが騒いでる時は冷めようという考えのときでしたから、3人とも結構、冷めたトーンでやってましたね。サンバを陽気に踊るのがカッコ悪いと思ってた時代ですから、すっごい引いてましたね。それは覚えてます。はっきり覚えてます。

恥ずかしいいうもんやなかった。あれもう、たまに夢に出てくるイヤな思い出ですよ」

（『MBSヤングタウン』2005年1月8日）

●1979年7月29日（日）『アドベンチャー・コンサート「さんまでサンバ」』（サンテレビ22：00〜22：55）
出演：明石家さんま、島田紳助・松本竜介、段トリオ

さんまの人気は、花月の観客動員にも大きな影響を及ぼしていく。普段は年配客の多い花月の客席が、土日には10代の女性客で埋まり、「さんま〜！　さんま〜！」という黄色い声援が飛んだ。

さんまは人気者となってからも、花月の舞台はもちろんのこと、他の劇場の演芸や、映画、歌舞伎、宝塚歌劇を仕事の合間に鑑賞し、あらゆるジャンルの芸を吸収しようとしていた。そして「いつか、ロックコンサートに集まるような若い世代の人たちに笑ってもらえる笑いを作り出したい」という思いを強く抱くようになる。

1979年6月4日、さんまは、日本テレビの歌番組『NTV紅白歌のベストテン』に、紅組の応援団長としてゲスト出演し、憧れの堺正章との共演を果たした。

大場久美子「堺さん、紅組にねぇ、応援に来てくれた人がいるんです」
堺正章「大阪の若手人気ナンバー1、明石家さんまさんでーす！」

（引用者註：さんまが投げキッスをしながら登場すると、観客からの掛布コールに応え、持っていたハリセンをバットに見立て、阪神タイガースの掛布雅之のバッティングフォームを真似て会場を盛り上げた）

さんま「どうもどうも、わたくしはねぇ、今日は紅組のためにね、がんばっていきたいと思いますよ」

堺「この人が紅組の応援団長なの？」

大場「そうですよ」

堺「ほんとに大丈夫かね、マグロさん」

さんま「（ズッコケる）マグロやないんですよ、さんまや！」

堺「あー、すいません」

さんま「何をおっしゃるんですか、井上順さん」

堺「（ズッコケる）」

さんま「『ヤングおー！おー！』とかに出してもらって、ちょっと売れかけたときに、『紅白歌のベストテン』という番組を、大阪厚生年金かどっかでやることになって、〝今、大阪で人気がある人〟というので、俺がゲストに呼ばれたんですよ。

ほいで、プロデューサーから、〝さんまちゃんは前説をいっぱいやってきたんでしょ？〟とか言われて。俺は大阪で『前説王』と呼ばれてたんですよ。『爆笑三段跳び！』とかの前説をやったりしてたんですよ。

ほんで、〝見てあげてよ〟って言われて、前説を見てたんですよ。ほんだら、若者が降りてきて、〝どうでしたでしょうか？〟とか言うから、〝おもしろかったですよ～〟とか言うて話をしてて。内心、〝でも、こいつ、絶対売れよれへんな〞思たら、売れよったんですよ。それが小堺一機なんですよ。この年になって振り返ると、人の出会いってすごいって思うよ。なんか、あるんですよね、縁ってね」（『MBSヤングタウン』2004年9月11日）

さんま「ほんとに、堺さんには、デビュー当時の僕をよく可愛がっていただきまして」
堺正章「なにをおっしゃいますやら。もうねぇ、あなたもほんとに、ここまでいくとは思いませんでしたよ」
さんま「いつまでも追いつけない、後ろ姿」
堺「なにをおっしゃいますやら」
さんま「堺さんが、『紅白歌のベストテン』で関西に来られたときに、僕はゲストで行かしていただいてるんですよ。ほいで僕の名前、『さんま』っていうのを、『いわし（引用者註：実際の放送ではマグロ）』って間違えるというギャグを1時間やっていただいたんですよ。ほいで、僕は、ずっとコケてたという。

〝ちょっとちょっと、待ちなさい、いわし君〞とか言われて、ボテーンコケて、〝あの、すいません、さんまです〞とか言うてやってたんですから」（『さんまのまんまスペシャル』2003年10月1日）

●1979年6月4日（月）『NTV紅白歌のベストテン』（日本テレビ20：00〜20：54）「ピンク台風大阪上陸・スターの歯全公開」司会：堺正章、大場久美子、出演：明石家さんま、狩人、岩崎宏美、高田みづえ、ピンク・レディー、八代亜紀ほか

落語から距離を置く

1979年6月15日、さんまは、大阪難波髙島屋の7階にある髙島屋ホールで行われた落語会『第65回上方落語をきく会』に出演する。桂べかこ（後の桂南光）、笑福亭鶴光、桂朝丸（後の桂ざこば）、桂三枝、桂枝雀と、人気落語家が名を連ねる中、さんまは一番手として登場。久々の落語会で選んだ演目は、初舞台のときに演じた『播州めぐり』だった。

あいかわらず、マクラはよくウケた。テレビ出演などの近況を話し、小林繁の形態模写をさんまが演じると客は大爆笑。しかし本題に入ると、たちまち客の笑いは消えた。

舞台を降り、控室へ戻ってきたさんまは、「俺、今日で落語やめるわ」とつぶやいた。さんまの着替えを手伝っていた枝雀の弟子・桂雀司（後の四代目桂文我）が驚き、理由を尋ねると、「合わん！　俺は東京行ってタレントになる。落語は君らで頑張ってや」と言い放った。その言葉通り、翌月行われた落語会「千里繁昌亭」に出演後、さんまは落語から距離を置くようになる。

桂文我「その日はたしか、金曜日やったと思います。『飛べ飛べ若手の会』という、冠がかぶってたと思うんですね。

トップが、明石家さんまさんの『播州めぐり』でございました。私は昭和54年3月2日の入門でございますんで、まだ三月ぐらいしか経ってなかった。〝今日はあなたがついてきなさい〟っちゅうんで、私が師匠、枝雀の鞄を持って楽屋入りしました。

さんま兄さんは、私より5年ぐらい噺家の先輩やと思うんですね。マクラで、形態模写とかいろんなことやって、大ウケにウケてはったんです。で、落語になってからピタッと笑いが収まった……そら、気の毒なぐらいウケなんだんでございます。録音残ってると思いますけどね。それで、まあ、入りたてで、生意気ではございましたけど、〝ツライやろうなぁ〟と思いながら、見てた覚えがございます」（『朝日放送創立60周年記念ABCラジオ上方落語をきく会』ABCラジオ、2012年1月27日）

□1979年6月15日（金）『第65回上方落語をきく会』（髙島屋ホール18：00開演、ABCラジオ公開録音）
出演：明石家さんま、桂べかこ、笑福亭鶴光、桂朝丸、笑福亭鶴瓶（病欠）、桂三枝、桂枝雀

ヒートアップするさんま人気

1979年7月6日から始まった視聴者参加型公開バラエティ番組『ザ・ビックリショー』（関西テレビ）に、さんまはレギュラー出演することになった。『ザ・ビックリショー』は、毎回珍芸、奇芸をもつ一般人が出場し、チャンピオンがひとり選ばれ、6、7週に1回行われるチャンピオン大会に優勝すると、アメリカ・ラスベガス旅行がプレゼントされる。さんまは、おすぎとピーコらと共に、審査員として出演した。

さんま「10月頃からおすぎサンの申し出で交換日記を始めましてん。
お互いに1週間ずつ交代で書くんですけど、まあ中身の方は、たわいもない中学生の日記みたいなもんです。別に公開できんほど恥ずかしいことはないし、現にラジオで一部を紹介したりもしてるんです」（「週刊明星」1980年1月27日号）

●1979年7月6日～1980年3月30日『ザ・ビックリショー』（関西テレビ毎週金曜19：00～19：30、1979年10月から毎週日曜11：00～11：30）
出演：江木俊夫、おすぎとピーコ、明石家さんまほか

1979年夏、さんまの人気はさらに上昇していく。

劇場には、さんま目当ての若いファンが連日殺到。電車に乗ると瞬く間に女性ファンに囲まれ、駅から劇場まで追いかけ回されるため、乗れなくなった。

なんば花月では、楽屋で世話をしてくれる「お茶子」の狭間トクと古住タカエが、いつもさんまを出迎える。ふたりはそれぞれ「オクロ」「タヌキ」の愛称で芸人から親しまれ、飛ぶ鳥を落とす勢いのやすし・きよしでさえも頭が上がらないほどの存在感を示し、芸人たちを陰から献身的に支えていた。

トクは口は悪いが人情に厚く、さんまを我が子のように可愛がり、警護役も買って出た。さんまが楽屋入りする時間を見計らい、表に水をまき始める。さんまが現れ、ファンが近づこうとすると、「はいはい！　水かかるでぇ～！　どいてんかぁ～！」と、水をシャッシャッとまき散らす。トクはさんまのファンの間で「水かけばばぁ」と呼ばれ、恐れられた。

「おかん、いつもすまんなぁ。人気もんは辛いわぁ」

「へぇへぇ、スターさんは大変でおまんなぁ……。あらっ、あんた、その目ぇどうしたん？　真っ赤やがな」

さんまは、なんば花月に程近い映画館、南街（なんがい）劇場で、ボクサーの父とその子との絆を描いた映画『チャンプ』を観て感動し、涙を流してきたところだった。

「『チャンプ』観に行って泣いてもたんやぁ」

「……シャンプー目に入った？」

「……誰がそんなこと言うてんねん。映画や。『チャンプ』いう映画観て感動して泣いてんねん！　おかんと話してたら感動も冷めてまうわ」

「知らんがな。映画みたいなもん何年も観てへんさかい」

「そうか、今度連れてったるわ」

「はいはい、おおきに。それよりあんた、もうすぐ出番やで。いっつもギリギリに来てからに」

「おかん、冷コ（アイスコーヒー）言うとってなぁ」

「あいよ！　トーストは？」

「いらん」

「うしろ寝癖ついてんで！　ちゃんと整えときや！」

「はいよ！」

出番が終わり、先輩芸人たちとの麻雀を終えて、帰り支度を済ませると、さんまはいつもトクに声をかける。

「おかん！　帰るわ！」

「そうか、今日は表にぎょうさんおるさかい、裏から帰り」

出待ちのファンが多い日は、なんば花月の風呂場の窓から裏手に出て行くというのがいつものパターンだった。

「ショージ、先行くぞ」

「兄さん、待って！」

楽屋中に響き渡る甲高い声を発したのは、なんば花月の進行係を経て、漫談家の滝あきらの弟子となったばかりの村上ショージだった。

ショージは進行係をしていた頃に、さんまと紳助が共演したポケット・ミュージカルスを観て以来、ふたりの大ファンとなった。さんまとショージは、師匠同士が仲が良かったこともあり、すぐに意気投合。さんまは生活の貧しさを笑いにする、明るく元気なショージを可愛がっていた。

「ショージ！　おまえは堂々と表から出ぇ！　誰も追いかけてくるかぁ！」

トクが怒鳴った。

「ええやんか、今から兄さんとメシ食いに行くねんからぁ」

「お前は10年早い！　表からや！」

トクの大声は風呂場にいたさんまにもしっかりと聞こえた。

「ショージ！　ほな、また後でな！」

さんまは笑いながら風呂場の窓から外へ出た。

さんま「23、24のときなんか、タクシー代がもったいないからいうて電車で行ったら、女性に囲まれて大騒動になったりしてましたよ」（『ＭＢＳヤングタウン』２００７年４月28日）

間寛平「風呂場の窓から出入りしとってん。僕は借金取りから逃げるために。さんまちゃんは人気があったから」

さんま「（笑）」（『関西限定・特番！春はさんまからスペシャル』２０００年４月２日）

１９７９年８月21日、桂三枝率いる草野球チーム「サニーズ」のデビュー戦が行われた。サニーズのメンバーは、桂文珍、月亭八方、西川のりお、上方よしお、ザ・ぼんち（おさむ、まさと）、明石家さんま、島田紳助、松本竜介。『ヤングおー！おー！』のレギュラー陣で構成されている。さんまはこの試合で攻守にわたり貢献するが、そば店のチーム「家族亭」に、６－９の降雨コールド負けを喫した。

その後、吉本興業所属芸人らによる草野球チームがいくつも誕生し、運動神経の良いさんまは、歌手のラリー石井率いる「デュークス」、野球経験者が揃った強豪チーム「ビッグキラーズ」など、複数のチームに所属することになる。

さんま『サニーズ』いうて、三枝兄はんのチームに無理から入れられとってんけど。無理からやもん、正直に言うわ。だって、ピンクやで、ユニフォーム。パジャマみたいでやなぁ」（『関西限定・特番！春はさんまからスペシャル』２０００年４月２日）

さんま「帽子にカタカナで『サ』って書いてんねん。なんか醤油屋の大将みたいになってしもて、すっごい不評で。でも三枝兄やんに、〝さんま、これええやろ？〟って言われて、〝抜群ですわぁ！〟って言うたことを覚えてるわ。ピンクのストライプ入ったユニフォーム。みんな、〝これ着んのイヤや〟言うてた（笑）」（『ＭＢＳヤングタウン』２００７年３月17日）

１９７９年８月25日から始まる視聴者参加型ビンゴゲーム番組『ＴＨＥビッグ！』（朝日放送）に、さんまはレギュラー出演することになった。メイン司会を務めるのは、元中日ドラゴンズの投手、板東英二。毎週、ＡＢＣホールから生放送され、さんまは、桂文珍、笑福亭鶴瓶らと共に番組を盛り上げる。

さんま「板東さんは今でも声が大きいでしょ。これでも抑えてはるの。昔、板東さんが初めて司会した番組に僕も一緒に出てたんですよ。『マジカル頭脳パワー!!』（日本テレビ）の倍ですよ。〝ビンゴー!!〟言うて」

板東英二「そうやったね。僕が真ん中で、横に文珍、鶴瓶、そして、さんまちゃんがいたの。この３人がうるさいんですよ。出だしやから、なんとか目立とうとするの。それを全部のけて、〝ビンゴー!!　シュートー!!〟って」

さんま「そうそう（笑）。もう、すごかったんですよ」

板東「もう、めっちゃ元気やったもんね」（『さんま・所の乱れ咲き花の芸能界　オシャベリの殿堂（秘）衝撃告白版』１９９７年１月18日）

歌手デビュー

１９７９年９月21日、さんまのデビューシングルレコード「Mr.アンダースロー」（ＣＢＳソニー）が発売された。

低迷する阪神タイガースで孤軍奮闘する小林繁と、関西のテレビ界で八面六臂の活躍を見せるさんまをオーバーラップさせた歌詞が若者の心を摑み、大阪はもちろん、東京でもプロモーション活動を行い、ある音楽雑誌では「西からエースがやってきた！」の見出しで特集が組まれた。

「Mr.アンダースロー」は、全国的な売り上げこそ振るわなかったものの、大阪では売り上げを伸ばし、ヒットチャートの上位にランクイン。見事な歌手デビューを飾った。

さんま「大阪だけ有線で1位をとったんですよ。ほいで、大阪でこんだけ売り上げてるから、ソニーさんが、〝東京に行きましょう〟って、えらい力入れてくれて」（『MBSヤングタウン』2012年9月22日）

さんま「東京で仕掛けるというので、挨拶回りも行かされましたよ。東京進出なんか、まだ誰もしてないような時にね」（『MBSヤングタウン』2005年1月8日）

さんま「『西からエースがやってきた！』って。それがめった打ちにされたんですよ（笑）。大阪だけ1位になってるんですよ、これ。売り上げの80パーセントは大阪だったんですよ」（日本テレビ『FUN』1999年3月26日）

▼「Mr.アンダースロー／君のとなりにいてあげる」1979年9月21日発売
「Mr.アンダースロー」作詞：阿蓮赤　作曲・編曲：藤山節雄
「君のとなりにいてあげる」作詞：もず唱平　作曲・編曲：藤山節雄

レコードデビューが決まった頃から、週刊誌のインタビュー取材で、「プロ野球選手の形態模写がウケましたが、もうそろそろ〝芸能界の小林繁〟とはお別れして、次はもっと若い人に爆発的にウケる芸で勝負したい」と答えていたさんまだったが、「小林繁の形態模写」を求める声は止むことはなかった。猛烈な勢いで勝ち星を積み重ねる小林の人気は増すばかり。依頼は次から次へとやってくる。

1979年の秋には、大阪ガスの暖房器具「クリーンヒーティング」のCMに出演することになった。「クリーンヒーティング」は、温風が足元から送られるという画期的な技術が搭載された暖房器具。1979年のプロ野球ペナントレースで快進撃を見せた阪神タイガース・小林繁の投球フォームであるアンダースロー（下手投げ）と掛けて、CMコピーは「頼れるエース、ミスターアンダースロー」と付けられた。さんまは、阪神タイガースのユニフォームを模した特製ユニフォームを身にまとい、デビュー曲「Mr.アンダースロー」をバックに、小林の形態模写を披露した後、CMのキャッチコピーをさわやかに言い放つ。

「暖房もやっぱりガス！」

さんまの快進撃が、今まさに始まろうとしていた。

『オールナイトニッポン』がスタート

『ヤングタウン土曜日』のレギュラーメンバーとなってから1年が経ち、さんまは『オールナイトニッポン』（ニッポン放送）のレギュラーパーソナリティになるチャンスを得る。オーディションは、番組スタッフが大阪まで足を運び、さんまの過密スケジュールの合間を縫って行われた。

さんま「まだラジオもプライドの高い時代でしたから『おまえはラジオで喋れるんか？』っていう感じで、オーディションさせられたんですよ。『今からテープ回しますので、生い立ちから今

までを喋ってください』って言われて、腹立ってね。こっちは関西では引っ張りだこになってんのに、『ええ加減にせえ』と思って喋ってたんです。そしたら一週間後に『オールナイトニッポン』のレギュラー決まりました、となって。そこで『ヤングおー！おー！』、『ヤングタウン』、『オールナイトニッポン』という三つの夢が叶ったという。（中略）『もっと先に行かな、これだけではあかんやろ』『いや、ちょっと待て。これだけではあかんやろって何を言うてるんや』って、自問自答をしていましたね。夢が叶っても全然満足していなかった自分がホントに不思議でした」（「本人vol.11」２００９年9月）

１９７９年10月４日深夜3時、『明石家さんまのオールナイトニッポン２部』は始まった。さんまは、全国のリスナーに自分を知ってもらおうと、大阪で積み上げてきたこれまでの道のりを、おもしろおかしく語った。

さんま「『オールナイトニッポン』を大阪で初めて、まあ、鶴光さんが土曜日をやってはりましたけども、若手で初めて『オールナイトニッポン』の2部のオーディションに合格して、やったんですけど。そのときに、サザンオールスターズとオフコースの事務所の社員が、サザンとオフコース、どっちの曲をかけるかというので、ナンパ合戦とかを、深夜3時からの生放送でやってました。〝今から1時間与えますから、先に女の子を連れてきた方の曲をかけます〟って」
（『ＭＢＳヤングタウン』２００４年5月1日）

さんま「『オールナイト・ニッポン』（ママ）も大変や。ほかのＤＪの人、ニューミュージックの人ばっかりやんか。これに勝たんことにはね。ぼくは歌で勝負できへんから、おもしろさだけしかないんや。一生懸命やね。（中略）そのおかげで、雑誌のＤＪベストテンに入りましたんや。これはぼく自慢できる。まわりは全部ニューミュージックやしね」（『ビッグな気分』）

●１９７９年10月４日〜『明石家さんまのオールナイトニッポン２部』（ニッポン放送毎週木曜深夜３：00〜５：00）

『オールナイトニッポン』の生放送に向かう東京行きの新幹線の中で、さんまはよく鶴瓶と鉢合わせした。そのたびに鶴瓶は新大阪から名古屋まで、芸人として生きていくためのアドバイスを送っていた。

「芸人は見てくれるファンがおってこそ成り立つ商売や。ファンは大切にせなアカン」

鶴瓶はそう言うと、駅のホームから手を振っているファンに向かって会釈をし、ホームでファンからもらったばかりのおにぎりをパクリと頬張った。

「兄さん、よう食べはりますねぇ。僕、ファンからもらった食べ物は、よう食べませんわ」

「たしかに何か変なもんが入ってるかもしれんしな、俺も怖いよ。でもな、俺はファンを信じてこれを食べんねん。見てるとこで食べてあげると喜んでくれるやろ。芸人は喜んでもらってなんぼや。俺はファンを大事にしたいねん」

電車が発車すると、鶴瓶は食べかけのおにぎりを袋に入れた。

「兄さん、もう食べませんの？」

「見てないとこで食べてもしゃあないがな」

さんまは思わず大笑いした。

さんまはこうして鶴瓶と過ごす時間が楽しくて仕方がなかった。会うたびに鶴瓶のことが好きになっていった。

〝音痴〟を演出

1979年10月5日、公開音楽バラエティ『誰がカバやねんロックンロールショー』（関西テレビ）が始まった。司会進行にさんま、サブ司会には島田紳助・松本竜介が起用された。『誰がカバやねんロックンロールショー』は毎週金曜日19時から、阪急ファイブ8階、OMC・Aスタジオから公開生放送され、学校帰りの若者が多く集まった。コミカルかつ情熱的なライブパフォーマンスで人気を集めるロックバンド「誰がカバやねんロックンロールショー」によるライブショー、さんまと観覧客とのふれあいコーナー、紳助・竜介の漫才、ゲストミュージシャンによるライブで構成され、公開生放送ならではのハプニングも見所のひとつだった。

さんまはこの番組で、アン・ルイス、レイジー、一風堂、RCサクセション、ダウン・タウン・ブギウギ・バンド、憂歌団、ARB、沢田研二、ムーンライダーズ、クールス、桑名正博など、多くのミュージシャンと出会い、音楽活動に興味を持つようになる。

観客の前で歌う機会をもらったさんまが矢沢永吉になりきり、「ウイスキー・コーク」を熱唱すると、女性客は歓声を上げ、男性客は笑い声を上げた。さんまは唄うたびに男性ファンの声援が大きくなっていくことが嬉しくて、〝歌が下手〟というキャラクターを前面に押し出していく。

さんま「元々音痴ですけど、より音痴に仕上げてたんですよ、わざと。女の子から〝キャーキャ言われるようになって、アイドル的な人気になってしまったときに、男の敵が多くなったんですよ。ほんで、〝あっ、これは隙を見せてあげなアカン〟と思ってね。元々、歌は下手だったー〟んですけど、テレビでやってるネタほど下手じゃなかったんですよ。それを、もっと歌を下手に唄って、わざと、番組のコーナーとかで仕掛けていったんですよ。ほんだら、急に男のファンがつきましてね。あれは、してやったりだったんですよ」（『ＭＢＳヤングタウン』２００５年１月８日）

さんま「顔が変な顔じゃないので、初め三枝さんがアイドルっぽく売ろうとしたんですよ。可愛い、スマート、という部分でワーッとやって、世間の男がかなり反発しよったんですよね。『なんやあれ、オモロナイのに』とかよく耳にしたんですよ。と言うて、変なこと言うたら、三枝さんに『お前はそんなこと言わんでええのや』て怒られるし、その場のポジションがあるわけでしょ。そやから、ものすご厭だったですよね。『俺やったらオモロイことできるんだ、オモロイこと言えるんだ』とね。オモロイ人間になりたいという気持は人一倍だったでしょうね。（中略）笑いをセーブされるというのは厭だったですよね」（『インタビューまたは対談　その三』）

●１９７９年10月５日〜１９８０年３月28日『誰がカバやねんロックンロールショー』（関西テレビ毎週金曜19：00〜19：30）

※１９８０年４月３日（木）から９月25日（木、最終回）までは、深夜０：05〜０：35放送。

レギュラー14本で己の限界を知る

１９７９年10月、さんまのレギュラー出演番組は14本に膨れ上がっていた。

『ヤングおー！おー！』『花の駐在さん』『誰がカバやねんロックンロールショー』『ヤングタウン』『ミスターさんまタイム』『オールナイトニッポン』といった、主要メンバーとして出演する番組以外の番組でも全力を尽くし、その合間に、スペシャル番組の出演、ゲストとして出演する番組、花月の舞台出演（月に20日間、1日2回公演）やイベント出演、取材、営業と、この1年、1日も休みなく働いていた。

　仕事が終われば、楽屋で芸人仲間たちと話をしたり、オール阪神、ナンバ四郎らを誘って、大阪ミナミの街にあるスナック「織恋路屋（おれんじや）」で関西出身のミュージシャンたちと交流していた。

　さんまは草野球にも極力参加した。とにかく、どんなに疲れていても、人と会い、話すことをやめなかった。めまぐるしく、刺激の強い、充実した日々の中、睡眠時間は極限まで削られていく。眠りの浅いさんまは、移動中に睡眠をとるのが苦手で、仮眠をとれれば儲けもの。新幹線やタクシーの中では、松之助に勧められた本を読み、漫談のネタを作るなどして過ごしていた。

　なにかおもしろいことはないか。『ヤングおー！おー！』で使えるネタはないか。常に考えていた。気が休まる時間は、ディスコで知り合った女性と談笑する真夜中のほんの僅かな時間だけだった。

　イレギュラーな仕事が入っても、さんまは決して断らなかった。来る仕事はすべて引き受ける。東京へ逃げた半年間のブランクを埋めるように、必死で仕事に打ち込んだ。

「人生急がず慌てずや。無理せんと、あるがままに生きていく。体がいかれたんではなんにもならん。もう少し仕事を削れ」と、松之助に忠告されても聞き入れなかった。

　スリムな身体はさらに痩せ細っていき、思考能力は低下、声はかすれてまともにしゃべれなくなり、就寝前には体がしびれるようになっていた。

そしてある朝、さんまは己の限界を知る。声が全く出なくなったのだ。

さんま「前はもうちょっと高い声。この声はね、〝オールナイトニッポン〟始めてからなんですよ。あのとき、人間の限界ちゅうのがどんなもんかやってみようということで、わざと週14本レギュラーやったときで。（中略）ほんとにすごいスケジュールだったんですよ！」（「JUNON」1988年12月号）

さんま「人生振り返って、病気いっぺんもしてないんですよ。一度、病院に行ったときは、しゃべりすぎて声が出なくなって（笑）。これはねぇ、本当なんですよ。朝起きたら声が出なくなって、〝これなんやろう？〟と思て、病院行ったらねぇ、〝しゃべりすぎですね〜〟って言われて（笑）。

〝さんまさん、明日からしゃべることをやめることはできないですよね〜？〟って言われたから、ガラガラ声で、〝はい、仕事ですから〟言うて。〝ですよね〜。じゃあ、この声でずっと〟って言われて、今、そのままの声なんですよ。だから、僕のほんとの声は、もうちょっとキレイんですよ」（『痛快！明石家電視台』2005年2月28日）

「しばらく発声しなければすぐによくなります」と医者に診断され点滴を受けると、さんまの声は少しずつ出るようになり、療養することなくそのまま仕事場に向かった。

さんま「うちの師匠は、どんな病気しても舞台は休むなと。もし病気で倒れて、代わりの人がよかったら、そっちに仕事をもっていかれますから。ずるい汚いじゃなく、芸能界はそういうもんやと」（『ＭＢＳヤングタウン』２００６年2月25日）

１９７９年11月、野球賭博を行っていたことにより謹慎処分となった間寛平の代わりに、横山やすし・西川きよしが司会を務める公開テレビ番組『モーレツ!!しごき教室』にレギュラー出演することが決まった。

『モーレツ!!しごき教室』の収録は金曜日の午前中に行われる。さんまは木曜日の深夜3時から5時まで『オールナイトニッポン』の生放送に出演した後、朝6時台の新幹線に乗り込み、うめだ花月へ。毎回、一睡もせずに収録に参加し、少林寺拳法、大衆演劇、殺陣、パントマイム、猿回しなどに挑戦した。

さんま「寝ないでとんぼ返り。朝9時半からの大阪『しごき教室』。これが大阪でいちばん激しい番組や。

空手の人のマネして、カワラわったり、何メートルっていうハシゴ登らされたり、ダンスしたり、走りまわってスイカ取り競争やったり……。

それが1時間目、2時間目、3時間目とあって、もう体バラバラや。テレビうつってる時は、ぼくら一生懸命やるでしょ。人もいてるし、キャーキャーゆうてやるんや。ほんでイスに座ったら、ガクッ」（『ビッグな気分』）

さんま「（『モーレツ!!しごき教室』にレギュラー出演する以前）間寛平さんが『モーレツ!!しごき教

室』の収録に車で向かってる途中に、田んぼに落ちたから、俺が急遽、頼まれて。『オールナイトニッポン』が終わってから朝6時の新幹線に乗って、寝過ごしてしまって、新大阪で降りれずに、岡山まで行ってしまって収録に遅れたのよ。

ほんだら、きよし師匠に怒られて。吉本興業の偉いさんに、〝やすきよ取るか、さんま取るか、吉本興業、ハッキリしてくれ!〟言うて……俺、24歳やぞ……」(『痛快!明石家電視台』2012年10月15日)

さんま「俺は番組収録がストップしたぐらい、プレゼントをもらった男や。『モーレツ!!しごき教室』で客席からプレゼントの嵐で、やすし師匠がキレたんや。〝こらっ、お前、番組中断さすな!〟言うて。俺に真顔で、〝お前はエルブス・プレスリーか!〟って言うたんや。たとえが古かってん。やすきよまで困らしたぐらいの人気者だったの」(『明石家マンション物語』2000年3月29日)

「音一ファンクラブ」

1979年末、さんまの大阪での人気は頂点に達していた。

そんなある日、『ヤングタウン』の放送中、さんまが三枝に、祖父・杉本音一のエピソードをおもしろおかしく聞かせたことがきっかけとなり、番組内で「音一ファンクラブ」が結成され、音一が電話出演することになった。

出演当日の正午、さんまは音一に電話を入れた。

「今日の夕方4時ごろに電話するから、ちゃんと出てくれよ」

音一は、それから電話が鳴るまでの4時間、ひたすら受話器の前で正座し、電話を待っていた。

「もしもーし！　音一さんですか？」

三枝が大きな声で言った。

「ハロー！」

音一が答えると、スタジオの観覧客から一斉に笑い声がもれた。

「音一さんに質問です。音一さんは、歌手では誰が好きですか？」

「……ピンク・レディーですわ」

音一は、『ヤングタウン』のファン層に合う回答をしようと、とっさにそう答えた。

「ピンク・レディーのどっちの方が好きです？」

「……ワシはピンクの方が好きですな」

スタジオは大きな笑いで包まれた。

出番を終えた音一は、興奮のあまり血圧が上昇。そのまま丸一日、寝込んでしまった。

さんま「おじいは、おもしろかったですねぇ。まあ、ボケてからが絶頂期に入りましたけどね。ボケた境目が、半年わからなかったんですから。普段から冗談ばっかり言うてましたから。

シュークリームといなり寿司の区別がつかなくなった日があるんですよ。シュークリームを食べて、〝このいなり寿司うまいなぁ〜。でも、ごはんがちょっとやわらかいなぁ〟とか言うとったんですよ。〝またまた、ネタやネタや〟とか言うとったら、音声機能が付いたポットとしゃべりだしたときに危ないと思ったんですよ。

〝お湯が出ます〟〝あぁ～、そうかい〟とか言うて。何回もボタンを押しながらポットと会話しとったんですよ。ほんで俺、ポットに挨拶させられたんですよ。〝高文、ちゃんと挨拶しなさい〟って。〝お湯が出ます〟とか言うたら、俺が、〝どうも高文です。おじいちゃんがいつもお世話になっております〟言うて。そのとき、母親に、〝おじいちゃん、あれ、ホンマもんや〟言うて（笑）。

あとは、洗濯もんに挨拶したりね。風になびくでしょ、Tシャツとか。お辞儀してるように見えるんですよ。ほんだらずーっと、Tシャツに向かってお辞儀して（笑）（中略）

ボケてからも僕のことだけは認識できたんです。僕がテレビに出てるのを意識して見てたから。ただ、自分の寝室に貼ってある僕のポスターに向かって、ずーっとしゃべりかけてました」（日本テレビ『メレンゲの気持ち』2002年3月30日）

村上ショージ「窓際に貼っとったさんまさんのポスターに向かって、〝入って来い、高文〟言うて、それを俺、さんまさんの実家で見てん。〝恒(ひさし)（さんまの父親）、はよ高文に、入って来るように言ってやれ〟って言うてはったからね」

さんま「（笑）〝高文、『水戸黄門』がんばりやるのぉ～〟言うて。『水戸黄門』なんか出たことないのにね。誰と間違うてるかわからないのよ（笑）」（『MBSヤングタウン』2004年11月6日）

さんま「俺がファンからもうた、〝御用〟って書いたちょうちんを腰につけて、パジャマに野球のベルト巻いて、十手持って、〝高文、どや？　似合うか？〟って言われたとき、〝射殺した方がええかなぁ？〟思たんや。

〝おぉ～！　ちょっといてくらよ～！〟言うて。〝いってくるよ〟っていうのを、〝いてくらよ～〟言うんですよ、和歌山やから。ほんで、家のまわりを、ずーっと歩いとるんですよ。

　もう、笑うよ。朝、7時ぐらいに帰ってきてな。〝どうも、2、3日、お世話になります……〟〝誰なんだお前は〟いうやつ（笑）」（『MBSヤングタウン』1995年10月7日）

さんま「親は大変やったよ。俺はそういうの好きやからっていう部分あったけど、もう、泣いてたもん、母親も、父親も。〝高文、聞いてくれ〟って言うて。〝おもろいやんか～〟って片付けるから、それでまた怒られんねんけどね。

　だって、家にいて、うちの母親の前で、〝あんたは、よう出来てるけど、うちの嫁はなぁ～〟言うて、悪口が始まんねん。〝あんたは、ほんまによう出来てるわ。この2、3日面倒みてもうてるけど〟言うて、もう何年も面倒みてんねんけどね。〝あんたは、よう気がついて、料理もうまいし、ほんまによう出来た嫁やなぁ～。それにくらべて、うちの恒の嫁は。なんでもええ加減にしよるし、ワシのこと心配してくれへん〟とか。

　ほいで、うちの親父に向かって、〝おまはん誰な？〟って。息子だということを忘れられるほど辛いことはない言うてたで。

　うちの親父が、おじいちゃん、おばあちゃんを引き取ったわけですよ。夏休みとかに、親父の妹家族とかが遊びにくるわけよ。ほんだらもう、親父がそこでボヤくわけだ。妹は、おじいちゃんを説教してね。〝もう！　お父さん！　お兄ちゃんが一生懸命やってくれてるのに、なんで言うこと聞かへんの！〟とか言うて。ほんだらおじいちゃんが、〝……でぇ～、おまはん、誰な？〟

　もう、コントのオチの連発やねん。これ、ホンマやねんで」（『MBSヤングタウン』1995年10

月7日）

三枝からのバトン

さんまの人気は凄まじく、吉本興業にとって欠かすことのできない若きエースとなっていた。『ヤングタウン土曜日』には、公開収録の観覧を希望するハガキが殺到。観覧客の目当ては、さんまと、10月から加入した紳助・竜介。毎週、スタジオは若者で埋め尽くされ、黄色い声援がこの3人に注がれた。司会を務める三枝は、その光景を目を細め眺めていた。

桂三枝「気持ちだけがヤングでも、どうも、年の方が…ということと一番私の理想にかなう、明石家さんまという後継者が出てきたこと。ですから、これを機会に、私自身、好きなこと、新しいことに挑戦しようと決めたんです」（毎日放送ラジオ局編「ヤングタウンNo.6」1979年11月）

1979年12月1日、三枝は、12年間レギュラー出演した『ヤングタウン』を勇退する。その日の『ヤングタウン』は、「桂三枝・最後のヤングタウンさよなら大パーティー」と題され、1973年10月から1年間、三枝と共にレギュラー出演していた海原千里（上沼恵美子）・万里も駆けつけた。

さんま「一度、『ヤングタウン』のさよならパーティーで、三枝兄はんが最後のときにゲストで来てらっしゃって。上沼さんはすでに芸能界にはいらっしゃらなかったような記憶はあるんですけども（引用者註：１９７７年結婚を機に一時引退）」
上沼恵美子「えっ？　さんまさん、あのときいらっしゃいましたか？」
さんま「あのとき、僕は上沼さんから声をかけられて嬉しかったんですよ。〝さんまちゃん〟って言うてくれて、あっ、名前覚えていただいてるんだっていう。僕が毎日放送のドアをドンと開けたら、上沼さんに当たってしまったんですよ」
上沼「私に？」
さんま「覚えてないでしょ？　僕は鮮明に覚えてますから。だって憧れの千里・万里さんに会えたわけですから。ドンと当たったときに上沼さんが、〝イタッ！〟って言わはって。〝すいません！〟って言うたら、〝あっ、さんまちゃんやったらええわ〟って、そう言っていただいて。僕はもう、感動したんですから」（『さんまのまんま』１９９4年4月8日）

三枝にとって最後の『ヤングタウン』のメイン企画は「三枝の名監督」。映画監督に扮した三枝が、ボケまくる演者にツッコミを入れながら、即興でコントを作り上げていく人気企画を数年ぶりに復活させた。三枝は、月亭八方、紳助・竜介を演者に指名した後、同じく演者として紹介されるはずだったさんまに対し、こう告げる。

「今日はこの、『三枝の名監督』、僕の後継者である明石家君、キミが監督をやりたまえ」

この瞬間、『ヤングタウン』のメインパーソナリティのバトンはさんまの手に託された。

エンディングを迎え、三枝は静かに語り始めた。

「今日で僕のヤンタンは……」

三枝の唇は震えだし、言葉が出てこない。

「僕のヤンタンは……12年もの長い間……」

三枝を見つめる共演者、スタッフ、観客は、じっと三枝の言葉を待った。三枝の目には涙が溢れ、上手く話せないまま時は過ぎていく。

そしてスタッフから放送終了10秒前のサインが出されたその瞬間、三枝は、『ヤングタウン』のプロデューサーである渡邊一雄への感謝の言葉を、声の限り叫んだ。

「ナベさん！　ありがとう‼」

さんまはこのとき、『ヤングタウン』に別れを告げる三枝の背に拍手を送りながら、自分に託されたバトンの重みをひしひしと感じていた。


さんま「これはオレだけしか知らんと思うんですけど、三枝兄さんが周りに『司会を辞める』と宣言しはる前に、オレだけに『自分には若い感覚がなくなってきた。もう〝ヤングタウン〟の名前に相応しくない。あとはお前に任す』って言ってくれはったんですよ。だから、三枝兄さんの『ヤンタン』後半は、次はどうしようか、そのことばっかり考えてましたね。（「クイックジャパン」Vol.63、２００５年12月）

●１９７９年12月１日（土）『ＭＢＳヤングタウン』（ＭＢＳラジオ22：00〜０：00）
「桂三枝・最後のヤングタウンさよなら大パーティー」
出演：桂三枝、月亭八方、明石家さんま、島田紳助・松本竜介、海原千里・万里

１９７９年12月、さんまは新春に放送される『第11回プロ野球オールスター芸能合戦』（朝日放送）の収録に参加し、１９７９年のプロ野球ペナントレースにおいて、22勝９敗１セーブとい

う好成績を収め、最多勝利投手に輝いた小林繁の目の前で、小林の形態模写を披露した。

それは、コミカルにデフォルメされたいつもの形態模写ではなく、小林への感謝の気持ちが込められた、全力の形態模写だった。すると観客は、小林の投球フォームを完璧に再現してみせたさんまに盛大な拍手を送る。小林はその雄姿を笑顔で見届けた。

さんま「明石家さんまが今日あるのは、この人のおかげなんですわ。その恩人とは、もちろん阪神タイガースの小林繁投手です。この人のモノ真似で、ボクは一人前にあったかいご飯が食べられるようになったんですから。（中略）

ご本人を前に形態模写をやらしてもらいました。けど、本人を前にするとやりにくいものですな。何となくあがってしまって……。それと、この人にご飯を食べさしてもろとると思うと、ギャラの一部を差し上げたいような気持になったりするんです」（「週刊明星」1980年2月3日号）

さんま「嬉しかったのが、小林繁さんが調子悪いときに、俺の形態模写をテレビで見て、フォームがちがってることに気がついたらしいんですよ。俺は調子のええときの小林投手のピッチングフォームをコピーできてるから。沈みが浅いって気づかはったらしいねん。そういうメッセージをテープでいただいたことがあるんですよ。それで感動したことがあるんですよ。あのときは若かったし、筋力もあったから、完全にコピーできてたんですよ」（『MBSヤングタウン』2010年1月23日）

●１９８０年１月２日（水）『第11回プロ野球オールスター芸能合戦』（朝日放送14：30〜16：00）
出演：小林繁、田淵幸一、江本孟紀、鈴木啓示、江夏豊、福本豊、高橋直樹、星野仙一ほか

【コラム6】第一次黄金期——ふたつの〝決別〟

1979年は、さんまさんが1日も休むことなく常にトップギアで仕事をされた年です。

第一次黄金期にあたるこの年のさんまさんの映像資料を僕が確認できたのは、『笑って祝って5時間半』(月亭八方さんと漫才を披露)、『お笑いネットワーク!』(着物を着て〝漫談〟を披露)、『ヤングおー!おー!10周年記念スペシャル』(SOSのコーナーでトランポリンに挑戦)など、数点のみ。活躍の割に紙資料も乏しく、多忙すぎてさんまさんの記憶も曖昧。まだまだわからないことが多い年でもあります。

ファンに対して驚くほどやさしく接する〝神対応〟は、この頃からその片鱗を見せていました。さんまさんの母校である奈良商業高校の女生徒が、さんまさんを文化祭に呼ぼうと奈良の実家に電話をしたところ、たまたま実家を訪れていたさんまさんが対応し、ひと月後に行われた文化祭にマネージャーも伴わずたったひとりで現れ、約20分間のステージを勤め上げ、母校の生徒たちとふれあい、ギャラも受け取らずに颯爽と帰っていったという、これぞまさに〝神対応〟な逸話があります。

いつも溌剌としていて、さわやかな笑顔をふりまき、ファンにやさしく、粗削りな笑いで一生懸命人々を楽しませ、レコードデビューまで飾ったさんまさんは、〝アイドル〟

そのものでした。

阪神タイガースに移籍した小林繁投手の形態模写をヒットさせ、テレビ・ラジオの出演が激増し、大阪で人気者となったさんまさんは、この当時、花月劇場で月に20日間、漫談を披露していました。子供たちが走り回り、大人が弁当を食べながら鑑賞する騒がしい花月劇場では、落語で笑わせるのは至難の業。おのずと落語をする機会は激減します。

1979年6月15日、さんまさんは、大阪難波髙島屋の7階にある髙島屋ホールで行われた落語会『第65回上方落語をきく会』に出演しました。

一番手として登場したさんまさんは、マクラではよくウケるものの、初舞台のときに演じた演目『播州めぐり』を始めると、観客の笑い声は急に止んでしまいます。『播州めぐり』が客を大笑いさせるネタではないことを理解しつつも、そのギャップの大きさに落胆したさんまさんは、舞台を降り、控室へ戻ると、「俺、今日で落語やめるわ」とつぶやき、そばにいた後輩に、「俺は東京行ってタレントになる。落語は君らで頑張ってや」と宣言します。その言葉通り、翌月に行われた落語会「千里繁昌亭」に出演後、古典落語から距離を置くようになりました。

この年の秋には、人気ラジオ番組『オールナイトニッポン2部』の出演を皮切りに、東京での仕事が増加。レギュラー番組は14本を数え、声が出なくなるまでしゃべり続けました。松之助師匠から「もう少し仕事を削ったらどうや」と忠告されても、仕事欲しさに浅草の演芸場で頭を下げ回った日のことを思い出し、休養することなく、しゃべり続けました。

１９７９年12月1日には、三枝さんから『ＭＢＳヤングタウン土曜日』のメインパーソナリティのバトンを託されます。

そして、同年末に収録された『第11回プロ野球オールスター芸能合戦』という特番で、さんまさんは小林繁投手が見守る中、形態模写を披露。このときの形態模写は、コミカルにデフォルメされたいつもの形態模写とはちがい、小林投手の投球フォームを完璧に再現した形態模写でした。

さんまさんが小禄さんとの漫才で、巨人時代の小林投手の形態模写を披露してから3年。阪神時代の形態模写をやり始めてからおよそ1年の月日が経過。雑誌のインタビューなどでは「そろそろ小林繁の形態模写をやめたい」と、吐露するようになっていました。このまま続けていれば、形態模写はおろか、そのうち〝明石家さんま〟も飽きられてしまうのではないかと。

僕はこの『第11回プロ野球オールスター芸能合戦』の映像を見たときに思いました。さんまさんは小林投手が見ているその場所で、感謝の気持ちを込めた渾身の形態模写を披露することで、小林投手の形態模写と決別したのだと。

その後もしばらくは、小林投手の形態模写を披露する機会はあったようですが、僕が確認できたものはすべて、デフォルメされた形態模写であり、翌年巻き起こる漫才ブーム全盛の頃には、さんま＝形態模写のイメージは薄れていきます。

5年間培ってきた古典落語と、人気者になる契機となった小林繁の形態模写から距離を置いたさんまさん。もしも古典落語にこだわり続け、飽き飽きしていた形態模写を嫌々続けていたとすれば、漫才ブームの最中、凄まじい勢いで活躍する漫才師たちにくらいついていくことは難しかったのではないかと思います。

次の章では、そのあたりのお話になります。


その前に補足をひとつ。１９７９年４月８日から放送されたラジオ番組『ミスターさんまタイム』の情報について。本文に「初めての冠番組」とありますが、これは確かな情報ではありません。僕が今のところさんまさんの初の冠番組だと考えているだけです。

実はそれ以前に、『とれとれさんまのいきいきジョッキー』というラジオ番組が存在していたことがわかっているのですが、この番組の情報があまりにも乏しく、記載することができませんでした。正確な表記すらわかっていないのです。

ではなぜ、僕がこの番組の存在を知ったかといいますと、さんまさんが一度だけラジオ番組で、「『とれとれさんまのいきいきジョッキー』という番組を若い頃にやっていた」と発言されたからなのです。

この番組のことが長年気になっていた僕は、「水道橋博士のメルマ旬報」で連載を始めたばかりの頃に、「さんまさんの初めてのラジオのレギュラー番組を教えてください」と、さんまさんに直接質問をぶつけてみました。するとさんまさんは、「『とれとれさんまのいきいきジョッキー』や」と即答。詳細については一切覚えておられない様子でした。

いろいろと考えてみたところ、『とれとれさんまのいきいきジョッキー』とは、さんまさんの初めてのラジオのレギュラー番組『ＭＢＳヤングタウン』と同時期に出演し始めた『ふれあい広場決定版』のコーナー名の可能性もあります。しかし、それを確かめることはできておらず、さんまさんが記憶されている通り、『とれとれさんまのいきいきジョッキー』という番組がひとつの番組として存在していたのであれば、やはりそれは、さんまさんの初めての冠番組ということになると思います。

僕が今のところ、さんまさんの初の冠番組だと思っている『ミスターさんまタイム』は、日曜日の朝6時5分から放送されていたラジオ番組です。新聞のラジオ欄には「さんま」としか記載されていません。ラジオ情報誌「ラジオマガジン」の創刊号に掲載されていたさんまさんのインタビュー記事に『ミスターさんまタイム』と記載されていたため、正確なタイトルが判明したのです。当時流行していたコーラスグループ「サーカス」の楽曲、「Mr.サマータイム」にかけて付けられたタイトルなのかもしれません。

『ミスターさんまタイム』の情報を得るため、図書館のマイクロフィルムで新聞のラジオ欄をくまなくチェックしていると、『ミスターさんまタイム』の最終回の翌週の同じ欄に、「ジョッキー」と書かれていました。一瞬、僕はこれが『とれとれさんまのいきいきジョッキー』なのではないかと思ったのですが、当時、『〜ジョッキー』といったタイトルの番組はよくあったようで、ラジオ欄の至る所に『ジョッキー』と書かれてあるのを確認し、断念。『とれとれさんまのいきいきジョッキー』の情報は未だ何も得ることができていません。

さんまさんがはっきりと番組タイトルを記憶されているにもかかわらず、それ以外の情報が全くといっていいほど摑めないミステリアスな番組、それが『とれとれさんまのいきいきジョッキー』なのです。

というわけで、本書では、『ミスターさんまタイム』がさんまさんの初めての冠番組であると記しております。あしからず。

【1979年の明石家さんま活動記録】

――1979年（23～24歳）の花月の出演記録

■なんば花月1月上席（1978年12月31日～1979年1月10日）
出演：晴乃ダイナ、木川かえる、明石家さんま、今いくよ・くるよ、翠みち代、老麺桃太郎、鈴木和栄、成田光義、桂三枝、月亭八方、林家染二、中田カウス・ボタン、横山やすし・西川きよし、吉本新喜劇

■うめだ花月1月中席（11日～20日）
出演：滝あきら、明石家さんま、ザ・パンチャーズ、一陽斎蝶一、チュー・アクロ、佐藤りつ、成田光義、林家染二、中田ダイマル・ラケット、月亭八方、桂三枝、横山やすし・西川きよし、吉本新喜劇

■なんば花月2月上席（1日～10日）
出演：晴乃ダイナ、明石家さんま、新・爆笑軍団、B&B、ザ・パンチャーズ、桂きん枝、松旭斎たけし、中田カウス・ボタン、桂三枝、Wヤング、吉本新喜劇

■京都花月2月中席（11日～20日）
出演：明石家さんま、西川のりお・上方よしお、月亭八方、松旭斎天正・小天正、滝あきら、花園ベティ・江美領一、新・爆笑軍団、翠みち代、間寛平&やなぎ浩二（ポケット・ミュージカルス）、笑福亭松之助、Wヤング、吉本新喜劇

■うめだ花月3月中席（11日～20日）
出演：西川のりお・上方よしお、松旭斎たけし、池乃めだか、春風すみれ、中山恵津子、明石家さんま&島田紳助・松本竜介（ポケット・ミュージカルス）、東洋朝日丸・日出丸、月亭可朝、桂小文枝、横山やすし・西川きよし、吉本新喜劇

■うめだ花月4月上席（1日～10日）
出演：滝あきら、島田紳助・松本竜介、明石家さんま、ザ・ぼんち、ザ・パンチャーズ、木川かえる、中田カウス・ボタン、二葉由紀子・羽田たか志、桂きん枝、桂文珍、Wヤング、吉本新喜劇

■なんば花月4月下席（21日～30日）
出演：晴乃ダイナ、中田ブラック・ホワイト、明石家さんま、滝あきら、若井小づえ・みどり、ザ・パンチャーズ、翠みち代、チャンバラトリオ、月亭八方、Wヤング、吉本新喜劇

■うめだ花月5月上席（1日～10日）
出演：桃山こうた、島田紳助・松本竜介、西川のりお・上方よしお、ヘンリー佐藤、エース中島、ザ・パンチャーズ、新・爆笑軍団、林家染二、月亭八方&明石家さんま（ポケット・ミュージカルス「チャッピー&ポッチー」）、桂三枝、Wヤング、吉本新喜劇

■なんば花月5月下席（21日～31日）
出演：ザ・ぼんち、中山恵津子、翠みち代、明石家さんま&松旭斎たけし&寅若&木川かえる&松みのる・杉ゆたか&桂枝織&桂三と九（ポケット・ミュージカルス）、二葉由紀子・羽田たか志、桂きん枝、月亭八方、中田カウス・ボタン、吉本新喜劇

■なんば花月6月上席（1日～10日）
出演：西川のりお・上方よしお、はなしか団地（明石家小禄&笑福亭仁福&桂小軽&桂文太）、松旭斎たけし、翠みち代、明石家さんま、木村進（ポケット・ミュージカルス）、桂文珍、はなあい花・今喜多代、笑福亭松之助、オール阪神・巨人、横山やすし・西川きよし、吉本新喜劇

■京都花月6月中席（11日～20日）
出演：桂三と九、松みのる・杉ゆたか、ザ・ぼんち、今いくよ・くるよ、中山恵津子、ザ・ダッシュ、木村進&室谷信雄（ポケット・ミュージカルス）、ザ・ローラーズ、林家小染、明石家さんま、二葉由紀子・羽田たか志、オール阪神・巨人、吉本新喜劇

■うめだ花月7月上席（1日～10日）
出演：桃山こうた、今いくよ・くるよ、明石家さんま、島田紳助・松本竜介、花園ベティ・江美領一、木川かえる、間寛平&やなぎ浩二（ポケット・ミュージカルス）、オール阪神・巨人、桂文珍、桂小文枝、チャンバラトリオ、吉本新喜劇

■なんば花月7月下席（21日～31日）
出演：B&B、西川のりお・上方よしお、翠みち代、一陽斎蝶一、はなあい花・今喜多代、明石家さんま&島田紳助・松本竜介（ポケット・ミュージカルス）、オール阪神・巨人、桂文珍、月亭可朝、Wヤング、吉本新喜劇

■うめだ花月8月中席（11日～20日）
出演：桃山こうた、段トリオ、島田紳助・松本竜介、ザ・パンチャーズ、明石家さんま、松旭斎八重子・美江子、B&B&隼ジュン&ダン&フィリッピンダンス（ポケット・ミュージカルス「サマーアクション」）、桂文珍、チャンバラトリオ、笑福亭仁鶴、Wヤング、吉本新喜劇

■なんば花月8月下席（21日～31日）
出演：中田ブラック・ホワイト、滝あきら、若井小づえ・みどり、中山礼子・八多恵太、明石家さんま&島田紳助・松本竜介&隼ジュン&ダン&フィリッピンダンス（ポケット・ミュージカルス「サマーアクション」）、天津竜子舞踏劇団、桂文珍、月亭八方、コメディNo.1、吉本新喜劇

■うめだ花月9月上席（1日～10日）
出演：晴乃ダイナ、島田紳助・松本竜介、西川のりお・上方よしお、明石家さんま、月亭八方、ニューコメッツ、間寛平&やなぎ浩二（ポケット・ミュージカルス）、中山礼子・八多恵太、桂文珍、月亭可朝、オール阪神・巨人、吉本新喜劇

■なんば花月9月中席（11日～20日）
出演：晴乃ダイナ、島田紳助・松本竜介、はなしか団地（明石家小禄&笑福亭仁福&桂小軽&桂文太）、若井小づえ・みどり、明石家さんま、間寛平&やなぎ浩二（ポケット・ミュージカルス）、チャンバラトリオ、桂文珍、笑福亭松之助、コメディNo.1、吉本新喜劇

■うめだ花月10月上席（1日～10日）
出演：桃山こうた、中田ブラック・ホワイト、島田紳助・松本竜介、ザ・パンチャーズ、ニューコメッツ、明石家さんま、チャン

バラトリオ（ポケット・ミュージカルス）、はなあい花・今喜多代、桂きん枝、林家小染、オール阪神・巨人、吉本新喜劇

※この頃から、花月のポスター・チラシにさんまの顔写真が掲載されるようになり、「吉本興業の看板芸人」の一員として認められる。

■京都花月10月中席（11日〜20日）
出演：島田紳助・松本竜介、今いくよ・くるよ、ザ・パンチャーズ、新・爆笑軍団、明石家さんま、木村進（ポケット・ミュージカルス）、東洋朝日丸・日出丸、桂きん枝、月亭八方、オール阪神・巨人、吉本新喜劇

■うめだ花月11月中席（11日〜20日）
出演：桃山こうた、ザ・ぼんち、松旭斎たけし、島田紳助・松本竜介、明石家さんま、若井小づえ・みどり、池乃めだか&木村明（ポケット・ミュージカルス）、中山礼子・八多恵太、笑福亭松之助、林家小染、チャンバラトリオ、吉本新喜劇

■京都花月12月上席（1日〜10日）
出演：松みのる・杉ゆたか、露乃新五、エース中島、滝あきら、新・爆笑軍団、明石家さんま、池乃めだか&島田一の介、木村明、藤里美、浅香秋恵（ポケット・ミュージカルス「忠臣蔵」）、はなあい花・今喜多代、桂小文枝、コメディNo.1、吉本新喜劇

■なんば花月12月下席（21日〜30日）
出演：大木こだま・ひかり、中島ひろみ、林家染二、若井小づえ・みどり、明石家さんま&島田紳助・松本竜介（ポケット・ミュージカルス「サヨナラ'79」）、東洋朝日丸・日出丸、桂きん枝、チャンバラトリオ、吉本新喜劇

――1979年（23〜24歳）の主な舞台出演

□7月27日（金）、28日（土）『千里繁昌亭』（千里セルシーホール18：30開演）
出演：明石家さんま、桂雀々、桂文太、桂米輔、笑福亭呂鶴、桂枝雀、桂春団治
※さんまは27日のみの出演。

□8月11日（土）『激笑一座劇団ところてん旗揚げ公演「熱い鉄板の上の恋」「バラエティショウ浪花街」』（うめだ花月19：30開演）
出演：桂三枝、林家小染、月亭八方、桂文珍、桂きん枝、木村進、今いくよ・くるよ、オール阪神・巨人、明石家さんま、島田紳助・松本竜介ほか
※桂三枝主宰の「劇団ところてん」の旗揚げ公演に出演。この模様は10月27日（土）、読売テレビにて放送された。

□10月8日（月）『マジカル・ミステリー・ツアー〈拍手を求めて三千里〉』（サンケイホール18：30開演）
出演：明石家さんま、島田紳助・松本竜介、都川愛子、伝次郎
※この模様は11月12日（月）、サンテレビにて放送された。

――1979年（23〜24歳）の主な出演番組

●6月3日（日）『こちら海でーす！』（サンテレビ12：00〜12：30）

ゲスト：明石家さんま

●7月7日（土）『クイズDEデート』（関西テレビ23：00～23：30）
出演：桂三枝、西川きよし、ゲスト：明石家さんま

●8月8日（水）『霊感ヤマカン第六感』（朝日放送19：00～19：30）
出演：フランキー堺、荒木由美子、能瀬慶子、明石家さんま

●8月10日（金）『ありがとう浜村淳です』（MBSラジオ8：00～10：00）
出演：浜村淳、ゲスト：桂三枝、明石家さんま（「朝からありがとう」のコーナー）
※1974年4月にスタートした、月間8万5000通のハガキが寄せられる朝の人気ラジオ番組に三枝とともにゲスト出演。浜村淳の軽妙な語り口を目の当たりにする。

●8月25日『THEビッグ!』（朝日放送毎週土曜23：20～0：15）
出演：板東英二、桂文珍、笑福亭鶴瓶、明石家さんま、ゲスト：由紀さおり、中村鋭一

●9月20日（木）『ありがとう浜村淳です』（MBSラジオ8：00～10：00）
出演：浜村淳、ゲスト：明石家さんま（デビュー曲「Mr.アンダースロー」のキャンペーン）

●9月24日（月）『バンザイ歌謡曲』（ラジオ大阪13：00～16：00）
ゲスト：明石家さんま

●9月25日（火）『ラジオ大通り』（MBSラジオ15：00～16：30）
出演：明石家さんま、円広志

●9月27日（木）『三枝の国盗りゲーム』（朝日放送19：30～20：00）
「大爆笑!落語家師弟大会」
ゲスト：明石家さんま

●9月29日（土）『ノックは無用』（関西テレビ12：00～13：00）
司会：横山ノック、上岡龍太郎、ゲスト：はらたいら、明石家さんま

●1979年10月6日（土）～1980年3月15日（土）『100万円ジャンボクイズ』（毎日放送毎週土曜12：00～13：00）
司会：青木和雄（MBSアナウンサー）
出演：オール阪神・巨人、片岡あや子、明石家さんま、第一回ゲスト：人生幸朗・生恵幸子
※毎週、視聴者から募った参加者に100万円が当たる大型クイズ番組。さんまはクイズ解答者としてレギュラー出演。

●10月8日（月）『爆笑!吉本バラエティ』（サンテレビ19：30～20：00）

出演：月亭八方、明石家さんま

●10月13日（土）『ラジオスペシャル』（MBSラジオ15：00～17：00）
ゲスト：明石家さんま

●10月22日（月）『やる気満々・高梨欣也です』（MBSラジオ12：15～16：30）
出演：高梨欣也、兵藤ゆき、明石家さんまほか
※1979年10月22日から始まった大型ワイド帯番組。さんまは月曜日のワンコーナー「MBS爆笑昼席」の司会進行役としてレギュラー出演。

●10月22日（月）『トーク10』（読売テレビ17：10～17：30）
「さんまがサンマ売り」
ゲスト：明石家さんま

●10月24日（水）『霊感ヤマカン第六感』（朝日放送19：00～19：30）
出演：越美晴、明石家さんま、渋谷哲平、相本久美子

●10月27日（土）『三枝の劇団ところてん旗揚げ公演「熱い鉄板の上の恋」』（読売テレビ14：30～16：00）

●10月27日（土）『ヤングプラザ』（朝日放送17：30～18：00短縮版）
出演：キダ・タロー
ゲスト：明石家さんま

●10月31日（水）『おはよう朝日です』（朝日放送7：15～8：30）
ゲスト：明石家さんま

●11月3日（土）『ヤングプラザ』（朝日放送17：00～18：00）
出演：キダ・タロー
ゲスト：大上留利子、明石家さんま

●11月10日（土）『上田雄三のハッピー・サタデー』（ABCラジオ7：15～9：30）
ゲスト：明石家さんま

●11月12日（月）『爆笑！吉本バラエティ・さんま・紳助・竜介のマジカルミステリーツアー』（サンテレビ19：30～20：00）

●11月27日（火）『フレッシュ9時半 キダ・タローです』（ABCラジオ9：30～11：00）
「明石家さんまを煮て食う会」
ゲスト：明石家さんま

●12月1日（土）『ミュージック・センス・アップ'80』（ラジオ大阪19：30～21：00）
出演：桑名正博、明石家さんま

●12月10日（月）『爆笑！吉本バラエティ』（サンテレビ19：30～20：00）
「さんま、紳助・竜介の刑事物語」

出演：明石家さんま、島田紳助・松本竜介

●12月24日（月）『オールナイトミュージックソン』（ニッポン放送深夜1：00～）

●12月27日（木）『11PM』（読売テレビ23：15～0：23）
「年忘れ！紅白上方お笑い芸能人歌合戦」
出演：笑福亭仁鶴、桂三枝、明石家さんま、桂文珍、木村進

――1979年（23～24歳）の主なCM出演

○暖房器具「クリーンヒーティング」（大阪ガス）

○チョコレート駄菓子「チロルチョコ」（松尾製菓株式会社）
※1962年に発売されたチロルチョコは、発売当初は3つ山で10円だった。その後、オイルショックによる物価高騰のあおりを受け、1976年に30円に値上げしたところ、売り上げは激減。1979年、3つ山をひとつに切り分け、価格も10円に戻した。このときCMに起用されたのがさんまだった。1つ10円となったチロルチョコレートは、CMの効果もあり、爆発的にヒットする。

Ⅷ. 追走――1980年の明石家さんま

三枝二世

桂三枝が『ヤングタウン』を勇退し、さんまがメインパーソナリティとなってからというもの、さんまは至る所で「三枝二世」と呼ばれるようになった。

レギュラー番組の本数は関西のお笑い芸人の中では群を抜いていた。その人気は関東へと広まりつつあり、『オールナイトニッポン』の生放送終了後には早朝にもかかわらず、さんま目当ての女性ファンが、東京・有楽町にあるニッポン放送に押し寄せた。

さんま「三枝にいさんはインテリやけど、わし、ぱっぱらぱあ、ですやろ。いつまで人気続くかわかりまヘン。早く紹介してもらわないと、消えてしまいまっせ！ 時限爆弾持ったタレントでっさかい。（中略）僕の客は年齢層が低い。いままで花月劇場に足をはこんだことのなかった年代が、ここに来てくれた。これで正解ですよ」（「週刊平凡」1980年2月7日号）

1980年に入ってからも、不眠不休の日々は続いていた。

10本を超えるテレビ・ラジオのレギュラーと、劇場の出番に加え、営業の仕事もこなす日々。本番中は、終始笑顔で全力を尽くすが、現場からタクシーに乗り込むまでの道中などでは、ファンからサインを求められても拒否することが増えていく。

タクシーに乗ると、さんまは栄養剤を飲み、カイロをのど元に貼りつけ、ぐったりと座席に横たわる。背中にはビッシリと湿布が貼られていた。睡眠不足で疲労は回復せず、蓄積するばかり。移動の時間だけが、唯一、安らげる時間だった。


さんま「12月、1月、2月、本番中に全然声が出てなかった。スタッフの人も、ぼくが忙しいのを知っていたから、何も文句いわなかったんやけど。（中略）疲れきってるから、新しいギャグとかセンスというのもだいぶ劣ってくるわけでね。（中略）とにかく『ヤングおー！おー！』と『ヤング・タウン（ママ）』と『オールナイト・ニッポン（ママ）』さえあればいけるやんか、名前も出とるし……。

（この3本でええ。もうあと全部いらん）と思ったこともあったんや。

師匠も『そんなに仕事やらんでもいい。ことわれ！』といってくれはるし、（中略）でも、ふと思ったんや。仕事がほしゅうて浅草演芸場へ行ったのも自分やないかって。忙しければ忙しいなりに、その中で何か楽しさを見つけようって」（『ビッグな気分』）

さんま「昔、加古川のニチイに営業で行ったときに、サイン会したんですけど、すごい客でね。加古川のニチイの歴史上、初めて屋上が満杯になったんですよ。

ほんで、サインして、車で帰るときに、となりに加古川が流れてるんですけど、ぎょうさん、私のサインが流れてましたよ。〝あいつら捨てやがった〟と思って。なんにもショックじゃないですよ。ファンばっかりじゃないですからね。〝さんま、いっぺん見ときたいなぁ〟とかいう人も来るから。こっちもサイン書くとき、半分ぐらい一生懸命書いてないもん。魂込めて来てる人には一生懸命書くけど、ええ加減な奴ってわかるから、ええ加減な奴はええ加減にサインするよ、俺は。ファンじゃない人が、サインだけをもらいに来てんのってわかるじゃない。俺はほんとのファンと、そうでもない奴のサインは全然違うからね」（『ＭＢＳヤングタウン』２００６年10月28日）

さんま「スーパーの屋上でイベントだとか。どんどんどん大きくなって、今日は1万人だ2万人だとか。最終的には、神戸のイベントに人が集まりすぎて、何年間か神戸でイベントできなくなって。〝俺ってすごくなった〟と、すっごい自分で満足したことがあるんですよ。そら、全員そうですけど、５人、６人のところからスタートするわけやから。広場に何万人と集まって動けなくなって。失神者も出たりして、中止になったんですよ」（『ＭＢＳヤングタウン』２０１３年10月５日）

１９８０年3月8日、島田紳助・松本竜介がレギュラー出演する番組『ヤングプラザ』（朝日放送）にて、１９７９年10月に結成された「紳助バンド」のお披露目企画が行われ、さんまはゲストとして応援に駆けつけた。紳助バンドのメンバーは、島田紳助（ボーカル）、パンチみつお（ギター）、立花コージ（ギター）、村上ショージ（ギター）、パンチけいすけ（ギター）、Mr.オクレ（ベース）、前田写楽→堺ナオ（ドラム）、岡田祐治（キーボード）、松本竜介（パーカッション）。

同年５月には、紳助バンドのデビュー曲「漫画ＨＡＮＫＯ－ＫＩ！」の発表会にも参加するなど、紳助バンドのプロモーション活動には時間の許す限り参加した。

紳助「吉本に入ったときからの友だち。弟子時代から、ふざけたり、悩んだり、いつもいっしょやった。人間としても尊敬できる、友だちさんま。俺の口から言うたら、おかしいけど、7年間、ずっとさんまを見てきて、ほんと、完璧に近い人間や。頭は低いし、芸もある。センスはええし、だいいち顔がええ。スターと呼べる人間と思うよ。

こんなことを書けば、さんま、

『ええかげんにせえよ。奥歯が浮くわ』

と言うやろうけど、何にも、さんまのこと知らん週刊誌に書いてあることより、俺のほうが確かやぞ。7年もいっしょやったから。

さんまといっしょにスタートをして、歩く道は少しずつ変わってきたけど、さんまに負けないよう、りっぱな人間になりたいと思う。

そして、いつまでもライバルとして、いられるように努力しなくては。

これからも、さんまちゃん、よろしく」（『紳助の青春の叫びPART5～大人になる前に書きたかった～』）

●1980年3月8日（土）『ヤングプラザ』（朝日放送17：00～18：00）
「紳助バンドのデビューに騒然」
出演：キダ・タロー、島田紳助・松本竜介、明石家さんま、横山みゆき

漫才ブーム

1980年初頭、空前の漫才ブームが起こり、各局で新たな演芸番組、新たなバラエティ番組

が次々と誕生していった。

ブームのきっかけとなったのは、1979年10月に始まった『花王名人劇場』（関西テレビ）で放送された企画「おかしなおかしな漫才同窓会」（1979年11月25日放送）だった。

この企画は、コロムビア・トップ、春日三球・照代、青空千夜・一夜、松鶴家千代若・千代菊、東京丸・京平、あらんどろん、星セント・ルイスなど、新旧の漫才師が競演し、〝日曜夜9時〟という、人気番組がズラリと並ぶ時間帯において、演芸番組としては異例の高視聴率（関西地区13・0パーセント、関東地区16・4パーセント）を獲得した。

気をよくした『花王名人劇場』のプロデューサー・澤田隆治は、続いて、東西の人気漫才師が共演する企画「激突！漫才新幹線」の制作に踏み切った。出演するのは、漫才界の王者、横山やすし・西川きよし。『花王名人劇場』の初回で名だたる落語家に混じり、唯一漫才を披露した関東の雄、星セント・ルイス。そして、1979年8月26日にうめだ花月で行われたイベント「B＆Bラスト in 大阪」をもって、大阪に別れを告げ、東京を拠点として活動するB＆Bの3組。

澤田はこの3組の漫才師に、時間無制限で、思う存分、力の限り漫才を披露する場を与えた。控え室にカメラを置き、モニターでライバルの漫才に見入る3組の漫才師の表情を露わにする演出も功を奏し、「激突！漫才新幹線」は関西地区で18パーセントを超える視聴率を獲得。漫才ブームの火付け役となった。

この成功を目の当たりにした各テレビ局は、長く姿を消していた演芸番組の企画を次々と立ち上げた。その流れの中で、フジテレビは革新的な演芸番組を誕生させる。横澤彪（たけし）プロデューサーの陣頭指揮のもと、ディレクターとして起用された若手の佐藤義和、永峰明は、若者に向けた演芸番組の見せ方について、徹底的に模索した。出演者は、関東からは星セント・ルイス、ツービート、B&B、関西からは横山やすし・西川きよし、中田カウス・ボタン、ザ・ぼんち、島田紳助・松本竜介の7組。フジテレビ第10スタジオには、ディスコをイメージしたセットが組まれ、観客は大学生を中心に集められた。番組タイトルは『THE MANZAI』。当初は『ザ・マンザイ』であったが、美術のセットプランナーの提案によりローマ字表記に改められ、『THE MANZAI』となった。

佐藤義和「そのあとが大変で、まず新聞発表で、ローマ字表記は今までない。なんの番組だかわかんない。営業も売れない。変えてくれって。絶対嫌だっつって、戦いましたね。漫才じゃなくて、メッセージだよ。あなたたちのメッセージを若いお客さんに向けて発信してくれればいいっていう。歌の世界でもシンガーソングライターが、自分で曲を作って自分で歌って表現するっていうのがすごく若い人にウケてる。それが新鮮だったし、漫才もそうなんじゃないかなと」（朝日放送『漫才歴史ミステリー!～笑いのジョブズ～』2013年3月24日）

1980年4月1日、『THE MANZAI』は放送された。

民放の視聴率の勢力図において、TBS、日本テレビ、テレビ朝日に遅れをとり、4位に甘んじていたフジテレビであったが、『THE MANZAI』は、ザ・ドリフターズの特番『テレビ祭り 4月だョ!全員集合』（TBS）など、強力な番組が居並ぶ中、15パーセントを超える視聴率を獲得。シリーズ化が決定した。それぞれの持ち味を存分に発揮した漫才師たちの人気はここから一気に上昇し、漫才を見る機会の少なかった若者たちから絶大なる支持を得た。

こうして生まれた漫才ブームは、瞬く間に日本を席巻していくことになる。

里見まさと「このときのオンエアが8分。この8分で、ザ・ぼんちの人生はガラッと変わりました」（読売テレビ『ワイワイ冬の感謝祭　笑いの百年を大解剖！よしもとお笑い珍百科』2012年12月25日）

●1980年4月1日（火）『火曜ワイドスペシャル　THE MANZAI　翔べ！笑いの黙示録東西激突！残酷！ツッパリ！ナンセンス！』（フジテレビ20：00〜21：24）
出演：横山やすし・西川きよし、中田カウス・ボタン、星セント・ルイス、ツービート、ザ・ぼんち、B&B、島田紳助・松本竜介

さんまは、1980年4月5日から始まる視聴者参加型のバラエティ番組『やす・きよの腕だめし運だめし！』（読売テレビ）にレギュラー出演することになった。さんまは、横山やすし、西川きよしとともに、司会進行を担当。収録はなんば花月で行われた。

内容は、視聴者から募った芸達者な5人の挑戦者が、プロの芸人とコンビを組んで芸を競い、数ある難関ゲームを突破して、賞金10万円とハワイ旅行獲得を目指すゲーム番組。視聴者と組む芸人は毎週入れ替わり、主に、島田紳助・松本竜介、オール阪神・巨人、西川のりお・上方よしお、間寛平、木村進、林家小染、中田カウス・ボタンらが出演した。

芸で勝ち抜き、難関ゲームを突破した挑戦者は、賞金とハワイ旅行をかけて最後のゲームに挑む。舞台中央に設置された巨大な水槽。挑戦者は、2本のロープから1本を選択する。どちらか1本のロープが、水槽の上に座るさんまを水中へ落とすロープとなっており、さんまを落とすことができれば、賞金とハワイ旅行獲得となる。

初回の放送で、着物を着て巨大水槽の上に座ったさんまは、見事に水中に落とされ、びしょ濡

れになりながら番組を盛り上げた。

さんま「ショージのテレビ初出演が、『やす・きよの腕だめし運だめし！』っていう番組でね、素人さんとプロが漫才コンビを組んで、ネタをやって、誰が優勝するかを決めるんですけど。素人が新人の芸人を指名するんですよ。ほんで、村上さんがご指名を受けたんですけど、客はクスリとも言わずね」

村上ショージ「マジで（笑）」

さんま「私も審査委員長として客席に座ってたんで、友達やから笑ってあげようと思うんですけど、笑う場所がわからなかったんですね」

ショージ「素人に引っ張ってもらっとったからね」

さんま「ほんだら、やすし師匠が怒りはりましてね」

ショージ「終わった後、呼び出されてね。〝おい！　コラ！　お前、ワシの番組潰す気か！〟言うて。〝自信がなかったら出んな！　ドアホ！〟言うて……。自信あってん」

さんま「〝断るのも男の勇気や！　覚えとけ！〟言うて」（『ＭＢＳヤングタウン』２００７年5月5日）

山西惇（俳優）「中高生ぐらいのときやと思うんですけど、やすきよさんの『腕だめし運だめし！』という番組がありまして」

さんま「（笑）」

山西「二択でね、お客さんが選んでさんまさんが水の中に落ちたら、ハワイ旅行。そういうコーナーがありまして、初めてさんまさんという人を認識した覚えがありまして。それが強烈やったんですね」

さんま「いつも変装して、女装したりして」

山西「辛いことをさせられるわけじゃないですか。自分が水に落ちたら人が喜ぶということなんですけど、それがなんか、子供心に、〝この人楽しそうやな〜〟って」

さんま「(笑)」

山西「なんでこの人こんな楽しそうなんやぁと思って。それで絶対この人おもしろいはずやっていうふうになって、忘れられなくなったんですよ」(『痛快!明石家電視台・63歳さんま誕生日に芸能人&ファン大集合SP』2018年7月2日)

●1980年4月5日〜1982年3月27日『やす・きよの腕だめし運だめし!』(読売テレビ毎週土曜12:00〜13:00)
出演:横山やすし・西川きよし、明石家さんま

「10万人のファンよりひとりのエッチ」

さんまが法子(仮名)と初めて会ったのは、『ヤングタウン』の収録スタジオ、毎日放送千里丘放送センターだった。さんまと三枝が社屋の廊下で話をしているときに、法子はふたりの前を通りがかった。さんまの一目惚れだった。広告代理店に勤める法子は、毎日放送に出入りすることが多く、さんまは法子に会うたびに話しかけ、何度もデートに誘ったが、ずっと断られ続けていた。しかし、さんまはあきらめることなく、何度も何度もアタックし、苦労の末、デートにこぎ

つける。

ふたりの初めてのデートは、阪神甲子園球場で行われる阪神×巨人戦だった。さんまは『ヤングタウン』の収録を終えると、ファンが大勢取り囲む中、法子を連れてタクシーに乗り込み、球場へと向かった。

後日、その様子を目撃していた『ヤングタウン』のプロデューサー〝大ナベ〟こと、渡邊一雄は、毎日放送千里丘放送センターの社屋内にある喫茶店「オリオンズ」にさんまを呼び出した。

「ファンがいてこその君やろ。ファンがいてこそのヤンタンやろ。ファンが見てる前で女とタクシーに乗るなんて、なにを考えておるんだ。10万人のファンとひとりの女性、どちらが大事なんだ？」

「はい、10万人のファンより、ひとりのエッチです」

さんまはウケを狙い、間髪を入れずに返答するが、「君はなんちゅうことを言うねん！」と、さらに渡邊の怒りを買うことになってしまった。

ヤンタンを愛する渡邊は、ファンをないがしろにするさんまの行為がどうしても許せなかったのだ。その後、吉本興業の社員も席に加わり、〝エノケンさん〟の愛称で親しまれている「オリオンズ」のマスターがじっと見つめるなか、さんまは懇々と説教され、解放されたときには、注文したハンバーグとスパゲティがセットになった「オリオンランチ」はすっかり冷めきっていた。

さんま「まわりからは怒られたんですけどもね。でも、あれ、ほんとの気持ちだったんですよ(笑)。でも、まあね、10万人のファンも嬉しいけども、ほんとの、人としての喜びは、ひとりのエッチやね。『タレント・明石家さんま』は、そら10万人のファンやで。『人間・杉本高文』は、

絶対、ひとりのエッチやよね。これは間違いないよね」(『MBSヤングタウン』1996年9月21日)

さんま「えらい怒られたんや。俺は良かれと思ってやったんですけどね。別に、恋人がいるっていうことは、大人ですから隠すこともないやんか。

ほんでまたその日、俺は巨人ファンやのに、阪神の席に入れられてね。阪神ファンの人が、すごい大事にしてくれるんですよ。たこ焼きもらうわ、うどんもらうわで。その日は阪神のファンになりすまして応援してたんですよ。だから、全然おもしろくなかったんですよ」(『MBSヤングタウン』2004年4月3日)

1980年4月に始まった演芸番組『上方寄席』(毎日放送)の中で行われた人気投票で、2週連続1位を獲得したさんまは、この番組に出演するにあたり、落語家として出演するよう依頼されたが、「落語には自信ありません」と返答し、漫談家として出演。漫才ブームが巻き起こり、多くの漫才師がラフな衣装で劇場や演芸番組に出演する中、さんまはタキシードやスーツを着て漫談を演じていた。

さんま「当時、吉本で漫談してはったのが、村上ショージの師匠の滝あきら師匠だけだったんですよ。誰もやらなかったんですよ、漫談なんて。古典落語をするとやっぱり、なんば花月、うめだ花月のお客さんはしんどかったんでね、漫談をやってました」(『MBSヤングタウン』2008年3月15日)

さんま「タキシードで漫談すんのがすごいカッコええと思ってたのよ。エナメルの靴に憧れた世代やからね。タキシードで漫談して、終わったらスッと冷めた顔で去るのがカッコええと思てたんですよ。俺らの時代、そうするのが流行ったの。コント55号の萩本欽一さんとかね。終わったらさっと冷めんのがカッコよかったの」(『MBSヤングタウン』2008年3月22日)

さんま「中川家なんか、小っちゃいときに、よく俺らの舞台を見に来てたんですよ。〝さんま～〟とか言うとったらしいわ。俺が漫談やってるときに、俺のエナメルの靴にマジックで〝アホ〟って書いて。昔のなんば花月って客席が近いんですよ。パッと見たら、エナメルのまっさらな靴に〝アホ〟って書いてあって。中川家の剛が〝あれ僕です〟とか言うとった」(『さんまのまんま』2011年1月2日)

●1980年5月9日(金)『上方寄席』(毎日放送23:30～0:00)
出演:明石家さんま、コメディNo.1、チャンバラトリオ、正司敏江・玲児

桑田佳祐と「西の郷ひろみ」

1980年6月26日、『桑田佳祐のオールナイトニッポン』が最終回を迎え、番組内で「サザンオールスターズ・フライングパーティー」と題されたライブが行われた。

さんまは、『桑田佳祐のオールナイトニッポン』の放送後、深夜3時から『オールナイトニッポン2部』を担当していた縁で、桑田のミュージシャン仲間たちが集う中、お笑い芸人としてた

だひとり、ゲスト出演した。

桑田「はい、それでは、僕が1部を担当して、2部にこの人ありと言われた、関西芸人の底辺にはびこる、明石家・ロックンローラー・さんまでございます！」

さんま「どうも、ほんとに、残念なことで」

桑田「いやいやいや、顔はそう言ってないです、全然」

さんま「いえいえ、私はねぇ、ホントに今までね、失礼なことばかり言うて、すまなかったと」

桑田「ホントにそう思ってる？」

さんま「えっ？　顔笑ってる？　なんでわかんの？」

桑田「顔がねぇ、全然」

さんま「私は桑田さんがやめると聞いたときに、〝あっ！　1部に上がれる〟と思たんですけどねぇ、甘かったなぁ」

桑田「(笑) 甘かった？」

さんま「甘かったです。ホントに、仲良くやってもらいまして、ありがとうございました」

桑田「今日はせっかく、まだ時間ちょっと早いよね」

さんま「そうですね。どうせこの後、3時からね、一緒にやらしていただきますので」

桑田「あっ、時間食い込んでいいの？」

さんま「もう、5時まで今日は使っていただいて結構です。玉置宏さんの番組も貸しまひょか？ずーっといって (笑)」

桑田「いいね (笑)。あのぉ、ちょっと出番早いんだけど、さんまちゃんにちょっと歌ってもらいたい歌があるの」
さんま「俺、知らんで。1部の流れ止まっても知らんで」
桑田「さんまちゃん、絶対これはシラけさせないでほしいんだ。シラけさせちゃ困るよ。生放送だし、全国放送ってのはわかってるね」
さんま「わかってます」
桑田「2部じゃないんだから」
さんま「はい」
桑田「それじゃあ、さんまに、この曲を。『いとしのエリー』という曲を」
さんま「私ねぇ、この1週間、稽古してきたんです。カセットも買いましたよ、2500円出してねぇ」
桑田「ウソ？ ホントに買ったの？」
さんま「アミューズはひとつもくれへんなぁ、ホンマに！ 今日、初めてやTシャツもうたん」
桑田「OK？ いくよ？」
さんま「OK。ちょっと最後に、マブイやつ、よろしく決めます！」

さんまは、歌い出しで何度もミスを重ね、何度も音程を外しながら笑いを誘い、桑田のリクエストに応え、間奏の合間に得意の小噺「京子ちゃんシリーズ」を挟んで、パーティーを盛り上げた。

桑田「おおきに！」

さんま「もう、ほんとに夢を見てるようでございます。ありがとうございました！」
桑田「みなさん、さんまでした！　どうもー！」

●1980年6月26日（木）『桑田佳祐のオールナイトニッポン』（ニッポン放送25：00〜27：00）
「サザンオールスターズ・フライングパーティー」
出演：桑田佳祐、松原みき、近田春夫、ジューシィ・フルーツ、世良公則、シャネルズ、スペクトラム、マナ、明石家さんま

桑田「最初は、『オールナイトニッポン』の1部を僕がやって」
さんま「2部を僕がやってたんですよ。桑田君の前に、他の人が1部をやってて、その人がお辞めになるというので、〝次は俺が1部や〟と思ってたら、桑田佳祐が入ってきたんですよ。（1部と2部は）CMの間に入れ替わるんですよ」
桑田「私が1部で、さんま師匠が2部なんだけど、この人、のりしろがいい加減というかね、早めに食い込んできちゃうんですよ」
さんま「（笑）」
桑田「まだ終わってないのにねぇ、入ってくんの。〝どやどや、どやどや〟言って、全部持ってっちゃうの」
さんま「（笑）」（日本テレビ『Music Lovers Special』2008年8月10日）
さんま「あのときは、やっぱり、芸能界良き時代ですから。みんなでラジオでやったりね。俺は2部やのに1部からやったりしてね。桑田君も2部まで残ったりしてて遊んでましたね。テレビ

ももっと遊んだ方がいいと思いますよ」（『MBSヤングタウン』1998年6月20日）

1980年6月12日、さんまは『スター千一夜』（フジテレビ）に出演する。『スター千一夜』は1959年、フジテレビの開局と同時に始まり、映画、テレビ、スポーツ界で活躍するスターが数多く出演したフジテレビの看板番組であり、多くの芸能人が出演を熱望する番組だった。

さんまが出演した週は、「笑いのアイドル」という特集が組まれ、B＆B、春風亭小朝、そして、さんまの3組が、1週間の密着取材を受けることになった。

さんまを密着取材したのは、『スター千一夜』のディレクター、三宅恵介だった。さんまと三宅が仕事で関わるのは、三枝が司会を務めた1979年の『初詣！爆笑ヒットパレード』以来、二度目のこと。三宅は大阪の花月劇場にまで足を伸ばし、さんまの仕事ぶりを精力的に追った。

そこで三宅はさんまの才能に惚れ込み、その後、ふたりは幾つもの番組で仕事をすることになる。

三宅恵介「当時は桂三枝さんがメインの番組だったんですが、明治神宮から（さんまが）中継したのを見た時『こんなに面白い人がいるんだぁ！』と感動したのを覚えてます」

さんま「（体をそりながら爆笑）」

三宅「その後『スター千一夜』という番組で、お笑いの人を一週間密着する企画の時、ラジオ中継するさんまさんを羽田まで追いかけたこともありましたね」

さんま「あの頃は『西の郷ひろみ』と言われまして…。とにかくキャアキャア客を集める若手落語家がおるということで、追いかけてもらったんですが、なぜかあまり人が集まらず、フジテレビに恥をかかせてしまった…。『いつもは人、集まるんですけどぉ』と言い訳しましたけどね（笑）」（「日経エンタテインメント！」2000年7月号）

三宅恵介「これはいずれ三枝さんを超えてしまうんではないかな……という予感が……」（中略）さんま「そのころのボクは、東京にときどき出てくるくらいで、東京に対してプレッシャー感じてましたね。始めは印象というよりも、ただ〝三宅というフジテレビのディレクターなんだな……〟っちゅうだけのもんです。ボクは三枝兄さんにくっついて来てて、おツマミみたいなもんでしたし」（「CanCam」1985年8月号）

●1980年6月12日（木）『スター千一夜』（フジテレビ19：45〜20：00）
「笑いのアイドル特集」
司会：坂本九、ゲスト：明石家さんま
※6月10日（火）は春風亭小朝、6月11日（水）はB&Bが紹介された。

漫才ブームにくらいつく

1980年8月、25歳のさんまが、これまで経験してきたことや、テレビ、ラジオ、劇場では伝えきれない思いを綴った自叙伝『ビッグな気分』が発売される。

さんま「人気というのはすぐ落ちる。当たり前や。ひらき直っているのではなしに、人気なんか落ちるのはわかってる。このまま一生続くことなんか考えられへんと思う。

でも、もしもいっぺん沈んで再び浮き上がってきた時にね、ぼくはどうなんやろうな。挑戦して、いろいろな武器で戦って、自分の能力を全部出しつくして、精いっぱいやって、これ以上無理やっていう時、きっとぼくはやめるわ。燃えつきるまでやる、これがぼくの信念や。（中略）ま、ぼくの仕事は頂点がないだけに、燃えつきへんと思うけどな。とりあえず疲れたらやめるわ。体ばっかしじゃなくて、何もかも疲れたらね。ぼくの中に何かが光っている間はやらなあかんし、やっていきたい。（中略）

将来どうするると考えるよりもね、いまを生き、いまという時間がつながって将来に続いていくと思うんや」（『ビッグな気分』）

１９８０年8月5日、久米宏が司会を務める人気クイズ番組『ぴったしカン・カン』（ＴＢＳ）に出演。さんまはこの番組で、萩本欽一と初共演を果たした。

久米宏「中学時代のニックネームが〝欽ちゃん〟だったと。これは、萩本欽一さんの欽ちゃんなんですか？」

さんま「そうなんですよ」

久米「どうしてまた？」

さんま「昔、ものまねとか、ようやっとったんですよ、欽ちゃんのね。〝忘れもしない13年前！〟とかいうのんね、やってたんですよ。ほんで、坂上二郎さんの〝飛びます！　飛びます！〟いうのんをね、ひとりでやってたり」

坂上二郎「〝飛びます！　飛びます！〟」

さんま「（笑）」

●１９８０年８月５日（火）『ぴったしカン・カン』（ＴＢＳ19：30〜20：00）
司会：久米宏、出演：萩本欽一、坂上二郎、藤村俊二ほか、ゲスト：明石家さんま

１９８０年に始まった漫才ブームをリードしたのは、横山やすし・西川きよし、ツービート、Ｂ＆Ｂ、ザ・ぼんち、西川のりお・上方よしお、島田紳助・松本竜介の６組だった。

関西で先頭を切って疾走していたさんまを、元ビールス７のメンバー（Ｂ＆Ｂ、ザ・ぼんち、西川のりお・上方よしお）、そして、同期の紳助・竜介が、あっという間に追い越していった。

テレビで人気を博していた落語家たちは仕事が激減し、ブームの波に乗る漫才師たちにはオファーが殺到する。

さんま「これでバンバンみんなが走るなってゆうのはあったですよね。ああ、なるほどな、みなさんガンバッて……っていうような感じだったです。その時は、ぼくはひとりだし漫才やないから、やっぱりちょっと辛かったですけどね。それまでぼくばっかりだったファンの人が、ぼんち、紳竜、サブロー・シローの方に寝返ったのはさびしかったですけどね。しゃあないわっていう気の方が多かったんで楽でしたよ」（「宝島」１９８５年７月号）

大﨑洋（吉本興業会長）「さんまは、漫才ブームの陰で自分の芸をどうするか試行錯誤している様子だった。

（中略）どんな状況でもさんまは決して弱音を吐かなかった。芯が強いのだ。漫才ブームに乗れ

なかった焦りはあったはずだが、売れっ子になっていた親友の紳助に対しても、『どんどん先を走ればええ。俺はお前らが息切れして倒れたとこに、ゆっくり行かせてもらうわ』と笑い飛ばしていた。弱みや強がりを決して表には出さず笑いにする明るさはズバ抜けていた。

これまでたくさんの芸人さんを見てきたが、あの世代で誰が男らしいかといえば、さんまがダントツだ」（常松裕明『笑う奴ほどよく眠る　吉本興業社長・大﨑洋物語』幻冬舎、２０１３年）

さんまはピン芸人でありながら、この漫才ブームにくらいついていく。

ブームをリードする漫才師の中で、さんまがマークしたのは、横綱のやすし・きよしではなく、東京組のツービート、Ｂ＆Ｂでも、同期の紳助・竜介でもない、ザ・ぼんちだった。とりわけザ・ぼんちの人気は凄まじい勢いで上昇していた。

里見まさと「気が付けば、ぼくらもそのブームのまっただ中にいたのだ。ザ・ぼんちだけでなく、それぞれの漫才コンビがまさにテレビジャック状態。ＣＭにも出まくり、歌まで出す。朝から晩まで出ずっぱりで、ものすごい勢いだった。
漫才コンビたちは、東京だけではなく大阪の演芸番組にももちろん出演するため、ぼくらをはじめとする関西の芸人は移動が大変だった。
もうひとつ大変だったのが、雑誌と新聞の取材。『世の中にこんなにも雑誌ってあるのん？』となるほど、取材に明け暮れていた覚えがある」（『おおきに漫才！　人生は何歳からでもやり直せる』）
夏休みに入ると、連日、ザ・ぼんちファンの若者が花月劇場に押し寄せた。ザ・ぼんちが登場すると、皆立ち上がり、クラッカーを鳴らし、紙テープを投げ込みながら、「おさむ!」「まさと!」と、大きな歓声を上げる。そして、ふたりが出番を終えると一斉に席を立ち、劇場出入り口でふたりが現れるのを待った。

するとと劇場の熱気は一気に冷め、次の出番を任される芸人はいつも、苦笑いを浮かべながら舞台に立っていた。どの芸人も、ザ・ぼんちの後は出演したくないと思っていた。

さんま「世の中が漫才一色になって、『今は漫才ブームの後ろを走らなしゃあない、背中が見えるようについていこう』と思いつつ、僕だけピンで『花王名人劇場』とかにも出していただいて。当時はザ・ぼんちさんの人気がすごくて、ぼんちさんの舞台が終わると若いお客さんが一斉に客席からいなくなるんです。で、ベテラン芸人さんがぼんちさんの後に出るのを嫌がってらっしゃって。ある日、僕がぼんちさんの後を担当することになったんです。で、客が一斉に立つのを覚悟して舞台に出ていったら、客が動かなかった。その時に、『あ、俺はまだいける』って思いました」(「本人 vol.11」2009年9月)

さんま「漫才ブームの時は、ザ・ぼんちだ、のりよしだ、紳竜らが漫才した後に、俺がピンでしゃべらなきゃいけなくてね。快感でしたね。しんどいけども、ピンでいく快感っちゅうのはあったね。

客が動かなかったんですよ。あのときは嬉しかった。あの時代、ピンでやるのはしんどかったけどねぇ、あのときのことは、世間は誰も知らないし、寄席小屋の人も知らないでしょうし、ぼんちさんも気にしてなかったでしょうけども、ひとりでガッツポーズをとった日があるんですよ。

ぼんちの後に客が動かなかったっていうのは、あの当時、吉本内で俺だけやったと思う」
(『MBSヤングタウン』2008年3月15日)

——いい位置につけてましたよね、漫才ブームのときも。
さんま「そのいい位置につく、位置づけの時が大変でしたけどね。位置についたと思た時は楽でしたけどね。こっちにつく時『こりゃヤバイなぁ』思て。ちょっと力入れよう、思たんが芸能界に入って初めてですよ。あの時が」(『Studio Voice』1984年8月号)

漫才ブームの最中、テレビでは漫才師が出演する演芸特番、バラエティ特番が数多く企画された。その際、出演する漫才師のことをよく知り、面白くその場を仕切ることのできるさんまのもとに司会者としてのオファーが急増する。

紳助・竜介とは駆け出しの頃から仕事をしてきた仲間。B&B、ザ・ぼんち、西川のりお・上方よしおの3組は、かつてビールス7として共に舞台に立っていた同志たち。芸人の舞台をよく観察していたさんまは、メンバーの手の内を知り尽くしていた。

さんまは、ブームの最前線で活躍する漫才師たちと多く絡むことにより、さらなる飛躍を見せていく。

大平サブロー「漫才ブームが起こって、漫才師がダーッていってる中、なぜか売れていきましたやんか一緒に。さらに」
さんま「いやぁ、サブやんはそう言うけど、漫才ブームのとき、〝あぁ、一旦休憩か〟と思たよ、俺は」
サブロー「うそ〜？」
さんま「ほんとほんと。俺は背中が見えるぐらいの位置にいようと思っててね。漫才ブームやから、俺はピンやし、っていうのがあったなぁ」
サブロー「せやけど、必ず、漫才ブーム組が出てるときのMCとか、絶対入ってて」
さんま「入れていただいてたからねぇ」
サブロー「のりお兄さんなんか、〝ずーっとさんまがおるなぁ、なんでや？〟って言いはるから、〝いや、こんだけのメンバーを仕切ろうと思たら、さんまさんぐらいしかアカンのちゃいますか？〟言うたら、〝俺やったらなんでアカンねん？〟〝いや、兄さんはキャラちゃうような気ぃするけどなぁ〟言うて（笑）」
さんま「（笑）」（関西テレビ『大平サブロー36周年！さんまのムチャぶり北海道で反省歩き旅』２０１１年10月30日）

紳助「大阪で、さんまと紳・竜のブームがあって、でも、さんまには負けてた。ちょこっとだけど、負けてた。で、漫才ブームが来て、やった！　これでアイツを引き離せる、と思うて。さんまからリードせなあかんかったですよ。だけど、アイツはくっついてきおって、関係ないくせに。2馬身は離さなあかんかったけど。この間、さんまに腹わって話そうかって。なんであん時、お前はぴったりついて来たんやねんて。アイツにとったら、いま、離されたらもう絶対あかんト。絶対についていかんとあかん。漫才ブームだから、漫才の連中の方がパワーあるけど、非常につらかった。僕も、キツかった。ブームが終われば、絶対にさんまの方が有利になるト。だから離

しておきたかったね。結局、さんまは追っかけてきて、まあ、今、当分負けですよね」（「女性セブン」１９８４年10月４日号）

「さんま&アベレージ」結成

さんまがバンド活動を始めたのは、１９８０年1月。『ヤングタウン』のディレクター・渡辺高志との会話の中で、「バンドをやりたい」とさんまが語ったことから、渡辺がアドバイザーとなり、『ヤングタウン』にレギュラー出演していたアマチュア・バンド「アベレージ」と組み、練習を始めた。同期の紳助がバンドを結成したことや、『オールナイトニッポン』を通じて親睦を深めた桑田佳祐をはじめとするミュージシャンたちとの交流が刺激となった。

渡辺高志「週二回、心斎橋のスタジオでみっちり練習しました。レパートリーはサザン、矢沢、それにオリジナルが何曲か。みんなのって練習しました」（『ヤンタンの時代。』）

さんま「サザンの桑田さん。この人、すごい才能の持ち主や。『気分しだいで責めないで』から『いとしのエリー』に変わった時なんかね、すごいミュージシャンや、こんなミュージシャンは日本になかなか出てけえへんで、と思った。（中略）その桑田さんと友だちになれるなんて最高や。向こうもぼくのこと『さんま』と呼んでくれるしね。ボロクソいいあって遊べるというのは夢のようや。（中略）

甲斐バンドの甲斐さんも、こないだラジオかなんかで

『こないだ東京で5年ぶりに目の輝く人と会いました。それは明石家さんま君です』
ってていってくれたんです。もう感動してねえ。うれしかった、ほんまに。

松山千春。このビッグスターとも親しくしてもらっている。ほんで、OBC（引用者註：ラジオ大阪）へ行った時にでも、音楽のこといろいろ教えてくれた。（中略）

ぼくの顔見てね、
『ニューミュージック界のさんまです』
ってていってくれたんや、向こうからいきなり。だから、ぼくも
『あっ、落語界の千春です』ゆうて、あいさつしてね、ワーワーしゃべったんや」（『ビッグな気分』）

バンド名は「さんま&アベレージ」に決まり、1980年5月、正式に結成された。メンバーは、明石家さんま（ボーカル）、植村和司（リードギター）、赤枝昭彦（サイドギター）、北平和彦（キーボード）、目黒ジロー（ベース）、元田稔（ドラム）、町井進（サックス）。さんまは過密スケジュールに追われる中、懸命に練習を重ね、ファースト・アルバムを制作する。

タイトルは『B・i・gな気分 いくつもの夜を超えて』。同年9月1日、CBSソニーより、シングル「B・i・gな気分 IT'S BIG FEELING／悲しい女のままで」と同時に発売された。さんまはオリジナル曲「B・i・gな気分」「悲しい女のままで」「Good-bye Summer Girl」「君のビーナス」「いつものように」「いくつもの夜を超えて」の作詞・作曲をアベレージと共に制作。

加山雄三の「海・その愛」、矢沢永吉の「ウイスキー・コーク」、甲斐バンドの「安奈」、堺正章の「街の灯り」をカバーし、A面には、毎日放送千里丘放送センターの第一スタジオで行われたライブの模様が収録された。

同年8月24日、さんま&アベレージは、『ヤングおー!おー!』で初演奏。8月27日には、お披露目ライブを開催した。

さんま「ホンマ、今年の夏はギッチリ充実してたな。生まれて初めてバンドを作って、作詩・作曲、慣れへんペンを持ったりして。ただ、有名な〝さんまスケジュール〟で、時間の余裕があらへんかったんが、シンドカッたわ。自分の中の〝何か〟を表現するのんは書くのも歌うのもムズかしいもんや」(「明星」1980年10月号)

さんま「コンサートを企画から構成、演出まで全て自分でやって全国まわれるようになったら、サイコーやね。けど何より、一日一日が明るく楽しかったら、それが一番ですわ」(「ラジオマガジン」1980年6月創刊号)

松田聖子とツーショット

1980年8月、さんまは同年4月にデビューしたばかりの新人歌手・松田聖子と共に、「週刊明星」(1980年8月24日号)の表紙を飾った。ふたりとも、「週刊明星」の表紙を飾るのは初めてのこと。撮影は7月14日の朝、神奈川県逗子市にある「なぎさホテル」で行われた。

撮影前日の夜、ホテルで開かれた食事会の席で、さんまは聖子と初めて言葉を交わす。

「初めまして、松田聖子と申します」

「あ、どうも明石家さんまです。聞いたで、デビューしたばっかりなんやて？　歌手の世界は大変やで。アカンかったらすぐやめや。ズルズルズルズル、アイドルにしがみついてたらアカンで」

「はい（笑）」

撮影当日、さんまは聖子の緊張をほぐそうと、何度も笑顔で話しかけ、終始、和やかなムードで撮影を終えた。

さんま「松田聖子ちゃんが売れてない頃に、俺とツーショットで『週刊明星』の表紙を飾ったんや。〝桜田淳子さんとツーショットで表紙やりますか？〟って言われて、〝やめてくれ、有名な人はいらない。無名な女の子で頼むわ〟って言うて」（『明石家さんちゃんねる』2008年8月13日）
さんま「聖子ちゃんが初めて『週刊明星』の表紙になったのは、俺となんですよ。俺もお笑い芸人で初めて『週刊明星』の表紙に。あれは自慢やね。聖子ちゃんがあっこまですごくなるとは夢にも思わなかった。
皆、〝この子はすごいんですよ。次、絶対きますから〟って。〝さんまさん、この子は絶対スターになりますから〟って言われて。〝ウソばっかり、売れるか？　こんな田舎娘みたいな顔した子が〟って言うてたんですよ、冗談半分で。
ほんだら、その3か月後に会うたときに、俺、松田聖子を探して挨拶に行ったもんね。〝俺！

俺！〞って（笑）。〝覚えてる？　覚えてる？〞とか言うて（笑）」（『MBSヤングタウン』2014年7月19日）

1980年9月21日、『ヤングおー！おー！』に新グループが誕生する。その名も「パッパラパーズ」。メンバーは、Wパンチ、前田一球・写楽、岡田祐治、村上ショージの6人。同年9月14日の放送をもって卒業した「ザ・パンダ」（桂文珍、林家小染、月亭八方、桂きん枝）に代わっての大抜擢だった。

ショージと仲の良かったさんまは、この『ヤングおー！おー！』での共演を機に、ドラマ『噂の刑事トミーとマツ』（TBS）のPR番組でレポーター役として共演するなど、いっそう親睦を深めていく。

村上ショージ「素人のころから『ヤングおー！おー！』を見てたわけよ。『ヤングおー！おー！』に出たら絶対売れるっていうジンクスがあってんけど、その番組に俺が出るようになったときに、パッパラパーズのメンバー見て、〝このチームは絶対売れへんわ〞って思ったからね」
さんま「（笑）」
ショージ「案の定や。みんな裏口から歩いて帰っとったもん。ファンの子もついてけえへん」
さんま「ほんとに、ファンはビックリするぐらい少なかったですね」（『MBSヤングタウン』2007年2月24日）

さんま「三枝兄さん主催の卓球大会にショージと参加してね。僕は群抜いて上手かったんで、実力を出しきれず、非常に困りました。三枝兄さんのレベルに合わすのが大変なんですよ。後輩やからね。手を抜きながら、ええ勝負せなアカンやんか。

試合が終わって、俺が三枝兄さんに、〝すっごい、球がキレてましたわぁ〟って言うてんのを聞いて、ショージが、〝ウソばっかり言いなはんな〟言うて怒りよんねん」

ショージ「上手いでぇ。さんまさんに空振りさしてみ、むちゃくちゃ上手いから」

さんま「（笑）」

ショージ「目ぇ剝いて振り切んねやから」

さんま「（笑）」（『ＭＢＳヤングタウン』１９９７年８月９日）

吉本興業の東京進出

１９８０年10月、吉本興業の中邨秀雄と林裕章が指揮を執り、東京に事務所を設立する。場所は、赤坂のストークビル４階の小さな一室。「東京連絡所」と名付けられたこの事務所で働くのは木村政雄と大﨑洋の２名のみ。

当初は、さんまと紳助・竜介のブッキング（各所からの出演依頼に応じ、日程調整や出演料の交渉などを行い、出演契約を結ぶ業務）が主な仕事だったが、所長である木村が手腕を発揮し、漫才ブームによって激増するテレビのバラエティ番組に、次々と吉本興業の漫才師を送り込み、「東京連絡所」は大きく発展していくことになる。

大﨑洋「がらんとした事務所にはスチールデスクと椅子が置かれ、電話は一台だけ。大阪時代からテレビ局や芸人さんと電話で連絡をとるのはほとんどが木村さんで、僕は一日中現場を飛び回っている。ならばこれで十分だろうということだったが、この電話はすぐ、ひっきりなしに鳴り続くようになり、慌てて新しい電話回線を引かなければならなかった。

ブームは、吉本の予想をはるかに上回る勢いで走り出していた」（『笑う奴ほどよく眠る　吉本興業社長・大﨑洋物語』）

木村政雄「当時の東京事務所はさんまと紳助・竜介が中心に回っていました。どちらかといえば、さんま君が長男で紳助君が次男みたいな感じ。紳助君は怖がりなところがあって、石橋を叩かないと渡らないタイプでしたが、さんま君はとりあえず行ってから考えようやというタイプで、ちょうど2人のバランスがよかった。特にさんま君のしゃべりのテンポ、スピード感、笑いの指向性が、ザ・マンザイの時代にぴったりフィットしていたんです」（「アサヒ芸能」1999年9月2日号）

さんま「オレらのときは、吉本が大阪から東京進出をかけて来てるから。その切り込み隊長やったから、オレのことを知ってほしいから、向こうがイヤでもしゃべりにいかなあかんかった。

あのときはまだ、関東と関西ってライバル意識がすごい強かったから、大阪の芸人が来やがってみたいな空気の中で人気もんになっていかなあかんねんからやなぁ。もう、どんどんしゃべっていったよ」（『MBSヤングタウン』2019年9月7日）

大﨑洋「漫才ブーム以前は、吉本のタレントさんはほぼ全員が大阪に住んでいた。テレビの仕事も大半が大阪キー局の制作だ。東京のレギュラー番組はやすし・きよしさんの『歌まね振りまねスターに挑戦!!』があったくらいで、それも地方を回っての公開収録だった。

他のタレントさんが東京に行く機会は年末年始の特番など数えるほどで、三枝さん、仁鶴さん、やす・きよさん以外は大阪からマネージャーがついてくることもほとんどない。若手には会社からスケジュールを書いた紙が渡されるだけで、みんなそれを見ながら自分で新幹線やタクシーに乗って移動していた。（中略）東京事務所がブッキングを担当していた数少ないタレントだったこともあり、さんまとは頻繁に顔を合わせるようになった。

仕事の合間を見つけては、まだヒマだったさんまを誘ってよく食事をした。（中略）食事の後は、喫茶店に入って何時間も話をした。

これからどんな仕事をしていくのか、芸や方向性まで含めて、一緒に悩んで考える楽しさもあった。

僕にとっては初めて仕事を超えて、タレントさんとの触れ合いを実感した関係でもあった。

（中略）

当時のさんまにはまだブレーンと呼ばれる存在もおらず、こと芸に関してはどんな現場でもひとりで立ち向かっていた」（『笑う奴ほどよく眠る　吉本興業社長・大﨑洋物語』）

さんま「スーパーのイベントとか行くと、ファンがザーッと俺が乗るタクシーの方に来るわけですよ。そこでもマネージャーがいてないから、俺が〝下がって！〟とか言うて、タクシーに乗り込むわけですよ。ひとりで行ってますからね。大阪の芸人にファンが殺到するなんてことは、それまでなかった時代でしたから。俺が全部整理して、〝ほいじゃなぁ！〟って言うて帰るんですよ。

売れてきて東京に来るでしょ。共演者の楽屋に行って〝大阪からやってきた明石家さんまさんです〟って紹介してもうて。〝えっ？　さんまちゃん、ひとりなの？〟とか言われて。他のタレントさんにはマネージャーやら付き人の人らが3人ぐらいついてたりしますからね。先輩にはマネージャーがついてるから、放送局で会うと、〝佐敷（慎次）さん、コーラ買うてきますけど、飲みまっか？〟とか言うて。俺がマネージャーにコーラを買ってくるのを見て、他の事務所の人はビックリするんですよ。タレントがマネージャーに飲み物を買ってくるなんて信じられないっていうのでね。そういう時代ですから。

今は若手でもマネージャーはつくやろうけども、俺は売れてから10年ぐらいつかなかったよ。現場はひとりで行ってましたから」（『ＭＢＳヤングタウン』２００９年４月４日）

さんま「若いときから結構人気あって、キャーキャー言われてるときから、ひとりで行動しようとか、ひとりで何かしようと心がけてたんですよ。というのは、人気っちゅうのはいつまでもあるもんじゃないですから。ひとりで行動することができないタレントさんがその頃いっぱいいてね。売れてるときはいいんですけども、売れなくなると生活に困るわけですよ。そういうことはないように、ひとりでいろいろ行動するように心がけてたんですよ」（『ＭＢＳヤングタウン』２００１年８月25日）

さんま「俺なぁ、みんなから、〝さんまさんて、ほんとに、いろんなことに出会いますね〟って言われんのよ。違うのよ。それだけ動いてんのよ、俺は。みんなはマネージャーと一緒に行動してるやろ。だから、起こることって限られてんのよ。ひとりで行動すると、いろんなおもしろいことがあるわけよ。道間違ってもおもしろいし、ひとりでポツンと、どっか行ってもおもしろいしね。そういう楽しみを見つけなダメよ、今の芸能人は」(『MBSヤングタウン』1995年4月15日)

さんま「上岡龍太郎さんが言ってたのは、エピソードがない人って、街を歩いてても、おもしろいことを考えてないから出会わないねんて。俺は昔から、〝テレビで使えるおもしろいネタはないか〟って、いつもアンテナを張ってたから、おもしろい話が入ってくるんですよ。いろんなところへ行きますよ。街をブラブラしたりとか、そうしかおもしろいことに出会わないと、俺はそう思てんねん。

笑いの作り方なんて人それぞれやけど、俺はリアルに、体で感じなきゃダメなタイプの人間やから。もちろん、お笑い芸人ですからね、ある程度の脚色、組み立て方は考えますけど」(『ビビる大木のオールナイトニッポン』2005年3月23日)

吉本興業の東京連絡所に所属することになったさんまと紳助・竜介は、共演する機会が増していく。先輩芸人から直の営業を頼まれることも増え、過密スケジュールの合間に引き受けることもあった。

ある日、さんま、紳助、竜介の3人は、パンチパーマをかけたチンピラ風の男の車に乗り込み、営業先である奈良へと向かった。

男は運転しながら、後部座席に座るさんまに声をかける。

「さんまちゃん、ワシの仕事、何かわかるか?」

さんまは、どう見てもカタギには見えないその男の後頭部を見ながら、恐る恐る答えた。

「あっ、ブティックか何か経営してらっしゃるんですか？」

「ハハハ、おもろいこと言うやないか。さすが芸人やのぉ。ワシらなぁ、ガソリンスタンドのレジ盗んどんねん」

絶句する3人を前に、男は淡々と続けた。

「あれなぁ、レジ割ってから30秒間が勝負やねん。その間に急いで逃げるんや。自分ら芸人やめたらウチに来たらええわ。コツ教えたるさかい」

男は赤信号を無視し、アクセルを強く踏みながら、さらに続けた。

「自分ら、俺がなんで赤信号で止まれへんのか思てんねやろ？　かまへんねん、これ外車やから」

3人は生きた心地がしなかった。

なんとか無事に、営業が行われる宴会場に到着した3人は、いかつい男たちの前でステージに立ち、大爆笑をとった。そして3人が帰り支度をしていると、ひとりの男から2階の座敷に来るよう命じられる。部屋に入ると、そこには4人の男が鎮座していた。

「悪いけどなぁ、よう盛り上がったさかい、もう1回やってくれへんか？　金は出す。あと10万出すからもう1回やってくれや」

時刻は23時を回っていた。さんまは、この後、紳助に用事があることを聞かされていたので、

「いえ、1回って聞いて来てますから、お断りします」と頭を下げた。

「ええやないかい！　もう1回やったれや！　金出す言うてるやんけ！」

男の怒号が響いた。

「ええやん、さんま、あと1回やろう」

紳助が何度説得しても、さんまは聞き入れなかった。

結局、交渉は決裂し、最後に記念撮影をすることになった。

「紳竜、さんま、そこへ並んで、俺の女と写真撮ったってくれ。いくで……ちょっと待ってくれ。アカンなぁ、このごろピストル撃ってへんから、指曲がらへん」

男がそう言った瞬間、3人の顔から血の気が失せた。この2週間後、3人を送迎したパンチパーマの男が逮捕されたという記事が新聞に掲載された。

紳助「1回目が終わったら、〝もうワンステージせぇや、お前ら!〟って言われてん。怖いやん?人の紹介で行っててんねんけど。ほんだらこいつ、すごいで。〝できません、僕は1回って聞いてます〟って、バーンつっぱんねん。俺は説得や。間に入って、〝まあ、そう言わんと2回やったらええやん〟言うて」

さんま「(笑)」(『さんま・中居の今夜も眠れない』2005年7月23日)

紳助「あれは、お前、立派やった。むちゃくちゃ怖かったもん」

さんま「俺は、あのとき死んでもええと思てん」

紳助「迎えにきはってん。俺とさんまと竜介の3人で車に乗って。運転手のおっちゃん見たら、ジャンケンしにくい手ぇや。傷だらけや」

さんま「あのときにこいつは弱いやっちゃ思た。はよ帰らなアカン言うてたから、俺はお前らの代弁をしたわけや」

紳助「怖いやん」

さんま「〝もうこれ以上できませんから、勘弁してください〟って言うてんのに、そのあとや、〝僕、朝までやらしていただきます！〟言うて。俺、あのときショックやったわ」
紳助「お前はやっぱり、ヤクザ映画で菅原文太見とったから。俺、桜木健一見とってん」
さんま「（笑）」（『紳助のMTV倶楽部』1987年4月25日）

さんまvs.小朝

1979年1月、「1979年をになう話題のルーキー」と題された雑誌の企画で、東西の人気落語家として横並びに紹介されて以来、さんまと春風亭小朝のふたりは、同年齢ということもあり、なにかと比較されてきた。

小朝は、15歳のときに春風亭柳朝のもとに入門し、1980年5月、36人の先輩をごぼう抜きにして真打に昇進。非凡な才能の持ち主で、〝はなし家形態模写〟という、落語家の動きやしゃべりを真似る珍芸を得意とし、ラジオのパーソナリティ、歌手としても活躍する人気落語家。「横丁の若様」「落語界のプリンス」と呼ばれるほどの、甘いマスクと流麗な話芸で、観客を魅了していた。

小朝は1980年10月から『ヤングおー！おー！』の準レギュラーとなり、さんまと共演することになる。初出演の回では、「東京対決さんまvs.小朝」と題された企画が行われた。

小朝「今月は（昇進）披露があったんで寄席は休みましたが、来月1日から、また50日間寄席まわりがはじまります。でも、どうしてこんなにモテるのかわからないんだ。世間に話題が少ないせいじゃないのかな。さんまさんの楽屋には親衛隊の女のコが押しかけてくるそうですが、ぼくの場合は独演会は満員になっても、そんなことはないし、さんまさんの人気にはおよびもつきませんよ。さんまさんは落語を捨てても、つまりイワシになろうがサバになろうがやっていけるでしょうが、ぼくの場合は落語やめたらお話にならない。でも、今年は10月まではレコード出したり、エッセイ集を出版したりするつもりでいます。あまりいろいろ手を出しすぎると、ファンに叱られていますが、いまは吸収期間ですから。とにかく、これから先、落語界はどうなっていくかわからないし、これだと決めたら、自分の思うようにやっていくよりしようがないと思うんだ。ま、よくもわるくも小朝の落語をつくりたいということかな」

さんま「目標はうちの師匠（笑福亭松之助）です。ライバルは考えたことない。小朝さんはりっぱやと思います。ぼくと小朝さんを比べてもろたらにいさんに失礼やと思う。派が違うんですわ。色も違うんですわ。民謡とロックの違いがあるんとちがいますか」

小朝「さいきん、大阪からさんまさんの悪い評判が伝わってくる。それがすごく気になるんだな。ぼくはさんまさんが好きだからあえていうけど、人気の波がひいたとき、何が残っているかが問題だと思うんだ。昇進披露のとき、ぼくは林家正蔵師匠（85歳）に、そんなにあせって稼いでどうする、稼ぎたければ長生きしろって叱られた。こっちの悪い噂もさんまさんに伝わってるかもしれないが、正蔵師匠の小言を肝に銘じて、お互いがんばろうよ」（「週刊平凡」１９８０年5月8日号「誌上激突　関東・関西のモテモテ落語家　春風亭小朝vs.明石家さんま　金から女まで裸で勝負!!」）

さんま「よく演芸評論家が『さんまの芸は軽率や』なんて新聞に発表してるけど、あれ困りますな。

あれは『あそこの肉屋の肉、くさってるから食べるなよ』というのをわざわざ新聞で書くのと同じなんやね。

他人の商売を絶対けなしたらアカンのや。もちろん、ぼくの中には（ああ、この人、心配してくれてはんのかな）と思う半面、（そんな心配せんでもええねん）と思うのがあるね。

東京で人気の小朝兄さんも、そういう意味でぼくのこと心配してくれはって、『さんまは強いタレントや』とスター千一夜かなんかでいうてくれてた。『あいつはどこ行っても勝ちますね』って。

まあ、ぼくはさっきいったように、いまを生きてるから、『しかし、人気が落ちたあとの将来を考えといたほうがいい』なんていわれると、心の中で（そんな心配せんでもええよ。安心してください）と思ってしまう」（『ビッグな気分』）

『笑ってる場合ですよ!』と『天皇の料理番』

1980年10月1日、フジテレビのバラエティ番組『笑ってる場合ですよ！』は始まった。

フジテレビの昼12時の枠は、主婦層をターゲットにした他局の番組に押され、低視聴率にあえいでいた。そこで、佐藤義和、三宅恵介、荻野繁、山縣慎司、永峰明、5人の新進ディレクターが集結し、人気漫才師を中心メンバーに据えたテレビ番組の企画を立ち上げる。月曜から金曜日まで、東京・新宿に完成したばかりのスタジオアルタより1時間の生放送。

総合司会はB&B。各曜日のレギュラーメンバーは、ザ・ぼんち（月曜）、ツービート（火曜）、島田紳助・松本竜介（水曜）、春風亭小朝（木曜）、西川のりお・上方よしお（金曜）。

5人のディレクターたちは、「アルタを笑いの発信地にしよう！」を合言葉に、『笑ってる場合ですよ！』の名刺と、『笑ってる場合ですよ！』のファンクラブの会員証を作り、毎晩、六本木のディスコやクラブに通いつめ、女子大生やホステスたちに配り回り、2か月に一度、会員向けの会報を発行するなど、地道な宣伝活動を繰り広げた。

三宅恵介「昼間の番組だから、若い主婦やヒマな大学生をターゲットにしつつ、『他に昼間にテレビを観ているのはどういう人たちか？』って考えたときに、水商売の人たちだ！と思い当たって」（「本人 vol.11」２００９年９月）

各曜日のレギュラー陣の勢いと、制作陣の意気込みが噛み合い、『笑ってる場合ですよ！』は、開始からひと月後、昼間の番組としては異例の10・３パーセントという高視聴率を獲得する。

さんまはこの番組の演芸コーナーに、月に一度のペースで、毎回６分ほどの漫談ネタを作って出演した。

●１９８０年10月１日（水）〜１９８２年10月１日（金）『笑ってる場合ですよ！』（フジテレビ月曜〜金曜12：00〜13：00）
総合司会：B&B、出演：ザ・ぼんち（月曜日・ものまねグランプリ）、ツービート（火曜日・ロック&ブス）、島田紳助・松本竜介（水曜日・紳竜の料理すきやネン！）、春風亭小朝（木曜日・小朝のちょっと教せえて）、西川のりお・上方よしお（金曜日・のりお・よしおの歌声ウグイス道場）、劇団東京乾電池（月曜日〜金曜日・日刊乾電池ニュース）

1980年10月15日、東京では初となる、さんま&アベレージのコンサートが日本青年館で開催された。大阪では即日完売するチケットも、東京では売れ行きが芳しくなかったため、さんまはテレビや雑誌で、「歌は下手やけど、明るさと情熱でカバーします！ 照明も衣装も凝ってるので是非観に来てください！」と宣伝して回り、多くの観客を呼び込んだ。

□1980年10月15日（水）「さんま&アベレージ・コンサート」（日本青年館18：30開演）

1980年10月19日、宮内省大膳寮厨司長を60年もの長きにわたり務め上げた人物、秋山徳蔵（とくぞう）の人生を描いたドラマ『天皇の料理番』（TBS）が始まった。

秋山を演じるのは堺正章。さんまは、テレビ、ラジオ、劇場での活動で多忙を極めていたため、スケジュール的に余裕はなかったが、全編ではなく数本の出演依頼であったこと、そしてなにより、念願だった堺とのドラマ共演が叶うことが嬉しくて、喜んで引き受けることにした。

さんまは、堺演じる秋山が西洋料理のシェフを志し、上京して最初に勤めることになる「華族会館料理部」の同僚、平野辰吉（たつきち）役を演じることになった。いつも明るく、純朴な辰吉が、欲望に翻弄され、我を失っていく様を、さんまは個性豊かな俳優陣に囲まれながら、懸命に演じた。さんまの演技に興味を示した脚本担当の鎌田敏夫は、さんまの出演期間延長を望んだ。

さんま「3本だけ出てくれって言わはったの。関西弁しゃべれる人。誰でもよかったの。偶然、俺が東京来てるからって出ただけなの。人の縁っちゅうのはそういうもんやねん。やっぱり出会いやねん。3本だけ、関西弁しゃべれる若い噺家さん、出てくれるかなって。3本だけやったら、〝田中裕子に会えるしなぁ〟とか。堺正章さんと一緒に芝居できる喜びだけで」（TBS『ひみつの嵐ちゃん！・嵐シェアハウスSP』2012年10月11日）

さんま「ひょっとしたら、台詞速覚えコンテストがあったら俺、日本でトップクラスちゃうかなぁ。鎌田さんなんて、その日に原稿が来る場合がよくあるんですよ。時間がないから、パッと見て撮影するんですよ。田中裕子さんとのふたりのシーンで、台本が来るのをずーっと待ってたんですよ。ほいで、ファックスで原稿が入ってきたんですよ。田中裕子さんがその後、仕事があるから、一発で回しましょう言うて」（『MBSヤングタウン』2011年11月12日）

さんま「ファックスで、〝届きました！〟って来たのが、ふたりの掛け合いで10ページやで。このときはねぇ、けっこうふたり、カッコよかったね。〝私、たぶん間に合うと思うけど〟〝いや、僕の方が早いですよ〟って言うて。〝私の方が早いよ〟とか言うて。〝僕に台詞覚え勝ったらすごいですわ〟って言うて。リハーサルやったら、ふたりともバシッと入ってて、スタッフが、〝うわぁ〜！〟って言うたんですよ。ほんの30分ぐらいで覚えたんですよ、お互い」（『MBSヤングタウン』1997年1月25日）

さんまはこの『天皇の料理番』で、人生初のキスシーンを演じることになった。相手はキミ子役の田中裕子。田中は1979年に放送されたNHK朝の連続テレビ小説『マー姉ちゃん』でデビューを果たすと、ドラマ、映画、舞台から出演依頼が殺到。注目の新人女優となっていた。

さんまは撮影する1週間前から、大好きな焼肉、ぎょうざを断ち、本番を迎える。

さんま「あのキスシーンは死んでも忘れへんわ。1週間前からぎょうざを食べんのやめてやなぁ、パンツもM寸をS寸にして。もう、田舎者がドラマでキスシーンなんて、とんでもないことだったの。俺、田中裕子さんとエッチできると思いこんでたんですよ」（『中居正広のテレビ50年 名番組だョ！全員集合 笑った泣いた感動したあのシーンをもう一度 夢の総決算スペシャル』2005年10月2日）

さんま「俺、演技は、素人の中の素人やったから、キスシーンした女優さんと、その夜は寝れると思い込んでたのよ。俺たちの時代の人は全部そうやと思う。当時はわかれへんかってんもん、役者の世界って。役者同士で結ばれてたりしたからやなぁ。

向こうからキスをしてくるシーンだったんですけど、ショックやったもん。キスして、OKが出て、〝お疲れさ～ん〟って、田中裕子さんがすーっと帰っていったのよ。〝えっ？ ホテルは？〟とか思て」（『痛快！明石家電視台』2008年7月14日）

『天皇の料理番』は好評を博し、ヒットした。さんまは、優しく、繊細で、人間くさい辰吉を演じきり、演技することの楽しさを覚えた。そして、出演者・スタッフが一堂に会する打ち上げの席で、鎌田敏夫に声をかけられる。

「君を主演にして、いつの日か恋愛ドラマをやりたい」

さんまはそう言ってもらえたことが嬉しく、笑顔で礼を言った。過密スケジュールの中、堺正章らと共に連続ドラマを最後まで乗り切ることができた喜びに、さんまの心は満たされていた。

さんま「役になりきる俳優さんたちをそばで見ていてたいへん勉強になりました」（「マンスリーよしもと」1981年4月創刊号）

笑福亭松之助「さんまが人から落語やりまへんのか、とよく聞かれるそうですが、私はむしろ、さんまに落語はやるなといっているんです。私から見れば、さんまはドラマなどでもっと伸びていく男やと思います。落語にこだわることなく、何でもやってみたらええと思うんです」（同右）

●1980年10月19日～1981年3月22日『天皇の料理番』（TBS毎週日曜20：00～21：00、全19回）
出演：堺正章、檀ふみ、鹿賀丈史、明石家さんま、田中裕子、財津一郎、目黒祐樹、近藤正臣、柳生博、平幹二朗、志賀勝、織本順吉、山田パンダ、山口いづみ、セーラ、朝加真由美、三谷昇、野村昭子、三條美紀、矢崎滋ほか、語り：渥美清

落語家をやめる

1980年11月8日、さんまは演芸番組『イヨッ！まってました！東西落語名人会』（関西テレビ）に司会者として出演することになった。番組収録の3日前、さんまは久しぶりに松之助とゆっくり話す機会を得る。そこで松之助は、さんまの東京での活動が増えてきたことに触れ、こう告げる。

「どうやこの際、落語家をやめたら」

前年の7月27日に開催された落語会「千里繁昌亭」に出演後、落語から距離を置いていたさん

まは、「そうします」と即答した。

3日後、『イヨッ!まってました!東西落語名人会』の収録が行われるうめだ花月の舞台にタキシードを着て登場したさんまは、番組冒頭、こう宣言する。

「わたしは今日限りで落語家をやめます!」

舞台袖から見ていた松之助はその姿に感服し、笑顔を浮かべた。


さんま「売れたい思って入ってきた。初めから人を笑わしたいのが先で、ボクには落語は二番目です。師匠も〝落語はしいな〟いってくれますし、そやからボク、明石家さんまいう屋号つけて、落語協会にも入らず、タレントやいうてんのに、評論家たちは〝落語をしない落語家〟という代名詞をつけてしまうんですワ。ボクの芸を見もせんと、人の噂を聞いて文にしよる。ひどい人多いですワ。

現実に、吉本(興業)も落語はいらんと堂々といっとる会社やし、『なんば花月』じゃ落語なんてでけんのですワ。

なぜ? だって千人を越すキャパシティがあって、団体さんが入って、子供が走りまわり、弁当食ろうてる前で、その客を引きつけるには、テンポの早いものしかでけへんのですよ」(「週刊大衆」1982年2月22日号)

さんま「今は、落語協会にも入らんと、劇場でも漫談をやっとる。『落語へ戻るんなら、また笑福亭をやる』と、師匠からは言われてますが、とにかく、今は何でも夢中でやろうと思うてますわ」(「アサヒ芸能」1982年9月9日号)

さんま「〝継続は力なり〟って言葉があるやろ。いまを必死で生きることは決してムダにはならへんと思うわ。

これからもテレビ時代は続くでしょう。ぼくが死ぬまでは間違いなしやと思う。で、一方で、いまテレビに出んと、みっちり落語の修業をしてる人もいると思う。つまりぼくと正反対にね。下地ができて、いざテレビへ進出やとその人が登場した時、ぼくはその人に絶対に勝たなあかんのや。テレビでぼくは育ってきてるからね。

そんな人たちが出てきて、ぼくが司会者をとられんように、勝たなあかんね。でも、それは単に芸だけやない。人間としても、もっともっと磨かねばあかんのや。そやけど、これだけの経験があれば、たぶん勝つし、勝たなおかしいと思うんや。それが勝負や。

そやから、ぼくはこれから将来も、テレビタレントでいくような気もするし、いかなしようがないですよ。

そうなると、本当に忙しい〝いま〟のひとつひとつが必ずぼくの栄養になるとちがいますか？」（『ビッグな気分』）

さんま「そら落語いうのは昔からある素晴らしい芸の世界やと思いますけど、自分では、もっと違う新しい笑いをつくったるんや、みたいな気持ですからね。落語よりもっとわかりやすいハナシはないのかいな、てな感じです。せやから、落語やってくれという話あっても全部ことわってますねん。（中略）もし落語またやるんやったらテレビやめないかんでしょ。（中略）ボクの口調がね、もう完全にテレビの口調になってますからね。落語をとるかテレビをとるか、ですな。ほ

んで、ボクはテレビでやっていきたいから、もう落語へはもどれない、いうことです」（「スコラ」1983年1月27日号）

●1980年11月8日（土）『イヨッ！まってました！東西落語名人会』（関西テレビ16：00～17：25）司会：明石家さんま、出演：桂三枝、春風亭小朝、笑福亭仁鶴、柳家小さん

1980年11月22日、朝のワイドショー『八木治郎ショー・いい朝8時』（毎日放送）に出演し、女優・大竹しのぶと共演する。さんまは、ドラマ『天皇の料理番』とファーストアルバム『B・i gな気分』の宣伝、しのぶはドラマ『恋人たち』（TBS）と、舞台公演の宣伝をするために出演。ふたりは、毎日放送千里丘放送センター内の「Aスタジオ」へと続く廊下の前ですれ違い、初めて言葉を交わした。

さんま「毎日放送の土曜日かなんかの朝の生放送があったんですよ。そこに僕がどうもゲストに行ってたらしく、それすらも覚えてないんですけども。

朝早いし、冬やし、ガラガラ声でしんどそうに歌ってたんですって。ほんだら、大竹さんが俺を見て、〝すっごい大病を患ってる人が最後のテレビ出演してる〟と思ったらしいんですよ（笑）。〝あっ、これはテレビ局の人が、若くしてもうすぐ死を迎える人のために〟って。

まったく知らない曲を大阪の兄ちゃんが歌わしてもらってるっていう。もう泣きそうになったらしいんですよ。それをおばあちゃん（しのぶの母）が鮮明に覚えてらっしゃって。大竹さんの舞台について来られてて、楽屋の面倒を見る半分、大阪の知り合いに会いに行くので、ホテルでその番組を見てたらしいんですよ。おばあちゃんも、〝えらい声でかわいそうに〟って。最初、浪

曲師やと思わはったらしい、マジで」(『MBSヤングタウン』2012年9月22日)

●1980年11月22日(土)『八木治郎ショー・いい朝8時』(毎日放送8:00〜9:25)
「カワイイ女! 素顔の大竹しのぶにさんま感激」
ゲスト:大竹しのぶ、明石家さんま

【コラム7】漫才ブームの嵐の中で

飛ぶ鳥を落とす勢いで1979年を駆け抜けたさんまさんでしたが、80年代に入り、漫才ブームが到来したとたん、状況は一変します。落語家やピン芸人の仕事は激減する一方で、コンビの漫才師のもとには仕事の依頼が殺到。このブームによって大阪で活動していた漫才師たちの人気が全国的に広がり、さんまさんのファンだった若者たちの多くが、ザ・ぼんち、紳助・竜介、サブロー・シローらのもとへと去っていきました。

このときさんまさんは芸人人生で初めて焦りのようなものを感じ、漫才ブームに乗る漫才師たちにくらいついていこうと、力の限り戦います。その結果、さんまさんの仕事量は減ることなく、爆走する漫才師の背中が見える距離で踏ん張り、追走し続けることができました。

ではなぜ、ピン芸人として唯ひとり、さんまさんだけが漫才ブームの波に乗ることができたのか。それは、『ヤングおー！おー！』のレギュラーメンバーとなってから、桂三枝さんにしごかれ、あらゆる仕事を経験したことで、どのような状況にも対応できる能力を身につけていたこと。吉本の漫才師よりも一足先に東京に進出したことで、吉本興業が東京に事務所を構えた際、真っ先に所属できたことにより、キー局の演芸番組や漫才関連のイベントの司会者としての仕事をたくさんもらえたこと。漫才ブームの最中、大阪で一緒に仕事をしていた仲間たちと共演する機会が増えたことで、気負わずに東京の番組に溶け込むことができたこと。これら、様々な要因がうまく重なったからでしょう。

この年、『スター千一夜』の特集「笑いのアイドル」に出演し、後に盟友となるフジテレビの三宅恵介さんと直接仕事ができたことも、さんまさんの運の強さを感じます。この番組に出演したことが契機となり、フジテレビの番組に出演する機会が増えていきました。

この1980年ではもうひとつ、大きな出来事がありました。

前年から落語に対して距離を置いていたさんまさんは、『イヨッ！まってました！東西落語名人会』の収録中、タキシード姿でうめだ花月の舞台に立ち、「わたしは今日限りで落語家をやめます！」と宣言し、古典落語と決別することになりました。その様子を現場で観ていた松之助師匠は当時の心境を振り返り、「感服しました」と、ご自身のブログで綴られています。

翌年には三枝さんが主催する「創作落語の会」に参加することになりますが、「さんま君は創作落語というのがしっくりいっていませんでした。（中略）規定演技では輝かない。自由演技でこそ輝く存在」と、三枝さんが自著『桂三枝という生き方』で述べた通り、創作落語とも嚙み合わず、すぐに離れることになります。そして、テレビドラマの出演も増えていき、音楽活動に力を注ぐようになるなど、活動の幅が徐々に広がるにつれ、花月劇場で披露していた漫談をもやめる日がやってくるのですが、それはまだ、もう少し先の話。次の章では、いよいよ『オレたちひょうきん族』のお話が始まります。

【1980年の明石家さんま活動記録】

——1980年（24～25歳）の花月の出演記録

■うめだ花月1月上席（1979年12月31日～1980年1月10日）
出演：西川のりお・上方よしお、滝あきら、ザ・パンチャーズ、二葉由紀子・羽田たか志、明石家さんま&島田紳助・松本竜介（ポケット・ミュージカルス「晴姿三人男」）、桂きん枝、中田カウス・ボタン、チャンバラトリオ、桂三枝、吉本新喜劇

■なんば花月1月下席（21日～31日）
出演：晴乃ダイナ、桂文太、島田紳助・松本竜介、ザ・ぼんち、ザ・パンチャーズ、マジック中島・ひろみ、明石家さんま、中田ダイマル・ラケット、船場太郎（ポケット・ミュージカルス）、八多恵太、チャンバラトリオ、桂小文枝、吉本新喜劇

■京都花月2月上席（1日～10日）
出演：伊豆あすか・奄美きょうか、西川のりお・上方よしお、桂小軽、桂三と九、桂枝織、マジック中島・ひろみ、滝あきら、新谷のぼる・泉かおり、明石家さんま、桂文珍、チャンバラトリオ、吉本新喜劇

■なんば花月2月中席（11日～20日）
出演：松みのる・杉ゆたか、中田ハチ・マキ、宮川大助・花子、桂枝織、滝あきら、西川のりお・上方よしお、木川かえる、明石家さんま、池乃めだか&津島ひろ子（ポケット・ミュージカルス）、はなあい花・今喜多代、月亭八方、中田カウス・ボタン、笑福亭仁鶴、吉本新喜劇

■京都花月3月中席（11日～20日）
出演：前田一球・写楽、桂枝織、桂三と九、桂小軽、松旭斎たけし、滝あきら、明石家さんま、新谷のぼる・泉かおり、木村進&室谷信雄（ポケット・ミュージカルス）、東洋朝日丸・日出丸、林家小染、コメディNo.1、吉本新喜劇

■なんば花月3月下席（21日～31日）
出演：Wパンチ、前田一球・写楽、村上ショージ、スクールメイツ、島田紳助・松本竜介、市川歌志・泰子、滝あきら、明石家さんま、一陽斎蝶一&新谷のぼる・泉かおり（ポケット・ミュージカルス）、中田ダイマル・ラケット、桂きん枝、林家小染、横山やすし・西川きよし、吉本新喜劇

■京都花月4月上席（1日～10日）
出演：西川のりお・上方よしお、若井小づえ・みどり、新・爆笑軍団、明石家さんま、マジック中島・ひろみ&新谷のぼる・泉かおり（ポケット・ミュージカルス）、東洋朝日丸・日出丸、桂文珍、林家小染、チャンバラトリオ、吉本新喜劇

■うめだ花月4月下席（21日～30日）
出演：横山ゆうじ・西川こうじ、滝あきら、新谷のぼる・泉かおり、ザ・パンチャーズ、ザ・ローラーズ、明石家さんま、木村進&室谷信雄&京山福太郎（ポケット・ミュージカルス「春霞」）、中山礼子・八多恵太、月亭八方、林家小染、コメディNo.1、吉本新喜劇

■うめだ花月5月上席（1日〜10日）
出演：ふぁ〜るちっぷ（小緑・仁雀・文太・仁福・仁智）、今いくよ・くるよ、ザ・ダッシュ、松旭斎たけし、明石家さんま、阿吾寿朗・今喜多代、桂文珍、オール阪神・巨人、ザ・ぼんち&ザ・ローラーズ&前田犬千代・竹千代&笑福亭仁扇&桂文福（ポケット・ミュージカルス「パロディしごき教室」）、吉本新喜劇

■なんば花月5月中席（11日〜20日）
出演：晴乃ダイナ、松みのる・杉ゆたか、桂枝織、ザ・パンチャーズ、ザ・ぼんち、京山福太郎、明石家さんま、月亭八方&一陽斎蝶一（ポケット・ミュージカルス）、二葉由紀子・羽田たか志、桂きん枝、チャンバラトリオ、桂三枝、吉本新喜劇

■京都花月6月上席（1日〜10日）
出演：ザ・ポパイ（桂枝織&桂三と九&桂小軽）、ザ・ダッシュ、一陽斎蝶一、明石家さんま、新谷のぼる・泉かおり、井上竜夫&京山福太郎（ポケット・ミュージカルス）、中山礼子・八多恵太、桂文珍、桂小文枝、オール阪神・巨人、吉本新喜劇

■なんば花月6月下席（21日〜30日）
出演：伊豆あすか・奄美きょうか、松旭斎たけし、ザ・ダッシュ、若井小づえ・みどり、ザ・ぼんち、島田一の介&木村明&帯谷孝史&佐藤武司（ポケット・ミュージカルス）、明石家さんま、オール阪神・巨人、桂きん枝、コメディNo.1、吉本新喜劇

■うめだ花月7月上席（1日〜10日）
出演：松みのる・杉ゆたか、宮川大助・花子、滝あきら、ザ・ぼんち、ザ・ローラーズ、笑福亭松之助&二葉由紀子・羽田たか志（ポケット・ミュージカルス「さすらいの旅がらす」）、明石家さんま、東洋朝日丸・日出丸、月亭八方、桂小文枝、コメディNo.1、吉本新喜劇

■なんば花月7月下席（21日〜31日）
出演：桃山こうた、桂枝織、歌メリ・マリ、新・爆笑軍団、木川かえる、嵐劇団、B&B、明石家さんま、帯谷孝史&佐藤武司（ポケット・ミュージカルス）、月亭八方、コメディNo.1、林家小染、人生幸朗・生恵幸子、吉本新喜劇

■なんば花月8月中席（11日〜20日）
出演：河内家菊水丸、今いくよ・くるよ、二葉由紀子・羽田たか志、ザ・ぼんち、明石家さんま、間寛平&池乃めだか（ポケット・ミュージカルス「ウルトラマン80」）、天津竜子舞踏劇団、桂文珍、笑福亭仁鶴、横山やすし・西川きよし、吉本新喜劇

■うめだ花月8月下席（21日〜30日、31日は特別興行）
出演：今いくよ・くるよ、西川のりお・上方よしお、一陽斎蝶一、中山礼子・八多恵太、天津竜子舞踏劇団、木村進&室谷信雄（ポケット・ミュージカルス「夏のおわり」）、明石家さんま、桂小文枝、笑福亭仁鶴、人生幸朗・生恵幸子、吉本新喜劇

■京都花月9月中席（11日〜20日）
出演：横山アラン・ドロン、ザ・応援団（西川のりお・上方よしお&松みのる・杉ゆたか&横山ゆうじ・西川こうじ）、マジック中島・ひろみ、ザ・ダッシュ、新谷のぼる・泉かおり、木村進（ポケット・ミュージカルス）、明石家さんま、笑福亭松之助、中

田カウス・ボタン、吉本新喜劇

■なんば花月9月下席（21日〜30日）
出演：前田一球・写楽、ザ・ダッシュ、中山礼子・八多恵太、笑福亭松之助、桂きん枝、前田犬千代・竹千代、村上ショージ、明石家さんま、オール阪神・巨人、花紀京・岡八郎、人生幸朗・生恵幸子、吉本新喜劇

■うめだ花月10月上席（1日〜10日）
出演：伊豆あすか・奄美きょうか、若井小づえ・みどり、マジック中島、ザ・ぼんち、中山礼子・八多恵太、ふぁ〜るちっぷ（小禄・仁雀・仁福・仁智）、明石家さんま、間寛平（ポケット・ミュージカルス「カンペイの曲芸に挑戦!!」）、林家小染、チャンバラトリオ、吉本新喜劇

■なんば花月10月中席（11日〜20日）
出演：桂三馬枝、前田犬千代・竹千代、若井小づえ・みどり、新谷のぼる・泉かおり、二葉由紀子・羽田たか志、一陽斎蝶一、林家染二、間寛平（ポケット・ミュージカルス「カンペイの曲芸に挑戦!!」）、東洋朝日丸・日出丸、明石家さんま、オール阪神・巨人、チャンバラトリオ、吉本新喜劇

■なんば花月11月上席（1日〜10日）
出演：クルミ・ミルク、前田一球・写楽、二葉由紀子・羽田たか志、明石家さんま、月亭八方、太平サブロー・シロー&今いくよ・くるよ&マジック中島・ひろみ（ポケット・ミュージカルス）、チャンバラトリオ、笑福亭仁鶴、吉本新喜劇

■京都花月11月下席（21日〜30日）
出演：横山ゆうじ・西川こうじ、ザ・おっさんズ（笑福亭仁扇&林家市染）、翠みち代、滝あきら、二葉由紀子・羽田たか志、池乃めだか&楠本見江子（ポケット・ミュージカルス）、明石家さんま、中田カウス・ボタン、桂小文枝、中田ダイマル・ラケット、吉本新喜劇

■うめだ花月12月中席（11日〜20日）
出演：大木こだま・ひかり、笑福亭仁扇、翠みち代、東洋朝日丸・日出丸、阿吾寿朗・今喜多代、木川かえる&玉城百合子（ポケット・ミュージカルス「夢みるクリスマス」）、笑顔・やっこ・笑美子、明石家さんま、桂きん枝、横山やすし・西川きよし、吉本新喜劇

■京都花月12月下席（21日〜30日）
出演：宮川大助・花子、松みのる・杉ゆたか、太平サブロー・シロー、前田一球・写楽、ザ・パンチャーズ、二葉由紀子・羽田たか志、島田紳助・松本竜介、林家染二、明石家さんま、お笑い歌のベスト10（間寛平、池乃めだか、楠本見江子、島田一の介ほか）、吉本新喜劇

——1980年（24〜25歳）の主な舞台・イベント出演

□4月14日（月）『第15回上方漫才大賞発表会』（サンケイホール18：30開演）
出演：横山やすし・西川きよし、青芝フック・キック、島田紳助・松本竜介、青芝金太・紋太、ゲスト：芦屋雁之助、横山ノック、上岡龍太郎、明石家さんま、ザ・ぼんち、旭堂小南陵、明石

家小禄、香川登枝緒、藤本義一、倉田まり子
※大賞は横山やすし・西川きよしが獲得。奨励賞に青芝フック・キック、新人賞に島田紳助・松本竜介、新人奨励賞には青芝金太・紋太が選ばれた。

□4月23日（水）『そごう春のスポーツフェスティバル』（そごう大阪店13：00開演）
「お笑いタレントによるスポーツクリニック」（日替わりでお笑いタレントが出演）

□5月3日（土）『さんまリサイタル・アドベンチャーコンサート』（なんば花月19：00開演）

□5月10日（土）『第10回記念〝お笑いなにわ祭〟』（サンケイホール12：30開演）
出演：Wさくらんぼ、ザ・ダッシュ、今いくよ・くるよ、中田伸江・伸児、明石家さんま、横山やすし・西川きよし、島田紳助・松本竜介、水田かかし、はな寛太・いま寛大、宮川左近ショウ

□7月24日（木）『'80ヤングタウンサマーフェスティバル』（大阪厚生年金会館大ホール夜の部17：00開演）
出演：明石家さんま、鈴江真里、原田伸郎、大津びわ子、笑福亭笑光、伊東正治、笑福亭鶴光、角淳一、石川優子、オール阪神・巨人、もんた&ブラザーズほか

□紳助バンドのコンサートツアー『HANKO-KI!』に友情出演
8月2日（土）神戸国際会館（10：30開演）
8月6日（水）和歌山県民文化会館（15：00開演）
8月10日（日）滋賀近江八幡市文化会館（13：00開演）
※さんまは各会場で矢沢永吉の曲を熱唱した。

□8月9日（土）『ドラキュラ・バラ色の血のロック』（なんば花月19：30開演）
出演：桂三枝、明石家さんま、室谷信雄、月亭八方、桂文珍、桂きん枝、林家小染、島田紳助・松本竜介、西川のりお・上方よしお
※桂三枝主宰の「劇団ところてん」の第2回公演。さんまはドラキュラ役で出演。ミュージカル仕立てのこの舞台で、オリジナル曲を唄うシーンが設けられた。
「第1幕の最後が僕の歌で。オリジナル曲を歌うんですけども、途中で緞帳が下がってきて、〝おいおいおい！ なんでやなんでやー！〟言うて暗転なんですよ……。あれは、ようウケとったわ」（『MBSヤングタウン』2001年4月21日）
「すっごい下手やねんけど、ポーズだけ決まってるという。もう大爆笑だったんですよ。恥ずかしかったわ〜、タイツ姿で」（『MBSヤングタウン』2006年3月25日）

□さんまチームvs.紳助バンドチームの野球対決
1980年9月、さんまは即席野球チームを結成し、淀川の河川敷にて、紳助バンドチームと対戦。逆転負けを喫する。試合の模様は、雑誌「セブンティーン」（1980年10月7日号）で紹介された。

□11月9日（日）『バラエティ・オン・ステージ』（なんばCITY「くすの木広場」13：00〜、15：00〜2回公演）

出演：明石家さんま、オール阪神・巨人、ふぁ〜るちっぷ（小禄・仁雀・文太・仁福・仁智）、パッパラパーズ（Wパンチ、前田一球・写楽、岡田祐治、村上ショージ）

――1980年（24〜25歳）の主な出演番組

●1月1日（火）『初詣！爆笑ヒットパレード』（フジテレビ9：00〜13：00）
出演：三波伸介、伊東四朗、桂三枝、青空球児・好児、明石家さんま、林家三平、月の家円鏡、獅子てんや・瀬戸わんや、唄子・啓助、星セント・ルイス、玉川カルテット、ラッキー7、春日三球・照代、ツービート、内海桂子・好江、牧伸二、桜井長一郎ほか

●1月1日（火）『大喜劇！忠臣蔵』（毎日放送16：30〜18：00）
出演：横山やすし・西川きよし、明石家さんま、夢路いとし・喜味こいし、春日三球・照代、佐山俊二、藤田まこと、大村崑、花紀京、由利徹、桂三枝

●1月1日（火）『新春　花の駐在さん』（朝日放送17：00〜18：00）
出演：桂三枝、林家小染、コメディNo.1、山田スミ子、シェリー、明石家さんま、岡八郎
※『花の駐在さん』初出演時には、「町医者」という端役で出演していたさんまだったが、人気を得るにつれ台詞が増えていき、「新人警察官」という重要な役どころを任されるようになる。

●1月1日（火）『プロポーズ大作戦　新春特集！』（朝日放送22：00〜23：30）
司会：横山やすし・西川きよし、出演：桂きん枝、渡哲也、荒木由美子、森昌子、狩人、明石家さんま、和田アキ子、井上望

●1月2日（水）『一日子供放送局』（MBSラジオ12：15〜16：30）
「翔んでる夢の発表会　明石家さんま」

●1月3日（木）『第8回上方お笑い大賞』（読売テレビ16：00〜16：55）
司会：桂三枝、上沼恵美子、出演：笑福亭鶴光、桂朝丸、明石家さんま、青芝フック・キック、笑福亭松鶴（六代目）、桂春団治（三代目）、桂小文枝、夢路いとし・喜味こいし、人生幸朗、桂べかこ、桂枝雀、桂雀三郎、桂雀松、桂雀々、桂九雀、桂雀司、レツゴー三匹、広沢瓢右衛門、ミヤコ蝶々、横山やすし・西川きよし、中田ダイマル・ラケット、吾妻ひな子、正司敏江・玲児、林家小染、桂春蝶（二代目）、海原小浜、ちゃっきり娘、月亭八方、若井ぼん・はやと、藤本義一ほか
※さんまは、漫才チームと落語チームで競い合う大喜利コーナー「お笑いティーチイン」に出演。大賞は桂枝雀、金賞はオール阪神・巨人、銀賞は島田紳助・松本竜介、笑福亭鶴瓶が獲得した。

●1月4日（金）『ありがとう浜村淳です』（MBSラジオ8：00〜10：00）
司会：浜村淳、ゲスト：明石家さんま（「朝からありがとう」のコーナー）

●1月4日（金）『東西寄席』（毎日放送12：00〜14：00）

出演：月の家円鏡、星セント・ルイス、桂三枝、横山やすし・西川きよし、オール阪神・巨人、松旭斎すみれ、獅子てんや・瀬戸わんや、牧伸二、明石家さんま、チャンバラトリオ
※東京：松竹演芸場、大阪：うめだ花月から中継。

●1月4日（金）『やすし・きよしの爆笑弥次喜多珍道中』（関西テレビ14：00〜15：00）
出演：桂文珍、明石家さんま、三浦真弓、松本ちえこほか

●1月31日（木）『11PM』（読売テレビ23：15〜0：23）
「異色美女対談」
出演：明石家さんま、池波志乃、水原麻記、中山千夏、岡本太郎ほか

●2月11日（月）『小川宏ショー』（フジテレビ9：00〜10：30）
「ドラえもんも出るぞ！なんでも自慢集」
ゲスト：明石家さんま、香坂みゆき

●2月21日（木）『プラスα』（朝日放送14：00〜15：00）
「笑いのホープ登場！　さんま、紳助・竜介、金太・紋太」

●3月4日（火）『お笑いスペシャル』（近畿放送22：30〜23：00）
出演：明石家さんま、桂きん枝、オール阪神・巨人

●3月1日（土）『モーレツ!!しごき教室』（毎日放送14：00〜14：55）
「さんま紳助のぼやき漫才本家顔負け」

●3月9日（日）『笑劇スペシャル　恋のかけら大阪物語』（関西テレビ16：15〜17：45）
出演：島田紳助・松本竜介、明石家さんま、山科ゆり、田中綾、木村進、オール阪神・巨人、横山やすし、笑福亭仁鶴

●3月15日（土）『朝日放送創立30周年記念番組　番組対抗芸能大合戦』（朝日放送12：00〜15：25）
出演：桂三枝、横山やすし・西川きよし、藤田まこと、伊吹吾郎、三田村邦彦、児玉清、フランキー堺、桂文珍、明石家さんま、海原小浜、笑福亭鶴瓶、和田アキ子、J・シェパード、乾浩明、横山ノック、上岡龍太郎、桂枝雀、星セント・ルイス、審査員：桂米朝、具志堅用高、広沢瓢右衛門

●3月15日（土）『モーレツ!!しごき教室』（毎日放送14：00〜14：55）
「紙切り」「殺陣」
出演：横山やすし・西川きよし、明石家さんま、木村進、室谷信雄

●3月16日（日）『お笑い仕掛け人総出演　第一回日本漫才大賞』（サンテレビ20：00〜21：57）
出演：横山やすし・西川きよし、星セント・ルイス、獅子てんや・瀬戸わんや、ツービート、コメディNo.1、明石家さんま、団しん也、桂三枝、愛川欽也

●3月17日（月）『上方芸能NOW！』（ABCラジオ13：30〜14：30）

出演：明石家さんま、横山やすし・西川きよしほか
※『30時間ワイド』（16日12：00～17日18：00）の中で放送された番組。

●3月29日（土）『モーレツ!!しごき教室』（毎日放送14：00～14：55）
「紙切り」「自転車アクロバット」
出演：横山やすし・西川きよし、木村進、室谷信雄、明石家さんま、藤里美、島田紳助・松本竜介

●4月2日（水）『プレゼント』（朝日放送13：00～13：15）
「クイズ合戦」
出演：明石家さんま、細川たかし

●4月6日（日）『花王名人劇場　爆笑三冠王』（関西テレビ21：00～21：54）
出演：笑福亭仁鶴、桂三枝、横山やすし・西川きよし、明石家さんま
※関西お笑い界のトップ3、笑福亭仁鶴、桂三枝、横山やすし・西川きよしが共演。さんまは司会進行を担当する。うめだ花月で収録。関西地区で33・0パーセントという高視聴率を記録する。

●4月9日（水）『プレゼント』（朝日放送13：00～13：15）
「クイズ合戦」
出演：明石家さんま、アグネス・チャン

●4月21日（月）『小川宏ショー』（フジテレビ8：30～9：55）
「初恋談義」
ゲスト：明石家さんま
※さんまが指名した高校時代ずっと好きだった女性は出演できず。初恋相手の女性も出演できず。中学校時代に好きだった女性が出演した。

●4月26日（土）『男と女でダバダバだ～男と女・ワンパターン～』（ラジオ大阪9：00～11：15）
ゲスト：月亭八方、明石家さんま

●5月4日（日）『スター爆笑座』（ＴＢＳ14：30～15：00）
「へっちゃら峰子の何でも入門」
出演：ツービート、西川峰子、せんだみつお、ゲスト：明石家さんま

●5月4日（日）『花王名人劇場　熱唱！藤田まこと男涙の子守歌・前編「34歳の新人歌手」』（関西テレビ21：00～21：54）
出演：藤田まこと、大坂志郎、中尾彬、森本レオ、尾藤イサオ、水原麻記、森川正太、玉川良一、芦屋小雁、桂朝丸、明石家さんま、船場太郎、ディック・ミネ、淡谷のり子（特別出演）、島倉千代子
※『赤城の子守唄』など、歌謡界に数多くのヒット曲を残した歌手・東海林太郎の半生を描いたドラマ。さんまは5月11日（日）に放送された後編「君がよかった」に出演する。

●5月7日（水）『霊感ヤマカン第六感』（朝日放送19：00～19：30）
出演：フランキー堺、山田康雄、坪井むつ美、大橋恵里子、明石家さんま

●5月7日（水）『相性診断！あなたと私はピッタンコ』（関西テレビ22：00〜22：54）
出演：泉ピン子、横山やすし・西川きよし、ゲスト：明石家さんま

●5月10日（土）『現代っ子像』（毎日放送13：00〜14：00）
ゲスト：阿部進、聞き手：明石家さんまほか
※西日本の7局が共同制作した教育番組。大阪・岡山・米子・高知・松山・山口・広島の小中学生168人をスタジオに招き、1日の勉強時間や遊び時間、社会問題化している自殺や、非行の問題について、教育評論家の阿部進とともに、さんまは子供たちから生の声を聞く。

●5月23日（金）『上方寄席』（毎日放送23：30〜0：00）
出演：明石家さんま、オール阪神・巨人、島田紳助・松本竜介ほか

●5月31日（土）『モーレツ!!しごき教室』（毎日放送14：00〜14：55）
「都々逸」「韓国舞踊」
出演：横山やすし・西川きよし、明石家さんま、島田紳助・松本竜介

●6月5日（木）『プラスα』（朝日放送14：00〜15：00）
「スクープ！さんまに恋人が？素人探偵が推理」
出演：明石家さんま、桂春蝶

●6月5日（木）『バンザイ歌謡曲』（ラジオ大阪13：00〜16：00）
ゲスト：明石家さんま、岡八郎

●6月11日（水）『霊感ヤマカン第六感』（朝日放送19：00〜19：30）
出演：フランキー堺、相本久美子、明石家さんま、松岡きっこ、高見知佳

●6月17日（火）『小川宏ショー』（フジテレビ8：30〜9：55）
「型破り勝新太郎の豪華放談」
ゲスト：明石家さんま、ジュディ・オング

●6月21日（土）『クイズダービー』（TBS19：30〜20：00）
司会：大橋巨泉、ゲスト：春風亭小朝、明石家さんま、長山藍子

●7月5日（土）『モーレツ!!しごき教室』（毎日放送14：00〜14：55）
「清めの酒も粋に木村進の平手造酒」
出演：横山やすし・西川きよし、明石家さんま

●7月13日（日）『アップダウンクイズ』（毎日放送19：00〜19：30）
「東西落語家特集」
ゲスト：桂歌丸、笑福亭鶴光、明石家さんまほか

●7月20日（日）『日曜スペシャル　笑いの最先端！夏まつり若手演芸大会』（日本テレビ14：15〜15：15）

「金魚すくい、わたあめの屋台など、夏まつりムード一杯のスタジオに若手演芸人が集まり、漫才、コント、奇術など披露」司会：大野しげひさ、芦川よしみ、出演：明石家さんま、B&B、酒井くにお・とおる、春やすこ・けいこ、ミスター梅介、マギー司郎

●7月21日（月）『爆笑スペシャル　東西対抗お笑い夏の陣！』（テレビ朝日20：00〜21：48）
東軍司会：月の家円鏡、西軍司会：桂枝雀、出演：桂三枝、横山やすし・西川きよし、春風亭小朝、B&B、ツービート、島田紳助・松本竜介、団しん也、星セント・ルイス、ゆーとぴあ、オール阪神・巨人、明石家さんま、チャンバラトリオ、タモリ、青空球児・好児、ザ・ぼんち、桂文珍、海原さおり・しおり、ゲスト：藤本義一

●7月24日（木）『11PM』（読売テレビ23：20〜0：25）
「爆笑決定版！3倍おもしろい夏季集中高座」
出演：アン・ルイス、B&B、明石家さんまほか

●7月26日（土）『サタデースペシャル　吉本お笑いチームvs.大学チーム』（TVKテレビ19：30〜20：54）
出演：明石家さんま、島田紳助・松本竜介

●8月13日（水）『モーニングジャンボ奥さま8時半です』（TBS8：30〜10：00）
※再会コーナーにゲスト出演し、東京・小岩で暮らしていた頃に世話になった、山辺教平・洋子夫妻と5年ぶりに再会する。さんまは山辺夫妻をスーツ姿で迎え、芸人をやめてアルバイトしていた喫茶店「ホープ」でのエピソード、ライブハウス「DIME」でお笑いライブを開いていた話などを紹介し、ふたりに感謝の気持ちを伝えた。

●8月26日（火）『2時のワイドショー』（読売テレビ14：00〜15：00）
「人気絶頂！明石家さんま衝撃の過去を……」

●8月30日（土）『爆笑びっくりスペシャル』（毎日放送12：00〜14：00）
出演：明石家さんま、桂枝雀、笑福亭仁鶴、笑福亭鶴光、笑福亭鶴瓶、桂朝丸、西川のりお・上方よしお、海原さおり・しおり、浮世亭ジョージ・ケンジ、森乃福郎

●9月7日（日）『花王名人劇場　西川きよしのうなぎニョロニョロ恋心』（関西テレビ21：00〜21：54）
出演：西川きよし、池上季実子、内藤武敏、桜木健一、明石家さんま、弓恵子、月亭八方、桂文珍、今日喜多代・阿吾寿朗、ザ・ぼんち、船場太郎、西川のりお・上方よしお、横山ゆうじ・西川こうじ
※西川きよしが主演する、アドリブ、ギャグが満載の人情コメディ。さんまは、池上季実子演じる道子の見合い相手として出演。きよしの恋敵役を、得意の形態模写を披露しながらコミカルに演じた。収録は、観覧客が見守る中、関西テレビ第一スタジオで行われた。

●9月13日（土）『大阪発ユーモア列車』（NHK12：20〜12：45）

正司照江
司会：桂三枝、ゲスト：明石家さんま、太田裕美、中村鴈治郎、

●9月15日（月）『ヤング・ポートピア』（サンテレビ19：30〜21：00）
「さんまDEサンバ」
出演：明石家さんま、島田紳助・松本竜介、オール阪神・巨人、西川のりお・上方よしお

●9月21日（日）『スター爆笑座』（TBS14：30〜15：00）
出演：ツービート、西川峰子、せんだみつお、ゲスト：明石家さんま、芹洋子

●9月23日（火）『走って笑って4時間半』（朝日放送15：00〜18：00）
「関西芸能人大運動会」
司会：乾浩明、石川優子、出演：笑福亭鶴光、明石家さんま、桂春蝶、島田紳助・松本竜介、横山ノック、中村鋭一、キダ・タロー、花井悠、マッハ文朱、荒木由美子、松田聖子、大橋恵里子、B－B－ほか

●9月28日（日）『大入り満員!!漫才決定版』（日本テレビ20：00〜20：54）
出演：オール阪神・巨人、島田紳助・松本竜介、明石家さんま

●9月29日（月）『プラスα』（朝日放送14：00〜15：00）
「さんまがお見合い？ビッグな気分で顔面紅潮」
出演：明石家さんま、藤本統紀子

●9月29日（月）『お笑い大激突オールスター漫才名人戦』（東京12チャンネル19：00〜20：54）
出演：横山やすし・西川きよし、コメディNo.1、青空球児・好児、ツービート、西川のりお・上方よしお、中田ダイマル・ラケット、明石家さんま、団しん也ほか

●10月2日〜1981年3月26日『ゆるしません！DON'T DO－IT！』（関西テレビ毎週木曜22：30〜23：00、全25回）
出演：友里千賀子、田崎潤、小川より子、朝吹奈央、真夏竜、船戸順ほか
※友里千賀子扮する女刑事の奮闘を描く連続ドラマ。舞台は神戸。さんまは1話と2話に出演し、刑事役を演じた。

●10月4日（土）『上方お笑いまつり』（毎日放送12：00〜16：00）
「脱線名人会」「漫才大会」「しごき教室」「紅白大喜利合戦」ほか
※大阪厚生年金会館大ホール、うめだ花月から二元中継
司会：横山やすし・西川きよし、桂三枝、出演：島田紳助・松本竜介、オール阪神・巨人、中田カウス・ボタン、コメディNo.1、人生幸朗・生恵幸子、ザ・ぼんち、明石家さんま、今いくよ・くるよ、木村進、間寛平、楠本見江子、林家小染、桂文珍、和田アキ子、サーカス

●10月5日（日）『ヤングおー！おー！』（毎日放送17：30〜18：30）
「東京対決さんまvs.小朝」

※レギュラー番組

●10月7日（火）『笑ってる場合ですよ！』（フジテレビ12：00～13：00）
「勝ち抜きブス合戦！」
出演：B&B、ツービート、劇団東京乾電池、ゲスト：明石家さんま

●10月10日（金）『クイズ・チャレンジQ』（関西テレビ19：00～19：30）
司会：浜村淳、マッハ文朱、ゲスト：笑福亭松鶴、明石家さんま、桂枝雀

●10月10日（金）『東西オールスター漫才』（東京12チャンネル20：00～20：54）
司会：団しん也、岩城徳栄、出演：横山やすし・西川きよし、ツービート、オール阪神・巨人、明石家さんま、明石家小禄、前田一球・写楽、ミスターポテト、パート2

●10月12日（日）『爆笑最先端！オール上方漫才大会』（読売テレビ14：15～15：45）
出演：人生幸朗・生恵幸子、横山やすし・西川きよし、明石家さんま、桂文珍、島田紳助・松本竜介、西川のりお・上方よしお、チャンバラトリオ

●10月13日（月）『お笑い決定版!!』（サンテレビ21：00～21：55）
出演：明石家さんま、西川のりお・上方よしお、今いくよ・くるよ、前田一球・写楽

●10月14日（火）『プラスα』（朝日放送14：00～15：00）
「爆笑大混戦！鶴瓶対さんまにおすぎとピーコ乱入」
出演：笑福亭鶴瓶、明石家さんま、おすぎとピーコ

●11月3日（月）『ホリデー・スペシャル 大入り満員!!漫才決定版』（日本テレビ15：00～15：55）
出演：オール阪神・巨人、島田紳助・松本竜介、明石家さんま

●11月18日（火）『漫才大行進』（毎日放送23：35～0：30）
出演：桂文珍、明石家さんま、オール阪神・巨人ほか

●11月24日（月）『ごちそうさま』（日本テレビ13：00～13：15）
「明石家さんま、自慢の味」

●12月2日（火）『小川宏ショー』（フジテレビ8：30～9：55）
「岡崎友紀対明石家さんま」

●12月6日（土）『爆笑ヒット大進撃!!』（日本テレビ19：30～21：00）
司会：三波伸介、出演：B&B、西川のりお・上方よしお、春やすこ・けいこ、おぼん・こぼん、明石家さんま

●12月6日（土）『ビッグ・ステージ 翔べ！歌ある限り』（読売テレビ14：30～16：00）
出演：森進一、ジュディ・オング、明石家さんま、桂文珍
※収録：大阪厚生年金会館大ホール

●12月9日（火）『スタジオ2時』（毎日放送14：00～15：00）
「さんま他 お笑いスター総出演！ 紅白歌合戦」

●12月10日（水）『霊感ヤマカン第六感』（朝日放送19：00～19：30）
出演：フランキー堺、三橋達也、清水健太郎、大橋恵里子、明石家さんま

●12月12日（金）『ミエと良子のおしゃべり泥棒』（東京12チャンネル22：00～22：30）
「人気絶頂爆笑さんまの悲しき青春」
ゲスト：明石家さんま

●12月20日（土）『おはようワイド 土曜の朝に』（朝日放送8：30～9：30）
司会：玉井孝、ゲスト：笑福亭松之助、明石康子、明石家さんま
※笑福亭松之助夫妻と出演。内弟子時代のエピソードを語り合った。

●12月23日（火）『MBSヤングタウン』（MBSラジオ22：00～25：00）
ゲスト：明石家さんま

●12月31日（水）『小川宏ショー』（フジテレビ8：30～9：55）
ゲスト：島田紳助・松本竜介、明石家さんま、三遊亭楽太郎

●12月31日（水）『歳末特集 さよなら'80笑って笑って大晦日』（フジテレビ12：00～14：39）
司会：小松政夫、出演：桂三枝、春風亭小朝、明石家さんま、西川のりお・上方よしお、春やすこ・けいこ、オール阪神・巨人、おすぎとピーコ、レツゴー三匹、三遊亭円丈ほか

——1980年（24～25歳）の主なＣＭ出演

○菓子「ぼんち揚」（ぼんち株式会社）

○暖房器具「クリーンヒーティング」（大阪ガス）
※1979年に引き続き出演。今回の"Ｂｉｇな気分編"は、9月1日に発売されたシングル曲「Ｂｉｇな気分 IT'S BIG FEELING」をＢＧＭに使用し、白の飛行服、赤いアポロキャップを着用したさんまが、クリーンヒーティングの温風に乗り、大空へと舞い上がっていく姿をイメージして制作された。ＣＭコピーは、「マイコン暖房でＢｉｇな気分」。ギャラは前回よりも僅かに増えたが、微々たるものだった。

Ⅸ. 誕生——1981年の明石家さんま

同期との切磋琢磨

1980年12月30日、銀座博品館劇場から生中継された『火曜ワイドスペシャル THE MANZAI 5 グランプリ！』は、シリーズ最高視聴率32・6パーセントを記録した。

その翌日、漫才ブームの波に乗る漫才師たちは、大晦日の怪物番組『NHK紅白歌合戦』に真っ向から勝負を挑む。

多くの漫才師たちは『紅白』からの出演依頼を断り、『紅白』の裏番組である『輝け！〝特別生放送〟笑いは日本を救う？』（日本テレビ18：30〜）、『笑ってサヨナラ'80東西BEST漫才！』（TBS21：05〜）と立て続けに出演した。

結果、昨年77パーセントだった『紅白』の視聴率は71・1パーセントに低下（ビデオリサーチ調べ）。牙城は崩せなかったものの、漫才師が総出演したお笑い番組が健闘した形となった。

年が明けてからも、大方の予想に反し、漫才ブームは続いた。漫才師が出演する番組は好調を維持し、1月1日に発売されたシングルレコード「恋のぼんちシート」が80万枚の売り上げを記録したザ・ぼんちは、1か月で漫才を125本、1日最高22本の仕事をこなすようになっていく。

漫才ブームが巻き起こってから1年、ネタは底をつき、体力的にも限界を迎えつつあった漫才師たちへの出演依頼は後を絶たなかった。

里見まさと「ザ・ぼんちの空いたスケジュールに合わせて仕事が組み立てられるので、フリーの時間なんて、いくら待っていても出来るわけがなかった。（中略）そんな中でも、本職である漫才のネタをつくらなければならない。けれど正直、その時間さえどこを探してもない。

それまでのストックネタもあっと言う間になくなった。

さらにレコードを出したために、演芸だけの仕事でも、歌わなければ手を抜いたように言われてしまう。（中略）売れてなんぼの世界だけど、売れることに追い立てられるのは芸人としても辛いのだ。多かれ少なかれ、『売れた』芸能人はみんなが経験していることなのかもしれないが」（『おおきに漫才！ 人生は何歳からでもやり直せる』）

大﨑洋「それまで十年近く大阪でくすぶっていたぼんちのふたりは、ハードなスケジュールにも文句ひとつ言わずに本当によく頑張っていた。文字通り分刻みのスケジュールが組まれ、睡眠は毎日平均三時間もない。舞台の合間に点滴を打ち、その間だけが睡眠時間という忙しさだ。タクシーや電車では移動時間が追いつかず、しまいにはバイクやヘリコプターをチャーターしなければならなかった」（『笑う奴ほどよく眠る　吉本興業社長・大﨑洋物語』）

漫才ブームがピークを迎える頃には、さんまの目に、先を走る漫才師たちの背中がはっきりと見えてきた。紳助とは『ヤングおー！おー！』『ポップ対歌謡曲』で、オール巨人とは『ヤングタウン』でレギュラー共演し、他の番組、特番、イベントでも数多く共演。

さんま、紳助・竜介、オール阪神・巨人の3組は、吉本興業にとって欠かすことのできない存在となった。同期の芸人が切磋琢磨しながら最前線で活躍している、さんまはこの状況を素直に喜んでいた。

こうして迎える1981年、さんまはさらなる躍進を遂げることになる。

木村政雄「明石家さんまは漫才師ではないのに、漫才ブームに乗った唯一のタレントである。当初ひとり芸のため漫才よりインパクトが弱く、不利だと思われたが、東京の水に合ったのか、いつのまにかブームの中に入りこんでしまった」（木村政雄『気がつけば、みんな吉本　全国〝吉本化〟戦略』勁文社、1995年）

さんま「やっぱり、同期がいてくれるとね、刺激になってええよね。刺激っちゅうのは非常に大事やよねぇ。〝同期のあいつも頑張ってるなぁ〟と思うと、やっぱり頑張ろうとか思いますね」（『MBSヤングタウン』2013年5月4日）

漫才ブームが全盛を迎え、花月劇場が若者で埋め尽くされるようになると、松之助は高座に上がる際、開口一番、「明石家さんまの師匠です」と挨拶し、「さんまの師匠」と書かれた羽織の襟を観客に見せつけ、笑わせるようになる。その光景を目にしたさんまは、身をすくめながらも、師匠にひとつ恩返しができた思いがして、嬉しさがこみ上げてきた。

松之助「私は初対面の人には『明石家さんま、の師匠です』と言うことにしています。この方が早分かりですから、一度、羽織の襟に『さんま、の師匠』と書いて高座に上がったことがありま

す。この趣向の分かったお客さんは大笑いでした」（『楽悟家 松ちゃん『年令なし記』』２００７年３月６日）

上岡龍太郎「さんまちゃんが売れ出した頃には、高座に上がったときでも、〝さんまの師匠〟って染めぬいて上がってはりましたもんね」

松之助「羽織の襟に。そうせんとお客さんにわからんからね」

上岡「（笑）ああいう、超有名弟子が出るっちゅうのは、師匠にとってはありがたいもんですか？」

松之助「……まあそうですね。やっぱり嬉しいことは嬉しいですけど」

上岡「迷惑なことはないですか？」

松之助「迷惑なことはありません。やっぱりねぇ、芸人になったら売れなあきませんしねぇ」

（『ノックは無用』１９９６年８月17日）

１９８１年１月11日から始まる新番組『熱戦！歌謡ダービー』（ＴＢＳ）で、さんまはうつみ宮土理と共に司会を務めることになった。収録は全国各地の市民会館などで行われ、一般視聴者３組とゲストがチームを組み、優勝賞金30万円を目指して、音楽に関するユニークなゲームやクイズで対決する音楽バラエティ。レギュラー審査員として小林亜星、池波志乃が出演し、毎週、歌手やタレント、売れっ子漫才師がゲストとして登場した。

●１９８１年１月11日～９月20日『熱戦！歌謡ダービー』（ＴＢＳ毎週日曜13：00～13：55）

司会：明石家さんま、うつみ宮土理、審査員：小林亜星、池波志乃、第一回ゲスト：郷ひろみ、石川ひとみ、定岡正二

1981年1月12日から始まる新番組『クイズ漫才グランプリ』（フジテレビ）への出演が決まり、さんまは単独で司会を務めることになった。毎回3組の人気漫才師が短い漫才を披露しながらクイズを出題し、視聴者から募った4組のペアが解答。海外旅行券獲得を目指して競い合う。月曜～金曜日の帯番組で、ツービート、島田紳助・松本竜介、ザ・ぼんち、西川のりお・上方よしお、オール阪神・巨人、今いくよ・くるよ、太平サブロー・シローらが準レギュラーとして出演した。出演陣のスケジュールの都合により、収録は毎回深夜にまで及び、観客を入れ替えることなく10本以上ぶっ通しで行われ、収録が終わるといつもさんまの目の下にはクマができていた。

●1981年1月12日～6月5日『クイズ漫才グランプリ』（フジテレビ月～金曜19：30～19：45）
司会：明石家さんま

憧れの大原麗子と初共演

1981年4月2日、時代劇ドラマ『五瓣（ごべん）の椿』（読売テレビ）が放送された。薬種問屋に婿養子として入り、身を粉にして働いてきた喜兵衛（仲谷昇）が病に倒れる。そんな喜兵衛を顧みず、別宅を構え、浮気を繰り返す妻・おその（加賀まりこ）。喜兵衛の娘・おしの（大原麗子）は、不遇の死を遂げた父の無念を晴らそうと、おそのの愛人を次々と殺（あや）めていく。さんまはこの作品で、おそのに囲われている役者崩れの男・中村菊太郎を演じ、念願だった大

原麗子とのドラマ共演を果たした。

さんま「俺は芸能界に入る前に、5つの夢があったんですよ。『ヤングおー！おー！』に出る、『ヤングタウン』やる、『オールナイトニッポン』やる、それから堺正章さん、大原麗子さんとドラマ共演する、というのが夢だったんですよ。これを25のときに早々と全部叶えたんですよ。一生かけて叶えていこう言うてたのが、25で夢が叶ってしまったんですよ」（『MBSヤングタウン』2004年1月31日）

さんま「最後のひとつが大原麗子さんと共演することだったんです。それがドラマで共演することができて。本読みの最中、後ろから〝どうぞ〟って、みかんをくれたんですよ。それは食べられずに、ずーっと部屋に置いてて。みかんは腐るから悲しかったですねぇ」（『笑っていいとも！』1994年2月4日）

さんま「覚えてらっしゃらないと思いますけど、ドラマで一緒に出さしていただいたときに、みかんをいただいたんですよ。覚えてないでしょ？」
大原麗子「……」
さんま「こんなもんやねんなぁ。みかんをねぇ、後ろから、〝どうぞ〟って言っていただいたときに、それがねぇ、嬉しくってねぇ。僕はそのみかんをカビが生えるまでずっと家に置いてたの」
大原「ウソばっかり（笑）」
さんま「あっ、わたくし、ウソをついておりました！」

大原「(笑)」
さんま「カビが生えるまでっていうのはウソですけども、1週間食べずに、ずーっと置いてたんですよ。そんなもんなんですよ、憧れの人にもらったものって。男はいつまでも覚えてんのに……忘れてはるんですか?」
大原「帯板を欲しいっておっしゃって、あくる日に、『笑ってる場合ですよ!』が生であって。朝4時ぐらいまで撮ったじゃないですか。それで、何かネタに使いたいので、私の身につけてるものを何かっておっしゃって、帯板を。時代劇でしたから入れてましたでしょ。帯板をちぎって持ってらしたのは覚えてます」
さんま「はぁ~」
大原「忘れてらっしゃるでしょ? こんなもんなんですよ」
さんま「(笑)」(『さんまのまんま』1993年10月7日)

大原「さんまさん、私のことナンパしたことがあるの」
さんま「ナンパしてない(笑)」
大原「あのねぇ、浅丘ルリ子さんとねぇ、六本木のねぇ、台湾料理屋さんかな、随分前なんですけどね。覚えてらっしゃいます?」
さんま「覚えてます(笑)。あれはナンパじゃないです(笑)」
大原「ナンパですよ。店を出て、私たちが後ろ姿だったんです。そしたら、〝おねえさん〟とか、なんとか、〝お茶のまへんか〟って」
さんま「あのぉ、これ、僕が言ったんじゃないですよ。松本竜介という男が言ったんです」

大原「紳助さんもいた」
さんま「竜介が声をかけたんですよ、失礼なことに。〝ねえちゃん、茶ぁ〜いけへんか？〟って」
大原「あ、そんなような感じかもしれない。そしたらね、私たちが振り向いたら、〝あっ！ おはようございます！ すんまへん！〟って」
さんま「（笑）」
大原「逃げちゃったの」
さんま「あの後、竜介を、散々、皆で殴りましたよ。振り向いたら、浅丘ルリ子、大原麗子、森光子さんだったんですから！ 松本竜介は森光子さんをナンパしかけたんですよ。ビックリしましたよぉ。ほんとに申し訳なかったです。あのとき、もし本気でナンパしてたら、ついてきてくれましたかねぇ？」
大原「……んふふふふ」（『さんま・所の乱れ咲き花の芸能界 オシャベリの殿堂（秘）仰天豪華版』1999年1月23日）

●1981年4月2日（木）『木曜ゴールデンドラマ 五瓣の椿』（読売テレビ21：02〜22：54）
出演：大原麗子、加賀まりこ、仲谷昇、岸田森、名高達郎、小鹿番、明石家さんま、白川和子、小坂一也、山田吾一、三國連太郎

『ヤングおー！おー！』と『花の駐在さん』を引き継ぐ

1981年3月29日、『ヤングおー！おー！』のメイン司会を約12年間務めてきた桂三枝が、同番組を勇退することになった。エンディングでは、盛大な卒業セレモニーが行われ、晴れやか

な表情で別れの挨拶を終えた三枝は、メイン司会のバトンをさんまに託し、芸人として新たな一歩を踏み出した。

桂三枝「やすきよの存在は僕にとっては常にライバルでした。

芸というより、常にトップをキープしているというそのあり方が、私にとっては〝負けてられへん〟という刺激になったんです。

落語家のひとりとして『漫才には負けられん』という意地みたいなものもありました。

そのためにも〝本業〟の落語に身を入れなあかんと改めて思ったわけです。

そんなこともあって『ヤングタウン』を七九年の一二月に辞めたのに続いて、八一年の三月に『ヤングおー！おー！』も辞めて、〝ヤング〟番組を卒業。トーク番組やクイズ番組の司会などで大人のタレントとしての桂三枝を打ち出していく一方で、創作落語に本腰を入れたんです」（『桂三枝という生き方』）

さんま「三枝兄はんは、〝なんかおもろいことないか？〟って、いつも無茶ぶりなさるんですよ。でも、あれはねぇ、必要ですね。悪もんになってもええから、ああいうこと後輩に言うたほうがええと思う。勉強になる」

三枝「ちょっと待って、僕がえらい悪もんみたいな感じで（笑）」

さんま「（笑）」

三枝「育てるためにやってんねや」

さんま「その通りです。僕らを育てるために、朝、眠たいのに、〝さんま、なんかおもろいことないか？〟とか言うて。〟昨日、こんなおもろいことがありましてねぇ〟っていうので、トーク力が磨かれたんですよ。これは事実ですよ。あのときは辛かったんですよ。そんな、毎日おもしろいことが起こるわけがないと。でも、あれが勉強になったんですよ、ほんとに」（『さんまのまんま』２０１２年3月24日）

●１９８１年3月29日（日）『ヤングおー！おー！』（毎日放送17：30〜18：30）「ありがとうサニー！　桂三枝ヤングおー！おー！卒業式」

１９８１年4月5日、半年間休止していた番組『花の駐在さん』が再開することになり、この回から主役の駐在役を、桂三枝に代わってさんまが務めることになった。三枝からの後任の指名を受け、『花の駐在さん』の座長となったさんまは、吉本興業が発行する雑誌「マンスリーよしもと」のインタビューを受け、「若者もお年寄りも楽しめるほんとうに面白いコメディにしたい」と、抱負を語った。

さんま「先のことは師匠ともよく相談して考えていきますが、僕の職業は〝お笑いの自由業〟。花月のコメディも司会もテレビのドラマ出演もみんな基本になることで、現在の段階では何でもやっておいたほうがいいと思っています。僕自身、線が細いためガーンとした大きな笑いをとるのはむずかしいので、たとえば『花の駐在さん』でも軽い気持ちで見てもらえるように、ねばらずにテンポを速くして、ほのぼのとした雰囲気を出すようにしています」（「マンスリーよしもと」1981年6月号）

●1981年4月5日（日）〜『花の駐在さん』（朝日放送13：45〜14：30）
出演：明石家さんま、林家小染、月亭八方、中山美保ほか

1981年3月26日、『明石家さんまのオールナイトニッポン2部』が終了する。レギュラーの座を獲得してから1年半、一度も「1部」に昇格できないまま、『オールナイトニッポン』を去ることになった。

同年4月11日、『明石家さんまの気分は最高！』（ニッポン放送）が静かに始まった。

さんま「僕が『オールナイトニッポン1部』に上がるというのは早くから決まってたんですけど、スポンサーの関係、ならびにレコード関係とかいろいろあって、席が空かなかったんですよ。お前ら、所ジョージさんが『オールナイトニッポン』の最終回で、泣きながら放送したことを、お前らは知らんやろ？　それは、あるタレントさんのわがままで、無理から押し込まれて。所さんは悔しくて悔しくて、あの、男・所ジョージが、涙を流しながら放送したという。

あのときは、それを聴いてね、身につまされるような気持ちでしたよ。〝かわいそうに〟というね。政治的なものも絡んでくるわけですよ。そういう歴史のある番組ですから。たけしさんが育ち、私は1部行きが決定していたにもかかわらず、結局行けなかったわけですから」（『ビビる大木のオールナイトニッポン』2005年3月23日）

●1981年4月11日〜1982年4月3日『明石家さんまの気分は最高！』（ニッポン放送毎週土曜17：10〜18：00）

1981年5月3日、芦屋雁之助が主演する、天才画家・山下清の放浪生活を描いたドラマシリーズの第5作『裸の大将放浪記5「人の口は恐ろしいので」』（関西テレビ）に出演する。撮影は同年3月9日から4日間、京都で行われ、さんまは、ひょんなことから老舗京菓子店「ぎおん堂」で菓子作りを手伝うことになった山下清をいびる、菓子職人・鶴吉を演じた。

●1981年5月3日（日）『花王名人劇場　裸の大将放浪記5「人の口は恐ろしいので」』（関西テレビ21：00〜21：54）
出演：芦屋雁之助、石川優子、萬代峰子、田中哲治、津川雅彦、明石家さんま、芦屋小雁、桂朝丸、横山やすし、花紀京、志賀勝ほか

『オレたちひょうきん族』がスタート

1981年春、好調をキープする『笑ってる場合ですよ！』のディレクター、佐藤義和、三宅恵介、荻野繁、山縣慎司、永峰明の5人が、横澤彪の陣頭指揮の下、新たな番組を立ち上げることになった。

放送期間は1981年5月から8月。放送枠は土曜日の夜8時。この時間帯は、毎週、プロ野球のナイター中継が放送されており、試合のない日や、雨で中止となった際に臨時で放送される番組を制作することになったのだ。

裏番組には、国民的人気を誇る『8時だョ！全員集合』（TBS）が立ちはだかっていた。

1969年10月に始まった『8時だョ！全員集合』は、コントグループ、ザ・ドリフターズが出演する、公開生放送のバラエティ番組。練り込まれた台本、様々な仕掛けで見るものを楽しま

せる舞台美術、入念なリハーサルを重ねて本番に臨むザ・ドリフターズの面々。毎週、多彩なゲストが出演し、コントや歌で番組を盛り上げ、高いクオリティを維持しながら、30パーセント前後の高視聴率をコンスタントに叩き出す、まさにお化け番組だった。

横澤たちは、『8時だョ!全員集合』に正面から勝負を挑むつもりは毛頭なく、「自分たちが好きなこと、面白いと思うことを存分にやる」——これだけを念頭に置き、番組を作っていく。

番組タイトルは、スタッフが無記名で提案し、その中から優れたものがいくつか選ばれ、200案を超える案の中から最後に残ったのが『我らひょうきん者』だった。この原案をもとにスタッフ間で意見を出し合い、最終的に『オレたちひょうきん族』と決まった。

主要メンバーには、『笑ってる場合ですよ!』のレギュラー陣である、ツービート、B&B、島田紳助・松本竜介、ザ・ぼんち、西川のりお・上方よしおの10人に加え、さんまが選ばれた。

『オレたちひょうきん族』は、チームワークの笑いを確立させている『8時だョ!全員集合』に対して、漫才コンビという枠を外し、個人の能力、キャラクターを活かすことに重点を置いた。スタッフ陣は、それぞれのアイデアと技術の限りを尽くし、出演陣は、それぞれ自らのキャラクターを存分に活かすことに尽力する。

横澤は、収録が始まる直前、演者に向かい、こう言い放った。

「皆さん、勝手に遊んでください。僕らがそれを勝手に撮りますから」

『オレたちひょうきん族』の収録現場には、余計な緊張感は微塵もなかった。遊びの精神が盛り込まれた台本に、演者が次々とアドリブを加え、笑いを足していく。面白ければ即採用。良い部分だけを繋ぎ合わせ、作り上げていく。

さんまはこの輪の中に入ったことにより、その才能を一気に開花させていく。

1981年5月16日、午後8時、『オレたちひょうきん族』は始まった。

オープニング。

晩餐会でディナーを楽しむ正装した出演者たち（ビートたけし、ビートきよし、島田洋七、島田洋八、ぼんちおさむ、ぼんちまさと、西川のりお、上方よしお、島田紳助、松本竜介、明石家さんま）。料理に胡椒をふりかけ、くしゃみが出そうになるさんま。それを止めようとさんまの口にパンを詰め込む紳助。洋八が指を鳴らし、給仕役の今くるよを呼ぶ。くるよは、詰まったパンを吐き出させようと、さんまの背中を叩く。その力が強すぎたため、さんまはパンを口に詰まらせたまま、料理が盛り付けられた皿の上に顔面を強く打ちつけ、言葉にならない呻き声を上げる。

これが、『オレたちひょうきん族』での第一声となった。

宴は終わり、たけしが指を鳴らして、くるよを呼ぶ。

「……ブスだねぇ～」

怪訝な表情を浮かべながら立ち去るくるよ。

たけしはカメラに向かい、「オレたち！」

全員で、「ひょうきん族！」


宇宙をイメージした映像が流れ、番組のテーマ曲である「ウィリアム・テル序曲」に乗り、出演メンバーが次々に紹介されていく。まずは、たけしと紳助。続いて、洋七・のりお・おさむ、さらに洋八・きよし・竜介と続き、さんまは最後にワンショットで紹介された。

本編では、やかましトリオ（洋七・おさむ・のりお）、うなずきトリオ（きよし・洋八・竜介）、ヒップアップ、なかよしコンビ（まさと・よしお）の「スペシャルマンザイ」を挟みながら、たけし主演のコメディドラマ「ひょうきん刑事PARTI　衝動殺人！」、紳助とくるよがキャスターを務める「ひょうきんニュース」、さんまと栗山順子司会の「ひょうきん族・ザ・ベストテン」が放送された。

初回の視聴率は9・5パーセント。この枠の数字としては、まずまずの結果を得る。

三宅恵介「『ひょうきん族』の演者は多彩なキャラクター集団であったけれども、みんな、それぞれ自分のキャラクターを消化し、お互いのキャラクターを活かしあうんです。で、そのリーダーというのは、たけしさんでした。かたや『全員集合』は、メンバーも凄かったけど、いかりやさんが絶対的なリーダーとしてワントップで、指揮しているという図式でしたね。だからドリフのチームプレーは完全に統率のとれた物で、こっちは個人技重視のセッションですよね。だからわれわれ、ディレクターとすれば、それが活きる組み合わせで何かやれば、と言うことですよね」（高田文夫責任編集『笑芸人 vol.1』1999年冬号、白夜ムック）

●1981年5月16日〜8月29日『オレたちひょうきん族』（フジテレビ毎週土曜20：00〜20：54）出演：ツービート、B&B、島田紳助・松本竜介、ザ・ぼんち、西川のりお・上方よしお、明石家さんま、春風亭小朝、今いくよ・くるよ、太平サブロー・シロー、クルミ・ミルク、ヒップアップ

1981年5月21日、さんまの第3弾シングル「いくつもの夜を越えて」（CBSソニー）が発売される。5月18日には新曲発表会を行い、5月22日には新曲発表コンサート「唄うぜFOR YOU」を、阪急ファイブ・オレンジルームにて開催した。

▼1981年5月21日（木）「いくつもの夜を越えて／Shakin' Street」（CBSソニー）
「いくつもの夜を越えて」作詞：明石家さんま　作曲：赤枝昭彦
「Shakin' Street」作詞：赤枝昭彦　作曲：北平和彦

創作落語

1981年3月7日、「創作落語の会」の旗揚げ公演が、大阪・梅田にあるライブハウス「バーボンハウス」で開催された。

「創作落語の会」は、「グループ・落語現在派」と名付けられた落語家集団が、2か月に一度の割合で、創作落語を披露する落語会。「グループ・落語現在派」に特別な参加資格や規約などはなく、創作落語を演じる意志のある落語家であれば誰でも参加することができ、いつやめても許される。創作落語の定義は広く、自作であれば、漫談風であっても、コント風であっても、なんでも良い。自由に創作することが許された。

ある日、「落語家をやめます！」と宣言していたさんまのもとへ、「グループ・落語現在派」の代表を務める桂三枝から「創作落語の会」への出演依頼が届く。「自分はもう落語家ではない」と躊躇するも、三枝の呼び掛けには是非応えたいという思いから、7月11日の第3回公演に出演することになった。さんまが演じるのは、「神様への手紙」という漫談風の創作落語。ドラマシリーズ『裸の大将』の第4話「悪いことをすると虫になるので」から着想を得た演目だった。

□1981年7月11日（土）『第3回創作落語の会』（バーボンハウス14：00開演）

出演：笑福亭鶴志、明石家さんま、立川談之助、月亭八方、笑福亭福笑、桂三枝

1981年7月21日、ザ・ぼんちの日本武道館ライブが開催された。「吉本興業東京事務所」として格上げされた旧東京連絡所の社員たちは、一丸となってライブの準備に当たる。ライブをプロデュースするのは、『花王名人劇場』のプロデューサー澤田隆治。演出は、数多くの人気ドラマを世に送り出した演出家・久世光彦。

ザ・ぼんちは、武道館ライブへ向け、なんば花月を皮切りに、神戸、札幌、仙台、福岡、沖縄と、全国縦断ツアーを決行。すべての会場で満席となる盛況ぶりで、スタッフたちの士気は上がった。しかし、ツアーのラストを飾る武道館ライブのチケットの売れ行きは伸び悩み、多額の宣伝費をかけて観客を集めることになった。

武道館ライブ当日、幅広い層の観客が武道館の客席を埋め尽くした。ザ・ぼんちは、20人程のダンサーを従えて登場。大勢の芸人仲間たちが応援に駆けつけ、ライブを盛り上げた。

里見まさと「始めから終わりまで、本当に渾身のステージだった。楽しかったし、興奮もしたし、涙も流して、あっという間の2時間半が終わった」（『おおきに漫才！ 人生は何歳からでもやり直せる』）

大﨑洋「酷な話だが、すでにザ・ぼんちの音楽面での人気はピークを過ぎていた。ライブ直前に出した二枚目のシングルは思ったほど話題にならず、チケットの売れ行きも厳しかった。旅行会社を通じて大阪からファンのバスツアーを組むなどしてなんとか格好を付けたが、終わった後に

は言いようのない寂しさだけが残った」（『笑う奴ほどよく眠る　吉本興業社長・大﨑洋物語』）

この先、漫才ブームは、急速に下降線をたどっていく。

●1981年8月9日（日）『花王名人劇場　ザ・ぼんちIN武道館』（関西テレビ21：00〜21：54）
出演：ザ・ぼんち、橋幸夫、今いくよ・くるよ、イルカ、西川のりお・上方よしお、近田春夫、ジューシィ・フルーツ、コント赤信号、太平サブロー・シロー、ヒップアップ、クルミ・ミルク
一部：漫才2400秒、二部：ゲストコーナー、三部：ヒットパレード
※収録日：1981年7月21日（火）、視聴率：東京10・7パーセント、大阪19・6パーセント

さんまは、1981年8月6日から始まった連続ドラマ『おやじの台所』（テレビ朝日）に出演することになった。妻に先立たれた売れない小説家・徳大寺亮吉（愛川欽也）が、義母と子供たちの世話に悪戦苦闘するこのコメディドラマで、さんまは、檀ふみ演じる亮吉の長女・一子の恋人・鬼丸役を演じ、人生二度目となるキスシーンの撮影に挑んだ。ふたりのキスシーンはロングショットで撮影するため、唇を合わせる必要はなかったが、演出家の指示により、実際にキスをすることになった。

「本番10秒前！」スタッフの掛け声が響くと、檀はさんまに向かって、「私、キスするの2年ぶりなの」と囁いた。その瞬間、さんまの緊張感は一気に高まり、キスすることをためらってしまう。結局、さんまは唇を合わせることができず、顔を近づけるだけに留まった。

さんま「キスシーンはイヤだったんです。で、キスシーンの相手が檀ふみさんやというんで、ぼくは檀ふみさんやったらと思ってね」

檀「ウソばっかり」
さんま「いや、ほんとですよ」（中略）
檀「あのときね、ドラマでキスするの２年ぶりのことだったの。（中略）私、キスシーンって、さんまさんとのときが最後よ。あれ以来ないんですもの」（中略）
檀「今、キスシーンをしたい女優さんは？」
さんま「いてないです。もうこりごりです」（「ｎｏｎ‐ｎｏ」１９８５年11月20日号）

●１９８１年８月６日～９月24日『おやじの台所』（テレビ朝日毎週木曜21：00～21：54全８回）出演：愛川欽也、檀ふみ、星野知子、蝦名由紀子、熊谷康二、寺井留美子、三ツ矢歌子、淡谷のり子、地井武男、ザ・ぼんち、高橋昌也、藤田弓子、明石家さんま、正司歌江

１９８１年８月23日、『花王名人劇場　落語トーク＆ＴＡＬＫ』シリーズ第２弾『おもしろいのが最高！　落語トーク＆ＴＡＬＫ』に出演し、さんまは「子連れ狼」と題された演目を演じた。〝落語トーク〟とは、『花王名人劇場』のプロデューサーであり、演芸評論家でもある山本益博が提唱する、落語でもなく小噺でもなく漫談でもない新たな演芸ジャンル。世間話や、身の回りに起こった出来事などを話し、観客を噺の世界へと誘う〝落語のマクラ〟を独立させ、落語家がファッショナブルな衣装を着て、立ったままトークするというもの。

１９８１年７月５日に第１弾『花王名人劇場　今夜が幕開け！　落語トーク＆ＴＡＬＫ』（出演：立川談志、月亭八方、春風亭小朝、林家しん平、金原亭駒平、笑福亭福笑）が放送され、好評を博し、第２弾が行われることになったのだ。

立川談志「古典落語の『作品』はテレビには向かないんです。なぜ向かないかを細かく言うと、演者は、落語の中の登場人物をそれぞれに演じ分けはするが、決して、なりきっているわけではなく、己の地の部分を残している。

そのなりきっていないことの楽しさが落語にはあるんだけれど、ところがテレビでは、なりきってないダメさが出てしまう。

視聴者は、作品の中にひき込まれるよりも、その作品を演じている落語家をドキュメントで観てしまう。

それなら、落語のマクラの部分、すなわち己れの物の見方、人生観を喋るばかりで終始した方がはるかにテレビには合うんではないかということなんです。

昔、私は、これからは漫談の時代である、と言った。私が思っていた漫談を落語トークという名に呼びかえたのが今日のこの会であるわけですが、それなら、一人で喋って面白ければいいのなら、何も落語家でなくともアナウンサーでもタレントでも誰でもいいということになる。一人喋りという形式の点からだけいくと誰でもいい。しかし、大きく違うのは、落語家は、毎度言ってるように、業を肯定していく稼業だということなんです。

喋りをただのカッコよさだけでまとめても物の本筋を見極めることはできない。

人生なんてカッコの悪いもんだ、ということを語る稼業と、カッコの良い部分だけを喋ってるタレントとは、ケタが違う。

特に若手に言いたいのはただ、いい『作品』をやるだけのためにコツコツとつまんなそうな顔をして精進をつづけるよりも、今こそ、己れの物の見方・人生観をぶつけてみたらどうだろうか、ということ。

そこには『作品』をやることとは別の厳しさがあると思うが、それをやらなければ他の娯楽と伍して生き残っていけないだろうと思います。

古典落語の『作品』に惚れてこの世界に入り、今も惚れつづけている私ですが、落語がもつ『業の肯定』という内容を伝えていくためには、座ぶとんなしで、洋服姿で演じてみても、かまわないいんじゃなかろうか」（「花王名人劇場パンフレット」1981年5月27日25号）

山本益博「落語は長いこと、人間を描くことに懸命になり、笑わせるボリュームは漫才に負けていた。落語のパワー回復のための荒療治ですよ。落語全部を落語トークにしちゃおうというのではない。これは一つの誘導路。漫才ブームの若者たちに、創作落語の道へも、びっちり着物着た古典落語へも入ってもらう、そのステップだ。ただ、しゃべくりの一つの芸としても確立したいですね」（「朝日新聞」1981年8月8日夕刊）

山本益博「この夜かけた文珍やさんまのネタは、じつは、いつも花月の劇場で演っているのと変わりがないものである。しかし、一席きちんとしゃべらずに、漫談のようなもので高座を濁しているといわれかねなかった高座を『落語トーク』と命名することによって、落語家が開き直ることができれば、その面白さにはさらに拍車がかかるのではないかと、わたしはひそかに願っている」（「サンデー毎日」1981年8月23日号）

●1981年8月23日（日）『花王名人劇場』（関西テレビ21：00〜21：54）
「おもしろいのが最高！　落語トーク&TALK」
出演：桂三枝、桂文珍、三遊亭円丈、明石家さんま、柳家小ゑん、桂小つぶ

「いくつもの夜を越えて」

1981年5月16日から始まった『オレたちひょうきん族』が8月29日の放送で、8回目を迎えた。

これまでの回では、ビートたけし、島田紳助、島田洋七、明石家さんま、ザ・ぼんち、西川のりお・よしおが、それぞれ主演する「コメディドラマ」、うなずきトリオ、ヒップアップ、やかましトリオ、いじわるコンビ(ビートたけし・島田紳助)らが出演する「スペシャルマンザイ」、春風亭小朝の「SHOW TIME」、島田紳助と今くるよがキャスターを務め、ビートたけしがあらゆる評論家に扮して解説する「ひょうきんニュース」、さんまと栗山順子が司会を務める「ひょうきん族・ザ・ベストテン」を放送。出演者・スタッフが力を合わせ、自分たちが面白いと思うことを全力でやり切り、初回9・5パーセントだった視聴率は徐々に上昇し、7回目には13・2パーセントを記録する。

最終回となる8回目は放送枠を拡大し、「さよなら夏休み!ひょうきんスペシャル」と題して放送された。

「スペシャルマンザイ」では、たけしが嫁を引き連れ、夫婦漫才を披露。紳助・竜介とオール阪神・巨人が対決する「ひょうきんプロレスアワー」、たけしが『オレたちひょうきん族』のNG集や名場面を紹介する「想い出しましょうあの場面を」が新たな企画として登場する。

さんまは引き続き「ひょうきん族・ザ・ベストテン」の司会を務めた。これまでの「ひょうきん族・ザ・ベストテン」の順位は〝アミダくじ〟で決められていたが、この日の放送では、第7

回の放送で視聴者から募集したリクエストハガキの枚数によって発表された。応募総数1015通。1位の座を獲得したのは、5月21日に発売されたさんまの第3弾シングル「いくつもの夜を越えて」だった。

さんまは自分の曲を自ら紹介した後、ステージへと向かい、唄った。

語りつくせない夢を　語り明かした
寒い季節に　そんな友人がいた
つくり笑いで　また会おうよじゃあなと
去っていった背中に　さみしさひとつ

Good night tonight　今を少しだけ越えて
Good night tonight　いくつもの夜を越えて
（「いくつもの夜を越えて」作詞：明石家さんま　作曲：赤枝昭彦）

リクエストハガキを表面に貼りつけた10段の巨大階段（階段には10位〜1位の歌手名が記されている）を唄いながらゆっくりと上がる。3位のB&B「潮風の香りの中で」、2位のビートたけし「いたいけな夏」の段を通過し、さんまは最上階の「いくつもの夜を越えて」の段に立った。

「どうもありがとうございました……。（最上階から下を見る）せやけど怖いわ」

視聴率では裏番組の『8時だョ！全員集合』には到底及ばないものの、大きな話題を集め、存在感を示した『オレたちひょうきん族』は、10月から土曜日夜の8時枠でレギュラー化されることが決まった。

●1981年8月29日（土）『オレたちひょうきん族　さよなら夏休み！ひょうきんスペシャル』（フジテレビ19：30〜20：54）

1981年10月1日、『笑ってる場合ですよ！』がスタートしてからちょうど1年が経過したタイミングで、さんまは春風亭小朝に代わり、木曜日のレギュラーメンバーとして出演することになった。番組開始当初から月に一度のペースで演芸コーナーに出演し、1年間、漫談でコーナーを盛り上げてきたことが認められ、さんまのレギュラー入りは決まった。

さんまは、三波伸介が司会を務めた人気番組『減点パパ』（NHK）のパロディコーナー「減点マネージャー」の司会を担当。毎週、ゲストとそのマネージャーにユニークな質問を浴びせながら、ゲストの素性を掘り下げ、場を盛り上げた。

●1981年10月1日（木）『笑ってる場合ですよ！』（フジテレビ12：00〜13：00）
「さんまの減点マネージャー」
出演：B&B、明石家さんま、所ジョージ、劇団東京乾電池ほか

1981年10月3日、「第5回創作落語の会」に出演。さんまは「2001年オカマの旅」と題した創作落語を演じる。

「どうも、ようこそおいでいただきまして、ありがとうございます。どうしてわたくしが立ってやるかと言いますと、この前出たときに座ってやりまして、異常に緊張いたしましてですねぇ、これは立った方がいいんじゃないかと思いまして。

だいたい私は、座って落語をするというのを3年ぐらいやっておりませんでしたんで、今回はですねぇ、こうして立って、いつもの花月の調子でやれば、気も楽でいいんじゃないかと思います」

〝現在、アメリカのサンフランシスコでは、男性の47パーセントがオカマである〟という架空の統計結果を持ち出し、来たる20年後、2001年の日本の芸能界も同じような状況になるとの予測から、さんまは妄想トークを繰り広げていく。

毎週オカマの夫婦がゲストで登場する2001年の『新婚さんいらっしゃい！』(朝日放送)、オカマのカップルが毎週誕生する2001年の『パンチDEデート』(関西テレビ)など、司会者とゲストの掛け合いを、おもしろおかしくネタにして演じ上げた。

笑福亭鶴瓶「あと、さんまが戻ってくれたらね、この世界に。まあ、でも、さんまはさんまで、確立……、いや、昔言われたんですよ。お兄さん(引用者註：桂文枝のこと)に呼ばれて。ホテル行って、さんまと俺とお兄さんで、いずれね、落語界を引っ張っていかないかん時期がくると。だから、とにかく、まあ、それは考えといてくれよって、お兄さんに言われたんですよね。あれ、だいぶ前ですよねぇ？」
桂文枝(桂三枝)「だいぶ前ですねぇ」
鶴瓶「お兄さんも若かったしね」
文枝「何年前ですか？」
鶴瓶「30年ぐらい前ですよ」(『桂三枝のすべて〜六代桂文枝襲名〜』NHKBSプレミアム、2012年7月29日)

□１９８１年10月３日（土）「第５回創作落語の会」（バーボンハウス14：00開演）
出演：笑福亭鶴志、明石家さんま、桂文珍、桂文福、笑福亭福笑、桂三枝

『オレたちひょうきん族』のレギュラー化

１９８１年秋、「楽しくなければテレビじゃない」というスローガンのもと、テレビ界に新たな息吹をもたらそうと動き出したフジテレビは、『オレたちひょうきん族』のレギュラー化に着手する。

レギュラー化する際、プロデューサーの横澤彪が最初にとりかかった仕事は、レギュラー出演者の確保だった。横澤率いる『オレたちひょうきん族』は、10月から土曜８時枠で始まる日本テレビの新番組『ダントツ笑撃隊!!』との間で、水面下で熾烈な争奪戦を繰り広げることになる。

特番として放送された計８回の放送で、個人の能力を存分に発揮し、存在感を見せつけた、ビートたけし、島田紳助、そして、さんまの３人。『オレたちひょうきん族』のスタッフ陣は、どうしてもこの３人を必要としていた。ねばり強く交渉を重ねた結果、たけし、紳助、さんまを獲得し、なおかつ、特番時代のメンバーの大半を確保することに成功した横澤は、思わずガッツポーズをとる。

ここから出演者・スタッフの士気は一気に高まり、１９８１年10月10日、『オレたちひょうきん族』のレギュラー放送は始まった。

さんまは新しくメンバー入りした山田邦子と「ひょうきんニュース」のキャスターを務めるこ

とになった。特番時代、さんまが司会を担当していたコーナー「ひょうきん族・ザ・ベストテン」は、「ひょうきんベストテン」とタイトルを変え、紳助とフジテレビアナウンサー・山村美智子（現・美智）が務めることに。

異色のコンビ、トリオが出演する「スペシャルマンザイ」のコーナーはそのまま存続。

そして、7月18日放送回のドラマ企画「2001年THE・TV」に登場したスーパーヒーロー・タケちゃんマンを主人公にした新企画「タケちゃんマン」（正式タイトル：THE TAKECHAN・マン）を番組の柱に据える。

タケちゃんマンを演じるのはビートたけし。オリジナルテーマ曲「タケちゃんマンの歌」に乗り、赤いほっぺに極太眉毛、赤い軍服にちょうちんブルマ、強きを助け、弱きを憎むスーパーヒーロー・タケちゃんマンは、ひょうきんマントをなびかせながら、颯爽とお茶の間に現れた。

「ナハハハ！　タケちゃんマンだ‼」

大﨑洋「新しい流れが始まっていた。『オレたちひょうきん族』に象徴されるように、漫才コンビはそれぞれがピンで登場し、持ちネタは一切やらない。これまで劇場で練り上げてきた漫才という芸とは別に、テレビという舞台で即興性や応用力が求められはじめたのだ。

『今から勝ち残りゲームなんやなあ』

『オレたちひょうきん族』の収録が行われるスタジオの片隅で、ボンヤリとそんなことを考えていたことを覚えている。（中略）新しい時代に生き残るのは誰なのか。お笑いというジャンルの中で、ポジションを取るには何が必要だろう。それはキャラクターなのか、即興性なのか、フリートークのうまさなのか。少なくとも当時のテレビという文化の中では、難解さや演芸場の暗い匂いは求められていなかった。

とはいえ誰もが認める例外、ビートたけしさんだけは別格だ。浅草で修業したたけしさんにも演芸場の匂いはあったが、悪場所的な匂いを残しながらも独特の人なつっこさがあり、さらにその奥に秘めた爆発的な何か、その当時は暴力性とは思わなかったが、そこはかとない狂気のようなものすら感じさせる存在感はずば抜けていた。『オレたちひょうきん族』の現場では、たけしさんの凄味を何度も目の当たりにした。

そして、たけしさんと対等にやりあうさんまもまた、その本領を見せはじめていた」（『笑う奴ほどよく眠る　吉本興業社長・大﨑洋物語』）

1981年10月10日、『オレたちひょうきん族』のレギュラー放送開始と時を同じくして、深夜バラエティ番組『サタデーナイトショー』（テレビ東京）は始まった。

前番組『独占！おとなの時間』の路線を引き継ぎ、お色気シーンを豊富に盛り込みながらも、バラエティ色を一層強くして、エッチで明るい深夜番組として人気を獲得。ポルノ映画の主演女優をゲストに招き、出演作品のダイジェストを紹介しながらトークする「おいろけスター千一夜」のコーナーは、世の男性から圧倒的な支持を得ることになる。

さんまとベテラン女優・淡路恵子という、異色の司会コンビも話題を呼んだが、淡路はすぐに降板。さんまがメイン司会者となり、『サタデーナイトショー』は、テレビ東京を代表する人気番組となっていく。収録は、『オレたちひょうきん族』と同じ水曜日、ホテルニューオータニにあるクリスタルルームで行われた。毎回、ホテル内のレストランで、カレーライスとアイスコーヒーを胃に流し込み、午前中に収録。その後、急いでフジテレビへと駆け込むのが習慣となっていた。

さんま「昔、『サタデーナイトショー』という番組をね、テレビ東京でやってたときに、1分間だけ日活ロマンポルノの名シーンを放送してたんですよ。別に今から思うと大したコーナーやないんですけどね。1分間、〝ティッシュタイム〟って言うてね。1分間だけ流すんです。ほんとに世の若者は、その1分でひとりエッチしてたわけ」（『明石家さんまのG1グルーパー』1997年1月6日）

さんま「ほんとにごぶさたしております。私が26歳のときに一緒に番組をやらしていただいてたんですよ。『サタデーナイトショー』という番組を。テレビ東京で深夜、すごい人気番組があったんですけども。淡路恵子さんはメイン司会で、私がアシスタントですから」
淡路恵子「よく覚えてらっしゃるわねぇ。それじゃあ、私にくださったプレゼントも覚えてる？」
さんま「それは忘れました。えっ？　なにかプレゼントしたんですか？」
淡路「時計」
さんま「……あっ、時が進むようにや。そういうのは若いとき凝ってたから、たぶんそのつもりで渡したんだと思います」
淡路「私はねぇ、そのあと、10回以上引っ越しをして、まあ、いろいろあったんで、どっかいっちゃったんですけど」
さんま「どっかいっちゃった？」

淡路「ごめん、ないのよ」
さんま「そんなアホな話やめておくんなはれ」
淡路「今日は謝ろうと思ってたの」
さんま「もっとはよ謝んなはれ！」
淡路「(笑)」
さんま「油断してたわぁ。大事にしてはると思うよなぁ」(日本テレビ『踊る！さんま御殿!!』2010年5月11日)

●1981年10月10日～1984年3月31日『サタデーナイトショー』(テレビ東京毎週土曜深夜0：10～0：55)

1981年10月18日、実家の温泉旅館を継ぐため、好きな男と結ばれなかった女の人生模様を、ひとりの青年の目を通して描いたドラマ『秋の流れに』(CBCテレビ)に出演。さんまは、温泉旅館の女主人・彩(梶芽衣子)を手伝うふき(初井言榮)の息子、近夫を演じ、初めて標準語を話す役に挑戦した。

さんま「標準語のドラマは1本だけ。『秋の流れに』っていう、東芝日曜劇場のドラマがあるんですけど。そのドラマは東京弁でやってるんですよ。悔しかったのは、そのドラマは岐阜が舞台の物語で、登場人物が関西弁だったんですよ。だから僕がキャスティングされたんですよ。でも他の錚々たる役者陣が関西弁できなくて、全部標準語に切り替えようということで、僕まで東京弁をしゃべらなくちゃいけなくなってしもたわけですよ」(『MBSヤングタウン』1998年2月7

日）

●１９８１年10月18日（日）『日曜劇場　秋の流れに』（ＣＢＣテレビ21：00〜21：55）
出演：梶芽衣子、井川比佐志、広岡瞬、仲谷昇、明石家さんま、初井言榮

田原俊彦とのデッドヒート

１９８１年10月20日、フジテレビの恒例特番『第19回オールスター紅白大運動会』が放送された。出演タレントは総勢１００名を超え、会場は超人気アイドル歌手・田原俊彦の活躍を願う若い女性ファンの熱気に包まれていた。

田原の『オールスター紅白大運動会』にかける意気込みは誰よりも強く、過密スケジュールに追われる中、本番に向けて激しいトレーニングを積み重ね、最高殊勲選手賞獲得を目指していた。番組制作陣の田原に寄せる期待も大きく、田原はその重圧を一身に背負いながら、１００メートル競走に出場。ライバルたちに競り勝ち、見事に勝利を収め、他の出場種目でも見せ場を作る。

そして迎えた最終競技「紅白対抗混合リレー」。このリレーを制した組が優勝トロフィーを掲げる、大事な戦いとなった。そこで田原の前に立ちはだかったのが、さんまだった。

【紅組】
第一走者：黒部幸英　第二走者：浜田朱里　第三走者：山田隆夫　第四走者：水野ますみ　最終走者：田原俊彦
【白組】

第一走者：島田紳助　第二走者：松田聖子　第三走者：広岡瞬　第四走者：柏原よしえ（現・芳恵）　最終走者：明石家さんま

進行役の土居まさるが出場選手をひとりひとり紹介する。皆、いくつかの競技で奮闘した後なので、疲労の色を隠せなかった。

土居まさる「あなたも随分スポーツマンね」
さんま「いや、もうねぇ、ヘトヘト。もう死にまっせ（笑）。私死んだらフジテレビは責任とって、うちの家族みんな面倒見なあきまへんからね、たのんまっせ」
土居「あなたは焼いても煮ても死なない人ですよ（笑）」
さんま「（笑）」
土居「最後ですから、がんばってください」
さんま「はい、よろしくお願いします！」

スタート直前、さんまは無言のプレッシャーと戦っていた。会場に集まったほぼすべての者が、田原率いる紅組が勝利すると予想していた。『オールスター紅白大運動会』でお笑い芸人がアイドルに勝つのは御法度。勝てば非難を浴びることも承知していた。それでもさんまは手を抜かないと心に決め、バトンを受け取った瞬間、全力疾走すると心に誓っていた。

会場の緊張感が最高潮に達したところで、紅白対抗混合リレーは始まった。

第一走者は、紅組・黒部幸英、白組・島田紳助。黒部の脚力は高く、紳助の苦戦が予想されたが、男子400メートル走で優勝した紳助が力走し、ほぼ同着でバトンパス。

第二走者は、紅組・浜田朱里、白組・松田聖子。バトンミスで出遅れた朱里が、聖子を追いかける。その差は約3メートル。

第三走者は、紅組・山田隆夫、白組・広岡瞬。ふたりの走力は互角。

第四走者は、紅組・水野ますみ、白組・柏原よしえ。ここで水野が快走し、その差は約1秒まで縮まる。

さんまはよしえからバトンを受け取ると、凄まじいスタートダッシュを見せ、コーナーを上手く曲がりながら疾走する。追う田原も怒濤の勢いでさんまを追いかける。

直線に入り、さんまはさらに加速。雄たけびを上げながら猛追する田原。差は縮まらない。

最終コーナーを抜け、最後の直線。

勝利を確信したさんまは田原を振り切り、両手を挙げ、跳び上がりながらゴールテープを切った。

さんまは紙テープが乱れ飛ぶ中、右手を上げ、全身で喜びを表現した。そこへゴール付近で待ち構えていた紳助が駆け寄り、ふたりは抱擁を交わす。

誇らしげに両手を上げるさんまのもとへ白組のメンバーが集まり、歓喜の胴上げが始まった。

「第19回大会、最高殊勲選手賞。男子、白組、明石家さんまさん！」

お笑いとアイドルの意地とプライドを懸けた真剣勝負を制したさんまは、『オールスター紅白大運動会』で、お笑い芸人として史上初めてとなる最高殊勲選手賞を獲得。記念トロフィーと香港・マカオの旅行券が授与された。

土居「さんまさん、おめでとうございました」
さんま「どうもありがとうございます」
土居「すごいよくがんばったよね」
さんま「もうね、とにかく〝いろもん〟が〝歌手〟を抑えるためにはリレーしかないと思たんで」
土居「しかし立派でした。素敵な姿を全国の皆さんにご披露しました。おめでとうございました。大きな拍手をおふたりにどうぞ！」

さんま「皆に、〝勝ってくれ、勝ってくれ〟って言われてたからな。お笑いが初めてアイドルを抑えた日なんですよ。記念すべき日なのよ。だから俺は笑わすことを忘れてたの。お笑いが真面目にやってどうすんねんとか、俺らは笑わすために雇われてんねやぞとか、若手芸人に説教してる人間なんですけども、あの映像を見せられるたびに反省。

俺も〝よっしゃ、お笑いが初めて最優秀選手賞を獲ったぞ！〟って思ったんですけど、あのお客さんはジャニーズが集めたお客さんなんですよ。ジャニーズのファンクラブで固まってるんですよ。最優秀選手はトシちゃんだと思い込んでたお客さんやから、表彰式、全然盛り上がらず。スコーンといったまま。〝はぁ〜、勝たなきゃよかった〟と。

リレーの前にね、ディレクターさんに、〝コケてくれませんよね？〟って言われたんですよ、実は。俺は心の中で、〝アホか！　コケるか！　勝ったるわ！〟と思いながら走ったんですよ。でも、テープ切ってから、表彰式までの空気は最悪で。パッとそのディレクターを見たんですけども、〝ねっ、言ったでしょ？〟っていう目でした。お笑いが勝っちゃダメな番組なんだっていうことが、ひしひしとわかりましたね」（『ＭＢＳヤングタウン』２００９年3月7日）

松尾伴内「僕が、一番カッコイイと思ったのは、オールスター大運動会で、当時、絶好調だった田原のトシちゃんを、最後のリレーで、ぶっちぎったんですよ。こんときに、〝あっ、お笑いは変わった〟と思ったんです」

さんま「これはねぇ、お笑いの中では伝説になってるんですよ。お笑い芸人が本気で喜んだんです。だって、今までアイドルをメインに来てたのが、お笑い芸人がリレーのアンカーで最後のテープ切って、最優秀のトロフィーをもらうというのは、お笑いにとっては革命やったのよ。俺とたけしさんの功績って、ほんまに大きいと思うよ。自分で言うのはおかしいですけどねぇ。あのときはお笑いなんか、〝あっちいけ！〟やったもんね。

俺が26ぐらいの時かなぁ。リレーで、〝こけてくれ〟って言われてんからね、ディレクターから。そら番組的には、トシちゃんがゴールして、〝ぎゃ〜〜!!〟言うて、〝最優秀！　田原俊彦！　松田聖子！〟で、〝きゃ〜〜!!〟で、番組は盛り上がるわけよ。その日、まあ盛り上がらず……」

松尾伴内「（笑）盛り上がってんの、お笑いだけ。うしろの方で（笑）。でも、あれから変わりましたよ、ほんとに。お笑いは勝ってもいいんだっていう気持ちになりましたから」

さんま「あれで、松尾が惚れてしまったんです。僕にね」（『ＭＢＳヤングタウン』１９９５年11月４日）

さんま「あの頃、俺ら、地位の低いとこにいましたから（笑）。『紅白水泳大会』とかに行っちゃ、

〝太鼓持て〜！　ボケ〜！〟とか言われて、怒鳴られてたときですから。〝なんで俺らが太皷叩いとかなアカンねん〟とか思いつつ、それを言うた人が今、ポニーキャニオンの社長になってますけどね。〝バカヤロー！　もっと手を振って太鼓を叩くんだ！〟とか言われて、お笑い芸人が、ポンポコポンポコ太鼓を叩いて、〝がんばれ〜！〟とか言うて、別撮りさせられて」（『ビビる大木のオールナイトニッポン』2005年3月23日）

錦野旦「あの頃はねぇ、バラエティの方が（『オールスター紅白大運動会』で）優勝しちゃうとねぇ、あとで呼ばれて〝お前らのためにやってんじゃねぇぞ！〟って。そういう時代だったの」（『フジテレビ開局50周年特別番組　バラエティルーツの旅　あなたがいたから僕がいる　半世紀大感謝祭!!』2009年2月28日）

田原俊彦「俺ん中でのさんまさんの印象はやっぱり運動会ですねぇ。なんでこのお笑いのお兄ちゃん、すっげぇがんばるんだろうなぁって」
さんま「（笑）」
田原「ええかげんにせえみたいな、ここ俺の場面だろみたいな。めちゃムキになるんですよ」
さんま「あれは、ほんとにトシちゃん、ほんとに謝る」
田原「たまに俺に勝ったりするからムカつくんですよ（笑）。ジャニーも怒ってた（笑）」
さんま「あれは謝る。俺の大失敗（笑）」
田原「（笑）」（中略）
さんま「俺とトシちゃんがアンカーやったよね。ほんだら井上はんや。忘れもせえへん」

田原「信悟さん」
さんま「井上信悟さん（引用者註：元フジテレビのプロデューサー）。〝さんまちゃん、コケて〟って言われたのよ」
田原「（笑）」
さんま「〝コケへん、コケへん〟言うて。〝できればコケて〟〝コケへん言うてるやろ！〟言うて」
田原「（笑）」
さんま「ほいでそのままゴールして。ほんまは、最優秀選手賞がトシちゃんでキャーやねん。ほんだら、うちの組が勝ったもんやからやなぁ。俺はみんなから、〝ようやったぞ、さんま！　初めてやで、お笑いがアイドルを制したのは！〟言うて、みんなで喜んでて。表彰式、〝最優秀選手賞、明石家さんま！〟……シーン」
田原「（笑）」
さんま「あれはねぇ、俺、表彰状もらって、トロフィーもらったけど、あれ捨てたもん」
田原「（笑）」
さんま「俺は日頃、若手に、〝空気読め〟って言うてんねんな」
田原「（笑）」
さんま「〝お前ら空気読め、ここはSMAPがいくとこや。ガツガツいくなよ〟って。あれは大失敗。俺の芸能界の汚点」
田原「でも、ああいう場面は、本気になっちゃいますよね」
さんま「スポーツ好きな人間はな。トシちゃんが凄かったから、〝あんな奴に負けてられるかい〟とか。こっちも運動能力が高かったから」

田原「なんか番組的なことも気になっちゃうしね。絶対ここで勝たないと……勝たねばならないみたいなところがあるから、けっこう命懸けでしたよ」
さんま「(笑)」
田原「運動会はまだ良かったけど、水泳とかすごい苦手だったから、レッスン行きましたもん。負けられないから。〝お前が勝たなきゃ番組にならない〟って言われるから。マッチは話にならないから、俺がそこを一手に引き受けて頑張んなきゃいけないから。で、たまに空気読まなくて、(少年隊の) 植草 (克秀) が勝っちゃったりなんかするんですよ」
さんま「(笑)」
田原「で、本番、切られてるんですよね (笑)。アレ、すごいっすよね」
さんま「そうそう。かわいそうなのが松尾伴内。走り高跳びですっごいがんばって、えらい盛り上がったのに、1回も映ってないの」
田原「オンエア、すっぽり切れてるんですよね」
さんま「あれはねぇ、番組やからね、あくまでも。やっぱりみんなが応援したい人が勝って当たり前や。あれは番組。あの1年で懲りたから、あとは遠慮したで」
田原「いや、そうでもなかった」
さんま「いやいや、次のときから、レースとかあんまり出ないようにしたもん」
田原「相当真剣に走ってましたよ。なんか、YouTubeかなんかに、さんまさんと一緒に走ってるねぇ、100メートル走かなんかの映像があるんだけど、俺、かろうじて勝ったけど、ギリギリだったもん」
さんま「(笑)」(『さんまのまんま』2010年5月29日)

●1981年10月20日（火）『火曜ワイドスペシャル　第19回オールスター紅白大運動会』（フジテレビ19：30〜20：54）
出演：田原俊彦、松田聖子、高田みづえ、石川ひとみ、広岡瞬、浜田朱里、あのねのね、B&B、島田紳助・松本竜介、明石家さんま、柏原よしえ、ひかる一平、香坂みゆき、鹿取洋子、水野ますみ、甲斐智枝美、畑中葉子ほか

漫才ブームの終焉

1981年9月29日、『THE MANZAI 8』が放送される。

出演メンバーは、漫才ブームを牽引してきた横山やすし・西川きよし、ツービート、B&B、島田紳助・松本竜介、ザ・ぼんち、西川のりお・上方よしお、オール阪神・巨人、そして、漫才ブームに乗り、頭角を現した太平サブロー・シロー、ヒップアップ。

1980年12月30日に放送された『THE MANZAI 5』をピークに、視聴率が下降していく中、テレビで活躍する人気漫才師を揃え、背水の陣で臨んだ第8弾。それでも視聴率は振るわず、さらに低下する。季節は秋を迎え、世間の漫才への関心は急速に失われつつあった。

西川きよし「ブームいうんは、いつかは去るもんです。来年の春ごろには残るもんがはっきりするんじゃないですか」

横山やすし「いまは勢いみたいなもんで、みんなワァーとテレビに出てるけどもやね。人気が先行して力が後からヒイフウハアハアいいながらついていってる感じや。ここらで若いヤツも考え

方をスイッチしてやね、基本を勉強して実力をつけていかんと。

ま、紳竜はチョコチョコ勉強してるし、落ちへんやろ。ちょっとここらで踏ん張らなあかんのはザ・ぼんちや。仕事の量からいけばワシらをしのぐかもしれんが、量が多いいうもんは全部消化しきれんということやし、バタッと仕事がなくなった時は取り返しがつかん」

島田紳助「ブームなんか、もう終わってるで。この秋が真価を問われる時や。いいヤツはいい、悪いヤツは悪い。中途半端のもいなくなる。おれたち？　もちろん生き残れる」

おさむ「ブームに感謝して、それが長く続くように頑張ります」（「毎日新聞」1981年11月9日夕刊）

島田洋七「漫才に飽きを持たせてしまうほど、みんなが消耗した。テレビ局も漫才師も同罪です。ブームの遺産と言えば、関西弁が全国に認知されたことでしょう」（『上方放送お笑い史』）

桂三枝「MANZAIブームの頃、漫才番組の司会をしながら、彼らのネタを間近で観ていてつくづく思ったのは、漫才というのは爆発力はあるけれども、持続させるのが難しいということなんです。

いまみんなが関心を持っているネタをポーンと入れれば、ドカンと笑いは来るんですが、それを何度も何度も繰り返し聞かせるわけにはいかない。お客さんの方で飽きてしまう。

もちろん、彼らも同じネタでも客層や出る場所によって多少アレンジはしていましたけれど、それでも、あれだけブームになって忙しくなると、みんなどんどんネタ切れしてきて、困ってるというのがわかるんですよ。

ところがお客さんの方は、漫才には常に新鮮なネタを求めてる。そしてそういうネタをどんどん〝消費〟、というか〝笑費〟していってる。

だから芸の上での体力が要る。

芸の体力というのは、引きだしの多さであり、人生経験という貯金なんですね。

やすきよが強かったのはそこなんです。（中略）もうひとつやすきよがすごかったのは、あの二人のコンビネーションです。早い話がMANZAIブームの頃のツービートはビートたけしさんが、ひとりで闘ってたところがあるでしょう。

漫才はそこが難しいんです。二人のコンビネーションが」（『桂三枝という生き方』）

里見まさと「こうして、ゆっくりと世間のお笑いへの欲望は『オレたちひょうきん族』へと移っていったのだ。

『オレたちひょうきん族』からは、のりお、おさむの狩人のモノマネや、うなずきトリオなどなど、おもしろい話題もあったが、この番組から大きく羽ばたいていったのは、島田紳助、明石家さんま、ビートたけしさんだ。

この3人が頭ひとつどころか二つも三つも飛び出して、お笑いの流れに、次なる動きが始動した。ぼくたちザ・ぼんちの姿は、残念ながらその流れの中にはなかった」（『おおきに漫才！人生は何歳からでもやり直せる』）

初のスキャンダルの影響

１９８１年3月に発売された女性週刊誌「微笑」（１９８１年3月28日号）の記事が事の発端だった。

「スクープ！　愛の巣を発見！　明石家さんまに東京妻がいた！」という見出しで、さんまが銀座の高級クラブに勤めるKと親密交際し、週に二、三度、Kの自宅に宿泊していると報じられたのだ。

同年2月26日、「微笑」の取材班は、さんまが司会を務める『熱戦！歌謡ダービー』の収録が行われる千葉県へ赴き、市原市市民会館近くにある喫茶店で独占インタビューを敢行する。

「彼女とはもう別れたんです。過去のことなんです。だから……いろいろ彼女にも迷惑がかかるし…」

「遊びじゃない。ぼくはまじめに惚れてましたよ」

「もう過去のことやから、彼女の名前なんか出されると気の毒なんですよ。ぼくだけのことだったら、芸能人やし、何を書かれても仕方ないけど、彼女の名前だけは伏せてあげてほしいわ」

さんまはKを気遣いながら、ふたりが出会った経緯について答えた。

１９８０年の夏ごろ、さんまに好意を持っていたKは、知人を介し、吉本興業の幹部社員に花月の楽屋でさんまを紹介してもらう。

後日、さんまは、再び楽屋を訪ねてきたKから自宅の電話番号が書かれた名刺をもらい、間もなく交際へと発展。東京で仕事があるときには、Kが住む六本木の高級マンションに寝泊まりするようになる。デートをすることも、旅行をすることもないまま時は過ぎ、交際から数か月後、ふたりは別れることになった。

さんまは取材を終えた後、ふたりが交際していたことがなぜ週刊誌にスクープされたのか疑問に思い、Kに連絡をとろうと試みるが、つながらなかった。

そして1981年11月、この一件は大きな騒動へと発展する。

週刊誌「週刊平凡」が、さんまとKの交際について情報を収集し、ふたりが別れた原因は、Kの妊娠、流産によるもので、Kは弁護士を立て、さんまに慰謝料1千万円を要求する構えにあると結論づけ、「独占スクープ　明石家さんまと東京妻・K子さんの離別騒動！」と題し、大々的に報じたのだ（12月5日号）。

「週刊平凡」は、Kとさんま、双方に取材を申し込む。

Kはさんまと交際していた期間、二度妊娠し、いずれも流産したことを記者に告げる。続けて、別れの理由は他にあり、慰謝料の件は知人の助言から出た話、このままさんまに誠意がなければ、弁護士を立てて話し合いたいと語った。

さんまは、NHKのクイズ番組『連想ゲーム』の収録直前に取材に応じ、最後に会ったのは4か月ほど前だと告げる。

「ちょっといやな別れ方、したんですわ」

「いろんなことが重なってね。まあ思うように会えなかったというのが最大の原因です」

慰謝料1千万円を請求され、ふたりがもめているという噂話については否定。「1千万円払うくらいなら結婚しますよ」と笑った。「結婚も考えたのか」という質問には、「遊びやなしに、ほんまに惚れてたからね。このままつづけば、という気はね。でも、むこうは考えていなかったみたいですよ」と答え、最後に、「むかしのキズにさわらんといてほしいワ。そんな古い女の話やのうて、もっと新しい女の話で書いてや。たのんまっせ、ほんま」と言い残し、さんまは『連想ゲーム』の収録に臨んだ。

「週刊平凡」が発売され、その記事を読んだ法子（仮名）はショックを受ける。さんまは法子とプラトニックな交際を続けながら、法子との結婚を真剣に考えていた。法子はさんまのスキャンダルが初めて表に出たときには、さんまを責めなかった。法子はさんまが何人もの女性と浮気をしていたことも勘づいてはいた。それでも何も言わず、さんまとの交際を続けていた。

だが、「週刊平凡」の記事を目にしたとき、法子はさんまを問い詰めた。

「週刊誌ってウソばっかりだと思うけど、〝結婚を考えてた〟ってホントなの？　前の記事でもそう答えてたよね。これ、本当にあなたが言ったことなの？　それとも週刊誌が勝手に言ってもいないことを書いたの？」

「……いや、インタビューではそう答えた」

「……そうなんだ」

そのまま会話は途切れ、いつもの法子に戻った。

そして、この日を最後に法子はさんまのもとから去っていった。

さんま「〝こいつと一生過ごすんだぁ〟と思って。結婚が決まってましたから、ふたりの中ではね。それが、〝さんま泥沼、慰謝料1千万〟っていう記事でポシャったんです」（『明石家さんちゃんねる』2008年3月5日）

さんま「週刊誌の文字ってきついよ。俺もいっぺん結婚が破談になってるからね。たった一行で」

ウエンツ瑛士「その記事はホントなんですか？」

さんま「俺が答えたことはホンマやけど、内容はウソ。銀座のクラブのおねえさんと交際してたのが記事になって」
紳助「ややこしい話になったのは知ってんで」
さんま「ややこしいことになったやんか。あのときに俺、インタビューで、〝結婚も考えてましたか？〟って聞かれて、もちろん男やから、〝結婚しようと思ってました〟って言うやんか、その場の空気で。〝遊びでんねん、あれ〟って言えないやんか。その一行を彼女に、〝これはあなたが言ったの？〟って聞かれて、〝俺が言うた〟。……それで終わり。
　結婚という言葉は自分だけにほしかってんやろ。〝遊びだった〟の方が、その子はよかったんですよ」
紳助「その彼女と結婚する気はなかったんやろ？」
さんま「俺はあったのよ」
紳助「ウソつけー（笑）」
さんま「ちゃう、ほんまやて（笑）」
紳助「今やから言えや。なかったやろ？」
さんま「ええやんけ、今あったことのテイで終わっといたらぁ」
紳助「お前、絶対そのタイプちゃうもん。こいつ、22ぐらいが最後や、人を好きになったん。百貨店のネクタイ売り場の上田さんいうねんけど」
さんま「寿司屋の娘！……いらんこと言わいでええねん！」
紳助「そのときは、〝あっ、真剣に好きやわ〟と思て。〝真剣に付き合ってるわ〟と思て。まだ売れる前やったから、大好きなんやなって思て。あれ以来、人を好きになるのをやめたもん。好きやったやろ?」
さんま「あ、俺は好きや。俺はお前とちがって、出会う人出会う人、全部好きやねん。お前は女性をハンガーで吊ったり、いろいろ……」
紳助「(笑)」
さんま「さあ、もう話題変えます。こんなもん続いたら、お互い損するだけですから」
紳助「(うなずく)」(『踊る踊る踊る！さんま御殿!!』2005年9月27日)

さんま「今までつきあった女のコとは、ほとんど結婚て考えなかったですね。ただひとりだけ、結婚しようと思ってた子がいてたんですけどね、昔。ふたりとも『結婚しよう』という言葉も交わしてたし…。その子とも別れてしもうたからね。(中略)
　まあ、ボクが勝手やったのと、会えないのと、あとは周りの声で、彼女がとうとうダウンしてしまったんですね。23ぐらいから、3年ちょっとつきあってたんですけど、ちょうどそのころは、ボクが大阪で人気が出てきて、第一次全盛期を迎えたころやったからね(笑い)。あのときは、やっぱりモテましたから。(中略)
　忙しくて会えないでしょ。会ったとしても、月に1～2回。だから、話をする機会がない。彼女の門限が10時半で、ボクの仕事が終わるのが、だいたい9時、遅いときは10時でしょ。会っても、ただ彼女を送っていくだけでした。
　でも、どういうわけか、彼女のお父さんとお母さんが、大変ボクを気に入ってはったんですよ(笑い)。それで、ボクと会ってるときは、帰りが12時になってもええとか言ってくれたんですけど、だからこそ、早く帰してやりたいっていうのが、ボクにはあったんです。で、キマジメに早く帰してた。今から思うと、たまには遅くなったり、変化のある生活してあげてたら思いますね。そんなことが重なって、最終的にはダメになってしもうた。ホント、何も言わない子やったね。浮気しても何も言わんかった。ボクの知らないところで、泣いてたらしいですけど…」

――じゃあ、別れてからも、しばらくは尾を引いたんじゃないですか？

さんま「今でも引いてます。彼女も、来年あたり結婚するらしいですけど…。まあ、しかたないことですよね。ボクが『ああ、しまったあ！』と思ったとき、彼女の勤めてるとこでも、家でも行って、『ごめん！』とひと言言えばすむことだったんですけど、忙しかったんで、謝る時間すらなかったですね。ほかの恋愛も、そんなんばかりです。こうしてあげればよかったっていうのが多いです。ボクの場合」（「ＣａｎＣａｍ」１９８５年11月号）

この騒動は、さんまの恋愛だけではなく、仕事にも大きな影響を及ぼした。『ヤングタウン』のプロデューサー、〝大ナベ〟こと渡邊一雄が、番組降板を言い渡したのだ。「『ヤングタウン』のクリーンなイメージにそぐわないパーソナリティは降板させる」

それが渡邊の一貫した考えだった。

『ヤングタウン』は毎週月曜日から土曜日まで放送されている。その中で唯一、リスナーをスタジオに招き、公開で放送する土曜日のレギュラーパーソナリティとなってから3年。さんまはどんなに忙しくとも休むことなく懸命に番組を盛り上げてきた達成感もあり、〝何が何でも番組に残りたい〟という気持ちは持っていなかった。ただ、このような形で三枝から託された『ヤングタウン』のバトンを手放してしまうことが悔しくてたまらなかった。

さんま「大ナベさんは、あのデート事件（引用者註：「10万人のファンよりひとりのエッチ」騒動）を、まだ怒っとったみたいで。銀座のクラブのおねえちゃんと噂になったときも、ひとり怒っとったのよ」（『MBSヤングタウン』1996年11月16日）

『ヤングタウン』のディレクター、増谷勝己、渡辺高志のふたりは慌ててさんまを擁護する。「さんまでやらしてください！　今後、もしさんまが問題を起こしたときは僕たちが責任をとります！」。さんまの才能を高く評価していたふたりの熱意は渡邊に伝わり、降板騒動は収束する。

一方、同じくレギュラー出演している『笑ってる場合ですよ！』での、さんまのスキャンダルに対する反応は、『ヤングタウン』とは正反対のものだった。共演者からは、おもしろおかしく弄られまくり、番組スタッフからは洒落の利いた表彰状が贈られる。

「明石家さんま殿、あなたは『笑ってる場合ですよ！』のレギュラーとしてとんでもないスキャンダルを起こし、それを週刊誌にスクープされ、番組の視聴率獲得に貢献されました。ここにその功績を讃え、賞金1千万円を贈り表彰します。慰謝料に充ててください」

この粋な計らいに感動したさんまの心は、次第に大阪から東京へと傾いていく。

さんま「ウソの記事なのに、毎日放送のプロデューサーは俺を番組から降ろそうとしたわけですよ。そのときに、『ヤングタウン』のスタッフたちが、〝僕たちが責任をとりますんで、さんまでやらしてください〟って言ってくれたんですよね。大阪ではそうして非難されたんですけども、フジテレビは表彰状をくれたんです。〝よく盛り上げてくれました〟って。それで、〝あっ、これやったら、フジのスタッフと仕事やっていった方がいいと」（フジテレビ『SMAP×SMAP』

2003年4月14日）

さんま「26、7歳のときに、銀座のクラブのホステスさんとゴチャゴチャして、慰謝料1千万円どうのこうのって言われて、マスコミが（『笑ってる場合ですよ！』が放送されるスタジオアルタに）来たときにね、たけしさんと紳助が、ずーっと後ろで放送禁止用語を言ってくれましてね。放送できないようにね。それでもピー音入れながら、なんか俺がずっとヒヨコみたいに、頭おかしくなった人みたいなVTRの仕上がりになってまして。

放送はしてましたよ。〝ピーピー…僕が責任…ピーピー〟って言うて。そのあとスタジオで、番組のコメンテーターにボロクソに言われてましたよ。〝放送人として恥ずべき行為だ〟と」

村上ショージ「まあ、それも考えたらチームワークですよね。お笑いならではの」（『MBSヤングタウン』2012年6月23日）

さんま「俺、子供だけは欲しいねん、マジに」
紳助「誰ぞに頼んだらええ。いっぱいおるやろ」
さんま「そやから、この間、週刊誌に載せてもろうたんや。未婚の母募集いうて、冗談半分に」
竜介「きよった？」
さんま「おお、たくさんきよったで」
紳助「面接した？」
さんま「そんなもんするか！　うっかりしたらえらいことになるがな」
竜介「こんどは、未婚の母騒ぎになる？」

さんま「そうや。そうなったら1千万どこの騒ぎやないで！　けど、俺、このままやと、ホンマ結婚遅れるわ」
竜介「ひとりやと、かえって書かれるのと違う？」
さんま「そやねん。週刊誌の記者もそう言うとった」
紳助「それにな、さんまの場合はしゃあないて。打席に入る回数が多いんやから、デッドボールにも当たるわ。（中略）お前、踏み込んで打ち過ぎや。女に向かっていきすぎるんや。竜介みたいに8番バッターで、コツコツと当てていったらええんや」
さんま「しかし、竜介は意外性あるて。そこいくと、紳助は2番バッターやな。（中略）広島の衣笠タイプの2番や。お母はん死んだ日でもセックスやってるようなやっちゃ、紳助は」
紳助「しかし、女ってええなあ」
さんま「ああ、どないなめに会わされても、女はええて」（「週刊宝石」1982年7月10日号）

　1981年11月28日、豊臣秀吉の生涯を描いた伝記『太閤記』をアニメ化した長篇映画『マンザイ太閤記』が公開された。『マンザイ太閤記』は、デタラメな珍説、コミカルなシーンを多く取り入れながら、秀吉の人生をおもしろおかしく描いた作品。

　声を担当するのは、漫才ブームを駆け抜けた芸人たちで、先に声を収録し、それに合わせて作画する手法を用いて制作された。似顔絵作家・山藤章二により、キャラクターはすべて、声を担当する芸人の顔を模して描かれ、さんまは、織田信長に仕える森蘭丸役を担当。信長を〝愛する〟蘭丸を、終始オカマ口調で演じ上げた。

▽1981年11月28日（土）『マンザイ太閤記』（松竹・東京ムービー新社製作）【監督】澤田隆治、高屋敷英夫、【声の出演】ぼんちおさむ（日吉丸・藤吉郎・秀吉）、ぼんちまさと（前田犬千代）、島田紳助（織田信長）、松本竜介（明智光秀）、今いくよ（やや）、今くるよ（ねね）、明石家さんま（森蘭丸）、オール阪神（喜助）、オール巨人（茂助）、西川のりお（今川義元）、上方よしお（義元の近侍）、桂三枝（竹中半兵衛）、京唄子（八重）、鳳啓助（浅野又右衛門）、横山ノック（よいよいの滝主人）、宮尾すすむ（俵屋）、コント赤信号（急使）、坂田利夫（間者）、前田五郎（大沢主水）、ゆーとぴあ・ホープ（松下加兵衛）、ゆーとぴあ・ピース（重臣）、若井小づえ・みどり（腰元）、春日三球（呉服屋）、春日照代（なか）、三遊亭円丈（職安職員）、芦屋雁之助（蜂須賀小六）、笑福亭仁鶴（徳川家康）、島田洋七（武田信玄）、島田洋八（上杉謙信）、横山やすし・西川きよし（百姓・時代の証言者）、【ナレーター】熊倉一雄

ブラックデビルの誕生

１９８１年10月24日、『オレたちひょうきん族』のメイン企画「タケちゃんマン」の第３話が放送され、ビートたけし演じる主人公・タケちゃんマンの宿敵、ブラックデビルが初めて姿を現した。

ブラックデビルを演じるのは、高田純次。高田は、劇団東京乾電池の一員として『笑ってる場合ですよ！』にレギュラー出演すると、毎回、「日刊乾電池ニュース」のコーナーで時事コントを繰り広げ、特異な個性を発揮。その活躍が認められ、ブラックデビル役に抜擢された。

全身、黒で覆われ、頭部に２本の触角と黄色い大きな耳を持つ悪魔の子、ブラックデビルは、「タケちゃんマン」の主要キャラクターとして、第４話以降も登場する予定だった。

しかし、２回目の収録が行われる際、高田はおたふく風邪にかかってしまい、急遽、代役を立てることになる。そこで選ばれたのが、高田と体型が似ていて、「タケちゃんマン」の第４話、第５話において、脇役として見せ場を作ったさんまだった。

さんまは、11月21日に放送された第6話「瞼の父よサヨウナラの巻」で、初めてブラックデビルに扮して出演。〝歌舞伎攻撃〟でタケちゃんマンを一度は倒したものの、師匠の〝にんにく入り復活光線〟を浴びて復活したタケちゃんマンに逆襲され、最後は〝サンマ焼き器攻撃〟をくらって敗れ去る。

さんまの熱演はスタッフから高い評価を受け、以降もブラックデビルの役はさんまが務めることになった。

次にさんまがブラックデビルを演じたのは、12月19日に放送された第9話「キャバレー〝デビル〟の恐怖の巻」。ここでさんまは、「ファッファァッファァ……」という、ブラックデビルの鼻にかかった独特の鳴き声を初披露する。

これは、さんまの発案によるものだった。1回目に演じたときは、ブラックデビルに変身した際、「ハッハッハッ……」と、せせら笑うだけだったところを、それだけではおもしろくないと、数通りの鳴き声をスタッフの前でやって見せ、その中から一番ウケが良かった「ファッファァッファァ……」を披露することに決めた。

以降、さんまはブラックデビルを演じるにあたり、様々なアイデアを出し、スタッフと話し合いを重ね、短期間にブラックデビルを愛嬌のある魅力的なキャラクターに成長させていく。

さんま「スタジオに残ってんのが俺しかいなくて、〝さんま出てくれ〟って言われて。あのブラックデビルの鳴き声は、漫談のネタで、俺がウソでね、〝『仮面ライダー』のショッカーの役の依頼が来た〟と。ほいで、〝台詞が『ファァッファァ！』だけでした〟っていうネタをやってたんです。それを、どうせ代役やから、遊びで〝ファァッファァ！〟っていうのをやったら、スタッフが〝面白い！〟ってなったんですよ」（「千原ジュニア40歳LIVE『千原ジュニア×□』in 両国国技館」2014年3月30日）

高田純次「プロデューサーの横澤さんが、〝これからは悪役の時代だよ〟って言うんで、タケちゃんマンに対抗して、この役をくれたんですよ。僕はねぇ、2回だけやったんですよ。放映は1回かな？　2回やったような気がするんですよ。その後、僕、おたふく風邪になっちゃいまして、それで明石家さんまさんが抜擢されて、人気になったの。

もし俺が続けてたら、ブラックデビルが人気になってたかどうかは、また別よ。ならなかったかもわかんないし。とにかく、最初に1回やらしてもらったの。で、治ったら、てっきり戻るものと思ったら、〝さんまちゃんの方がおもしろいから、このまま行く〟って（笑）」（フジテレビ『高田純次芸能生活30周年ぐらい記念　テキトーにやりましたSP』2007年9月22日）

高田純次「でも、当時は悔しくなかったなあ。番組に出させてもらうだけでありがたかったから。後で考えると、あのときがチャンスだったって分かるけど、当時は仕事がきたら一つひとつを一生懸命やっていくことだけ考えてたわけだしね」（「産経ニュース」2006年12月1日）

横澤彪「さんちゃんがブラックデビルのマスクをかぶってねぇ、いきなりねぇ、ブラックデビルの声を出したんですよ。〝ファッファ〟っていうの。で、もう、スタジオ中、大爆笑になって、もうそれで決まりましたね」（毎日放送『芸人講座』1999年2月26日）

さんま「ブラックデビルやってる頃はねぇ、イジメられっ子からたくさん手紙をいただいたんですよ。

ブラックデビルは、タケちゃんマンにやっつけられてもやっつけられても笑顔で立ち上がってくるでしょ。それで勝った気持ちでいるじゃない。それがね、励みになるとか、そういう手紙を何通かいただいた。

俺は別に、イジメを笑顔で切り返すとか、そんなメッセージはなかったんですよ。ただ、そういうキャラクターが好きで。ワイリー・コヨーテっていう、アメリカのアニメのキャラクターがいるんですけど。ワイリー・コヨーテは、やられてもやられても立ち向かっていくキャラクターなんですよ。あのキャラクターをブラックデビルでいただいたんですよ。それだけのもんでね」

（『ＭＢＳヤングタウン』１９９４年12月17日）

【コラム8】 大阪から東京へ

漫才ブームの最中でのザ・ぼんちの人気は凄まじく、大阪の劇場で共演する吉本興業の芸人たちの誰もが、「ぼんちの後には出たくない」と思っていたそうです。その理由は、ザ・ぼんちが出番を終えると、ザ・ぼんち目当てに来場していた若い観客が一斉に席を立ってしまうから。

そんなある日、絶頂期を迎えていたザ・ぼんちのすぐ後にさんまさんが花月の舞台に立つ日がやってきました。ザ・ぼんちが出番を終えた後、さんまさんは覚悟を決め、舞台に上がります。すると、観客はひとりも席を立つことなくさんまさんに大きな声援を送り、最後まで漫談を聞いていたそうです。

さんまさんは舞台を降りた後、「俺はまだいける!」と、誰もいない舞台裏でひとり、ガッツポーズをとりました。

この出来事はさんまさんにとって大きな自信となり、その後、さらなる飛躍を遂げる原動力となりました。

となると気になるのは、このさんまさんがガッツポーズをとった日がいつのことなのか、ということです。ザ・ぼんちの人気のピークは、『THE MANZAI』の4回目が放送された1980年10月から、デビューシングル「恋のぼんちシート」が発売された直後、1981年2月頃までと推測しました。その間に、さんまさんとザ・ぼんちが花月劇場で共演したのは計3回。その中から一番可能性が高そうなのが、「1981年2月のなんば花月中席」なのではないかという結論に達しました。

さんまさんは1981年4月に、『花の駐在さん』と『ヤングおー!おー!』を三枝さんから引き継ぎ、翌月からは『オレたちひょうきん族』の放送が始まります。これらの番組に主要メンバーとして携わることは相当なプレッシャーがあったと思います。そのプレッシャーを、「俺はまだいける!」とガッツポーズをとったことで跳ねのけたのではないかと思えてなりません。

1981年10月には、春風亭小朝さんに代わり、『笑ってる場合ですよ!』の木曜レギュラーの座を獲得。ここから急速にフジテレビとの関係が深まり、「フジテレビのスタッフたちと一緒に仕事がしたい」という思いがさらに強くなっていきます。

その一番大きなきっかけとなったのが、同年11月に起きたさんまさんの初のスキャンダルでした。当時、さんまさんが交際されていた女性からいわれのない高額な慰謝料を請求されたという一件です。このとき、大阪の放送局では「汚れたイメージのついたタレントを出演させるわけにはいかない」という理由で、レギュラー出演するラジオ番組の降板騒動にまで発展します。ところがフジテレビの『笑ってる場合ですよ!』では、番組スタッフから「よくぞこの話題で番組を盛り上げてくれた」と、洒落の利いた表彰状が送られました。その気持ちが嬉しくて、さんまさんの心は大阪から東京へと傾いていくことになります。そしてそのタイミングで、さんまさんは、『オレたちひょうきん族』でブラックデビルというキャラクターを演じることになるのです。

そのチャンスは、ブラックデビルを演じていた高田純次さんの病欠により訪れました。タケちゃんマンのコーナーに脇役として出演し、存在感を示していたからこそ得たチャンス。見事ブラックデビル役をものにしたさんまさんは、ビートたけしさんと過ごす時間が大幅に増えました。

たけしさんとの共演で笑いに磨きがかかり、フジテレビスタッフとの絆を深め、さんまさんは全国的な人気を誇るお笑い芸人へと成長します。

それは次作で紹介できればと思っております。

【１９８１年の明石家さんま活動記録】

――１９８１年（25～26歳）の花月の出演記録

■なんば花月１月上席（１９８０年12月31日～１９８１年１月10日）
出演：前田一球・写楽、今いくよ・くるよ、西川のりお・上方よしお、伝次郎&ヤンヤン&マジック中島・ひろみ&笑福亭仁智（ハッピー・バラエティー）、オール阪神・巨人、明石家さんま、中田カウス・ボタン、笑福亭仁鶴、横山やすし・西川きよし、吉本新喜劇

■うめだ花月１月中席（11日～20日）
出演：若井小づえ・みどり、松旭斎たけし、京極加津恵&徳永清風&長谷川光子&佐々木一夫&林家染二（民謡インOSAKA）、李一龍とドラゴン軍団&吉本シンガーズ（ポケット・ミュージカルス）、ザ・ぼんち、阿吾寿朗・今喜多代、明石家さんま、笑福亭仁鶴、横山やすし・西川きよし、吉本新喜劇

さんま「僕が出たあと、仁鶴師匠が出番っていうときがあって、（吉本興業の）八田（竹男）社長がずっと見てはって、そのときに舞台下りたら、〝仁鶴君、キミもやりにくそうやなぁ〟って言われたとき、すっごい嬉しかったんですよ。もう、今でも覚えてますもん」
仁鶴「あー、そう（笑）。当時は、重役が各劇場へ来て、観に来てはったからねぇ」
さんま「袖で、皆観てはりましたよ、あの時の偉いさんは。〝うわっ、社長や！〟と思って。緊張しながら舞台やってたことを。会長（林正之助）もよく来てらっしゃいましたしね」
仁鶴「あぁ、会長も来てはった。来てはると、調子出にくいね。舌噛んだりな」
さんま「（笑）」
仁鶴「ようあったな」
さんま「ありました（笑）」
仁鶴「間、こんなんちゃうのに」
さんま「緊張するんですよね（笑）」
仁鶴「緊張して。うまいこといかんもんやね、あれ。ああいうときに限って」
さんま「昔、ライオンいうニックネームの会長。ウロウロしてねぇ」
仁鶴「前のうめだ花月に来はってな、〝どうや？ 元気か？〟って。〝はい、ボツボツやってますわ〟〝昔話聞きたかったら、4階上がっといで〟とかなんかいう話から。〝さんまっちゅうのがいてまんなぁ。今、がんばってまんなぁ〟〝そうやなぁ、あれ、さんまが来たときなぁ、名前がさんまやさかい、はよ売ったらな腐んのんちゃうかぁ言うて、皆にはよ売れよぉ言うといたんや〟言うて」
さんま「（笑）」
仁鶴「腐らんでよかったがなぁ」
さんま「冷凍は持ちます（笑）」
仁鶴「（笑）ええなぁ、冷凍かぁ」（『さんまのまんま』２００８年11月28日）

■なんば花月２月中席（11日～20日）
出演：横山ゆうじ・西川こうじ、笑福亭仁幹、笑福亭仁嬌、桂小

つぶ、桂三馬枝、滝あきら、ザ・ローラーズ、阿吾寿朗・今喜多代、新谷のぼる・泉かおり&ザ・パンチャーズ&間寛平&池乃めだか（ポケット・ミュージカルス）、ザ・ぼんち、明石家さんま、オール阪神・巨人、コメディNo.1、吉本新喜劇

■うめだ花月2月下席（21日〜28日）
出演：歌メリ・マリ、露乃新五、新・爆笑軍団、幸司・由紀子、一陽斎蝶一&太平サブロー・シロー（ポケット・ミュージカルス「マジック・ナウ」）、阿吾寿朗・今喜多代、明石家さんま（26日休演）、笑福亭仁幹、桂きん枝、チャンバラトリオ、吉本新喜劇

■うめだ花月3月中席（11日〜20日）
出演：桂文太、松旭斎天正・小天正、ザ・パンチャーズ、新・爆笑軍団、幸司・由紀子、笑福亭仁幹&笑福亭仁嬌&桂小つぶ&桂三馬枝（ポケット・ミュージカルス）、明石家さんま（12日、19日休演）、コメディNo.1、桂文珍、人生幸朗・生恵幸子、吉本新喜劇

■うめだ花月4月中席（11日〜20日）
出演：笑福亭仁幹、太平サブロー・シロー、木川かえる、若井小づえ・みどり、林家染二、笑福亭仁幹&笑福亭仁嬌&桂小つぶ&桂三馬枝（ポケット・ミュージカルス）、隼ジュン&ダン、今いくよ・くるよ、明石家さんま、西川のりお・上方よしお、オール阪神・巨人、吉本新喜劇

■京都花月4月中席（11日〜20日）
出演：ザ・ポパイ（桂枝織・桂三と九・桂文福）、マジック中島・ひろみ、翠みち代、ザ・ダッシュ、若井小づえ・みどり、木村進&室谷信雄&京山福太郎（ポケット・ミュージカルス）、中山礼子・八多恵太、明石家さんま、桂文珍、コメディNo.1、吉本新喜劇

※「うめだ花月4月中席」にも出演しているさんまが、「京都花月4月中席」に出演するのはスケジュール的に困難であるため、どちらかが誤りである可能性が高い。確認できる資料がなく、情報誌「プレイガイドジャーナル」に掲載されていた情報をそのまま掲載する。

■なんば花月5月上席（1日〜10日・新装開場記念）
出演：太平サブロー・シロー、今いくよ・くるよ、島田紳助・松本竜介、明石家さんま、木村進&室谷信雄（ポケット・ミュージカルス「ザッツ笑トピア」）、松旭斎たけし、隼ジュン&ダン、オール阪神・巨人、林家小染、横山やすし・西川きよし、吉本新喜劇

■うめだ花月5月中席（11日〜20日）
出演：前田一球・写楽、松旭斎天正・小天正、新・爆笑軍団、新谷のぼる・泉かおり、東洋朝日丸・日出丸、月亭八方&桂文福&桂枝女太（ポケット・ミュージカルス「ニューウェーブ」）、隼ジュン&ダン、明石家さんま、オール阪神・巨人、人生幸朗・生恵幸子、吉本新喜劇

■なんば花月6月上席（1日〜10日）
出演：桃山こうた、笑福亭仁扇、林家市染、ザ・ダッシュ、新・爆笑軍団、一陽斎蝶一、若井小づえ・みどり、李一龍&仲村知也（ポケット・ミュージカルス「アクション」）、明石家さんま、オール阪神・巨人、桂文珍、コメディNo.1、吉本新喜劇

■うめだ花月6月下席（21日～30日）
出演：伊豆あすか・奄美きょうか、滝あきら、新・爆笑軍団、ザ・ダッシュ、林家染二、木川かえる（ポケット・ミュージカルス）、今日規汰代・阿吾寿朗、明石家さんま、西川のりお・上方よしお、花紀京・岡八郎、吉本新喜劇

■うめだ花月7月上席（1日～10日）
出演：ふぁ～るちっぷ（小禄・仁雀・仁福・仁智）、滝あきら、マジック中島・ひろみ、中山礼子・八多恵太、中田ダイマル・ラケット、間寛平＆高石太＆村上ショージ＆前田犬千代・竹千代（ポケット・ミュージカルス「コント・ザ・コント」）、明石家さんま、オール阪神・巨人、桂小文枝、コメディNo.1、吉本新喜劇

■なんば花月7月下席（21日～30日、31日は特別興行）
出演：松みのる・杉ゆたか、マジック中島・ひろみ、新・爆笑軍団、若井小づえ・みどり、東洋朝日丸・日出丸、森田省二＆マリンブルー（ポケット・ミュージカルス「ニューミュージック特集」）、月亭八方、島田紳助・松本竜介、明石家さんま、オール阪神・巨人、吉本新喜劇

■なんば花月8月上席（1日～10日）
出演：宮川大助・花子、ザ・ダッシュ、二葉由紀子・羽田たか志、東洋朝日丸・日出丸、マジックフェスティバル（一陽斎蝶一、マジック中島・ひろみ、松旭斎たけしほか）、今いくよ・くるよ、明石家さんま、チャンバラトリオ、林家小染、ザ・ぼんち、吉本新喜劇

■うめだ花月8月中席（11日～20日）
出演：前田犬千代・竹千代、松みのる・杉ゆたか、前田一球・写楽、ザ・ダッシュ、二葉由紀子・羽田たか志、今日規汰代・阿吾寿朗、月亭八方＆隼ジュン＆ダン（ポケット・ミュージカルス「八方ショウ」）、太平サブロー・シロー、明石家さんま、コメディNo.1、笑福亭仁鶴、ザ・ぼんち、吉本新喜劇

■なんば花月9月上席（1日～10日）
出演：ジョージ・はじめ、桂文太、桂文喬、桂文福、ひっとえんどらん（笑福亭仁幹＆笑福亭仁嬌＆桂小つぶ＆桂三馬枝）、新谷のぼる・泉かおり、西川のりお・上方よしお、明石家さんま、中田カウス・ボタン、林家小染、花紀京・岡八郎、吉本新喜劇

■うめだ花月9月下席（21日～30日）
出演：前田犬千代・竹千代、村上ショージ・岡田祐治、Wパンチ、滝あきら、ザ・パンチャーズ、マジック中島・ひろみ、二葉由紀子・羽田たか志、中山礼子・八多恵太＆京山福太郎（ポケット・ミュージカルス）、明石家さんま、コメディNo.1、月亭八方、人生幸朗・生恵幸子、吉本新喜劇

■なんば花月10月上席（1日～10日）
出演：前田一球・写楽、ハンバーガー（笑福亭仁扇＆林家市染）、笑福亭松之助、二葉由紀子・羽田たか志、一陽斎蝶一、中田ダイマル・ラケット、木村進＆室谷信雄＆源五郎（ポケット・ミュージカルス「河内音頭」）、今いくよ・くるよ、明石家さんま、月亭八方、オール阪神・巨人、吉本新喜劇

■京都花月10月下席（21日～30日、31日は特別興行）

出演：松みのる・杉ゆたか、歌メリ・マリ、桂小枝、中山恵津子、ザ・ダッシュ、木川かえる、今日規汰代・阿吾寿朗、高石太&池乃めだか（ポケット・ミュージカルス）、中山礼子・八多恵太、桂きん枝、明石家さんま、花紀京・岡八郎、吉本新喜劇

■うめだ花月11月上席（1日〜10日）
出演：前田犬千代・竹千代、大阪笑ルーム、ザ・パンチャーズ、今日規汰代・阿吾寿朗、京山福太郎、新谷のぼる・泉かおり、隼ジュン&ダン、今日規汰代・阿吾寿朗、間寛平&池乃めだか&木川かえる（ポケット・ミュージカルス）、明石家さんま、笑福亭松之助、西川のりお・上方よしお、ザ・ぼんち、吉本新喜劇

■なんば花月11月中席（11日〜20日）
出演：ひっとえんどらん（笑福亭仁幹&笑福亭仁嬌&桂小つぶ&桂三馬枝）、松みのる・杉ゆたか、桂文太、松旭斎たけし、二葉由紀子・羽田たか志、東洋朝日丸・日出丸、間寛平&池乃めだか&木川かえる（ポケット・ミュージカルス）、今いくよ・くるよ、明石家さんま、中田カウス・ボタン、花紀京・岡八郎、吉本新喜劇

■なんば花月12月中席（11日〜20日）
出演：はなしかマンション（桂文太、林家市染、桂小枝、笑福亭仁扇）、新・爆笑軍団、ザ・パンチャーズ、滝あきら、今日規汰代・阿吾寿朗、間寛平&池乃めだか（ポケット・ミュージカルス）、明石家さんま、若井小づえ・みどり、島田紳助・松本竜介、人生幸朗・生恵幸子、吉本新喜劇

——1981年（25〜26歳）の主な舞台・イベント出演

□1月5日（月）〜7日（水）『激突！ザ・スーパーMANZAI』（ルーマーハウス・アスク20：00、22：15開演）
出演：明石家さんま（5日）、ザ・ぼんち（6日）、西川のりお・上方よしお（7日）

□1月15日（木）『激突！喰うか…？喰われるか！ザ・漫才』（神戸国際会館15：00開演）
出演：オール阪神・巨人、島田紳助・松本竜介、ザ・ぼんち、西川のりお・上方よしお、今いくよ・くるよ、明石家さんま、前田一球・写楽、太平サブロー・シロー

□1月18日（日）『ざ・まんざい』（和歌山県民文化会館15：00開演）
司会：明石家さんま、出演：オール阪神・巨人、島田紳助・松本竜介、ザ・ぼんち、西川のりお・上方よしお

□1月31日（土）『SANMA LIVE』（うめだ花月19：00開演）
出演：さんま&アベレージ

□3月2日（月）『吉本新喜劇』（神戸国際会館18：00開演）
〈第一部〉「大阪物語」
出演：花紀京、岡八郎、山田スミ子、コメディNo.1ほか
〈第二部〉「バラエティショウ」
出演：ザ・ぼんち、今いくよ・くるよ、オール阪神・巨人、明石家さんま、桂文珍ほか

□5月31日（日）『ヤング・モーニング寄席』（うめだ花月9：30開演）
出演：オール阪神・巨人、桂文珍、明石家さんま、村上ショージ・岡田祐治、前田一球・写楽、Wパンチ、ザ・ぼんち、今いくよ・くるよ、若井小づえ・みどり

□7月25日（土）『トラトラ寄席』（うめだ花月19：30開演）
出演：横山ノック、上岡龍太郎、板東英二、中村鋭一、藤本義一、月亭八方、明石家さんま、島田紳助・松本竜介

□7月27日（月）「映画『スター・クレイジー』特別試写会」（梅田ピカデリー2 18：30〜）
※さんまは特別試写会のホストとして出演。

□7月31日（金）『コントで勝負！「南からの熱い風」』（なんば花月11：30、14：30、18：30開演）
出演：明石家さんま、島田紳助・松本竜介、ザ・ぼんち、西川のりお・上方よしお、木村進、間寛平ほか

□8月8日（土）『クリスタルシャワー』（うめだ花月19：30開演）
出演：島田紳助・松本竜介、西川のりお・上方よしお、太平サブロー・シロー、オール阪神・巨人、桂文珍、月亭八方、明石家さんま、Wパンチ、村上ショージ・岡田祐治、前田一球・写楽

□8月22日（土）『KAGETSU FINAL MANZAI-INN』（なんば花月19：30開演）
司会：明石家さんま、出演：オール阪神・巨人、ザ・ぼんち、今いくよ・くるよ、西川のりお・上方よしお、太平サブロー・シロー、村上ショージ・岡田祐治

□8月31日（月）『Mr.さんま&アベレージバンド・夏の終わりに友達呼んで』（京都花月14：00開演）
※ゲストに、おすぎとピーコ、『オールナイトニッポン』で出会い親交を深めていたロックバンド「スペクトラム」のギター・ボーカルを担当する西慎嗣を迎え、アベレージとの最後のライブを楽しんだ。この模様は、9月14日、同日開催のパッパラパーズのイベントと合わせて、サンテレビにて放送された。

□10月31日（土）『桂文珍プロデュース TALK&トーク』（京都花月15：30、18：30開演）
出演：桂文珍、明石家さんま、桂文福、三遊亭円丈、マギー司郎、古今亭寿輔、横山ノック、島田紳助・松本竜介

□11月3日（火）雑誌「CanCam」創刊記念イベント『キャンキャン寄席』（追手門大学体育館11：00開演）
「女子大落研vs.明石家さんま」

□12月5日（土）『三枝創作落語の会』（うめだ花月18：00開演）
出演：桂三枝、月亭八方、明石家さんま

――1981年（25〜26歳）の主な出演番組

●1月1日（木）『初詣！爆笑ヒットパレード』（フジテレビ8：

30〜11：50）
「四元生中継！」
出演：横山やすし・西川きよし、桂三枝、月の家円鏡、春風亭小朝、B&B、星セント・ルイス、唄子・啓助、笑福亭仁鶴、獅子てんや・瀬戸わんや、島田紳助・松本竜介、ラッキー7、西川のりお・上方よしお、春日三球・照代、ザ・ぼんち、レツゴー三四、明石家さんま、春やすこ・けいこ、内海桂子・好江、青空球児・好児、玉川カルテットほか

●1月3日（土）『新春オールスター水上大運動会』（TBS12：00〜13：54）
東軍キャプテン：ツービート
西軍キャプテン：桂きん枝、明石家さんま
出演：田原俊彦、松田聖子、岩崎良美、研ナオコ、河合奈保子ほか

●1月3日（土）『第7回東西オールスター珍芸奇芸名人芸』（日本テレビ13：00〜14：30）
出演：春風亭小朝、林家小染、桂三枝、月の家円鏡、ツービート、B&B、ザ・ぼんち、明石家さんま、オール阪神・巨人

●1月3日（土）『やすし・きよしの弥次喜多珍道中』（関西テレビ16：00〜17：30）
出演：横山やすし・西川きよし、島田紳助・松本竜介、西川のりお・上方よしお、ザ・ぼんち、オール阪神・巨人、三浦真弓、石川優子、明石家さんま

●1月3日（土）『レッツゴーMANZAI！』（NHK深夜0：15〜0：59）
司会：明石家さんま、出演：田原俊彦、近藤真彦、野村義男、松田聖子、河合奈保子、岩崎良美、郷ひろみ、島田紳助・松本竜介、ツービート、ジューシィ・フルーツ、高田みづえ、ビジネス、近田春夫、木ノ葉のこ、小堺一機

●1月4日（日）『東西寄席』（毎日放送12：00〜14：00）
東京：浅草松竹演芸場　出演者：春日三球・照代、西川のりお・上方よしお、星セント・ルイス、ザ・ぼんち
大阪：うめだ花月　出演者：横山やすし・西川きよし、オール阪神・巨人、明石家さんま、チャンバラトリオ

●1月8日（木）『爆笑おじゃマンザイ！』（フジテレビ19：30〜19：45）
出演：明石家さんま、ザ・ぼんち

●1月11日（日）『花王名人劇場　爆笑!!漫才ライブ　これが紳助・竜介だ！』（関西テレビ21：00〜21：54）
出演：島田紳助・松本竜介、B&B、明石家さんまほか
※1980年11月19日、新宿・スタジオアルタで収録。紳助・竜介の漫才、紳助バンドの演奏、ゲストとのフリートーク。

●1月17日（土）『爆笑ヒット大進撃!!』（日本テレビ19：30〜21：00）
「特選メニュー漫才!!　80年型爆笑決定版」
司会：三波伸介、出演：ツービート、B&B、明石家さんま、コント赤信号、ゆーとぴあ、ギャグ・シンセサイザー、春風亭小朝、朝丘雪路

●1月23日（金）『ハナキンスタジオ』（フジテレビ20：00～21：00）
司会：うつみ宮土理、B&B、ゲスト：明石家さんま、月亭八方、東京コミックショウ、酒井くにお・とおる、岩崎宏美

●1月25日（日）『ヤングおー！おー！』（毎日放送17：30～18：30）
「爆笑三枝の新ゲーム」「さんま・紳助冒頭漫才」
※レギュラー番組

●1月27日（火）『2時のワイドショー』（読売テレビ14：00～15：00）
「笑いの限界に挑戦！　さんま対紳助・竜介」

●1月28日（水）『霊感ヤマカン第六感』（朝日放送19：00～19：30）
出演：フランキー堺、板東英二、新沼謙治、キャシー中島、明石家さんま

●2月3日（火）『笑ってる場合ですよ！』（フジテレビ12：00～13：00）
「ブス合戦」
出演：B&B、ツービート、明石家さんま、劇団東京乾電池、大橋恵里子

●2月7日（土）『クイズDEデート』（関西テレビ23：00～23：30）
司会：桂三枝、ゲスト：明石家さんまほか

●2月8日（日）『日曜ビッグスペシャル　桂三枝の底抜けドッキリ大ゲーム』（東京12チャンネル20：00～21：54）
「紳助・竜介 アイドルギャルに袋たたき？」「さんまと石松の靴下風船大爆発」

●2月10日（火）『これが漫才だ！』（サンテレビ19：30～20：54）
出演：横山やすし・西川きよし、ザ・ぼんち、西川のりお・上方よしお、明石家さんま、今いくよ・くるよ、太平サブロー・シロー、前田一球・写楽

●2月19日（木）『たのきん全力投球！』（TBS19：00～19：30）
司会：田原俊彦、近藤真彦、野村義男、出演：松田聖子、河合奈保子、石川ひとみ、ジャPAニーズ、ゲスト：明石家さんま
※さんまは、たのきんトリオ（田原俊彦・近藤真彦・野村義男）と共に探検隊コントを披露した。

●2月20日（金）『日本列島大爆笑　やすきよに挑戦・ハッとして漫才』（東京12チャンネル19：30～20：54）
出演：横山やすし・西川きよし、ザ・ぼんち、コメディNo.1、桂文珍、明石家さんま、池乃めだか、月亭八方、桂きん枝、間寛平ほか

●3月5日（木）『11PM』（読売テレビ23：20～0：25）
「妖しくそして激しく…男のコーベ決定ガイド」

出演：明石家さんま、荒井満、黒田征太郎

●3月8日（日）『花王名人劇場　爆笑!!プロ野球まもなく開幕』（関西テレビ21：00〜21：54）
司会・審判：毒蝮三太夫、出演：ツービート、明石家さんま、三遊亭小遊三、春風亭正朝、ミスタープロ野球（沢口康久・新田新一郎）、月亭八方、桂米助、特別ゲスト：佐々木信也
※収録日は1981年2月23日。国立劇場演芸場に集った7組の芸人たちが、それぞれ野球にまつわる芸を披露。さんまは、阪神タイガースのユニフォームを身に纏い、球場に見立てた舞台に立つと、得意の小林繁、長嶋茂雄vs.ジーン・バッキー、ホームランを打たれる堀内恒夫と江本孟紀、長嶋茂雄監督と古葉竹識監督の違いを表現した形態模写を次々と披露した。

●3月11日（水）『霊感ヤマカン第六感』（朝日放送19：00〜19：30）
出演：フランキー堺、谷幹一、岡崎友紀、セーラ、明石家さんま

●3月14日（土）『爆笑ヒット大進撃!!』（日本テレビ19：30〜21：00）
「特選ギャグ漫才!!必笑仕掛け人ズラリ登場」
司会：三波伸介、出演：B&B、ツービート、島田紳助・松本竜介、ゆーとぴあ、コント赤信号、明石家さんま、小柳トム、大場久美子

●3月22日（日）『日曜ビッグスペシャル　お笑い大激突オールスター漫才名人戦』（東京12チャンネル20：00〜21：54）
「やすきよの新ネタマラソン漫才20分」
出演：横山やすし・西川きよし、今いくよ・くるよ、オール阪神・巨人、ザ・ぼんち、ゆーとぴあ、春日三球・照代、太平サブロー・シロー、青空球児・好児、明石家さんまほか

●3月24日（火）『MBSヤングタウン』（MBSラジオ22：00〜25：00）
出演：桂べかこ、イルカ、ゲスト：明石家さんま

●3月29日（日）『花王名人劇場　第一回あなたが選ぶ花王名人大賞 新人賞今夜決定!』（関西テレビ21：00〜21：54）
司会：桂三枝、出演：横山やすし・西川きよし、桂文珍、明石家さんま、西川のりお・上方よしお、島田紳助・松本竜介、太平サブロー・シロー、林家小染、三遊亭円家、三遊亭円丈、春風亭小朝、マギー司郎、唄子・啓助、ザ・ぼんち、今いくよ・くるよ、ゆーとぴあ、コント赤信号、レツゴー三匹、春やすこ・けいこ、酒井くにお・とおる
※「花王名人大賞」は、日頃軽視されがちなテレビ、ラジオで活躍する芸人たちへ栄誉を与えようという理念のもと設けられた賞。全国の一般視聴者の中から選ばれた1万人の審査員（全国8ブロック、年齢別、男女別、職業や住所が偏らないよう分類）が選ぶ「花王名人大賞」の新人賞の発表の模様が、関西テレビ、渋谷スタジオ、うめだ花月、浅草・むぎとろ、喫茶店・ジルビアン（渋谷）、ラジオ大阪の6元生中継で放送された。さんまは新人賞にノミネートされ、うめだ花月から参加。今いくよ・くるよと同票（472票）で4位となった。最優秀新人賞にはザ・ぼんち（4766票）が選ばれ、新人賞は、春風亭小朝（1132票）と島田紳助・松本竜介（938票）が選ばれた。他、各賞発表、授賞式の模様は翌週の『花王名人劇場』で生放送された。

●4月6日（月）『お笑い決定版!!』（サンテレビ21：00〜21：55）
出演：明石家さんま、正司敏江・玲児、前田一球・写楽、松みのる・杉ゆたか、前田犬千代・竹千代、Wさくらんぼ

●4月8日（水）『激突！お笑いルーレット』（関西テレビ22：00〜22：54）
司会：上岡龍太郎、辺見マリ、審査委員長：横山ノック、ゲスト：バラクーダ、あらんどろん、三笑亭夢丸、ザ・ぼんち、コメディNo.1、明石家さんま

●4月11日（土）『爆笑ビッグスペシャル　オールスター漫才名人戦』（東京12チャンネル19：00〜20：54）
司会：松岡きっこ、西川のりお・上方よしお、出演：横山やすし・西川きよし、オール阪神・巨人、海原さおり・しおり、ツービート、B&B、明石家さんま、マギー司郎、チャンバラトリオ、明石家小禄、ゆーとぴあ、前田一球・写楽
※漫才ありコントありの爆笑ステージ。南海ホールで収録。

●4月13日（月）『爆笑スペシャル　東西対抗お笑い春の陣！』（テレビ朝日20：00〜21：48）
東軍司会：月の家円鏡、南美希子、西軍司会：桂三枝、明石家さんま
出演：【東軍】B&B、ツービート、おぼん・こぼん、ものまねトリオ（片岡鶴太郎・若人あきら・はたけんじ）、橋達也と笑いの園、コント赤信号、ゆーとぴあ、チャーリーカンパニー、正一・正二、【西軍】横山やすし・西川きよし、島田紳助・松本竜介、ザ・ぼんち、西川のりお・上方よしお、レツゴー三匹、海原さおり・しおり、春やすこ・けいこ、太平サブロー・シロー、酒井くにお・とおる、【応援歌手】榊原郁恵、松田聖子、高田みづえ、岩崎良美、高見知佳、柏原よしえ、相本久美子、石川ひとみ、甲斐智枝美

●4月29日（水）『'81ABC漫才・落語新人コンクール』（朝日放送15：00〜17：55）
ゲスト：横山やすし・西川きよし、桂枝雀、ザ・ぼんち、笑福亭仁鶴、西川のりお・上方よしお、桂春蝶、笑福亭鶴光、月亭八方、明石家さんま、桂朝丸、春やすこ・けいこ、酒井くにお・とおる、今いくよ・くるよ、藤本義一、中村鋭一ほか

●5月3日（日）『日曜特集 笑わせます！歌います!!熱狂の漫才ライブ決定版』（TBS20：00〜20：55）
出演：ザ・ぼんち、B&B、島田紳助・松本竜介、春やすこ・けいこ、明石家さんま

●5月4日（月）『お笑い決定版!!』（サンテレビ21：00〜21：55）
出演：明石家さんま、ミヤ蝶美・蝶子、中田伸江・伸児、前田犬千代・竹千代、チャンバラトリオ

●5月11日（月）『月曜爆笑スペシャル　日比谷野外音楽堂　漫才ライブショー』（東京12チャンネル19：00〜20：54）
「たのきんトリオをしのぐ熱狂7000人　ツービート命を賭けて超ド級漫才に挑戦」
出演：ツービート、ザ・ぼんち、島田紳助・松本竜介、明石家さ

んま、西川のりお・上方よしお

●5月11日（月）『お笑い決定版!!』（サンテレビ21：00〜21：55）
出演：明石家さんま、チャンバラトリオ、トリオ・ザ・ミミック、宮川大助・花子、林家染二

●5月13日（水）『霊感ヤマカン第六感』（朝日放送19：00〜19：30）
出演：フランキー堺、三橋達也、渋谷哲平、森昌子、明石家さんま

●6月3日（水）『11PM』（日本テレビ23：20〜0：25）
「面白考現学！デブとヤセどちらが強い？注目の大舌戦」
ゲスト：明石家さんま

●6月10日（水）『激突！お笑いルーレット』（関西テレビ22：00〜22：54）
「文治七転八倒！さんま大善戦!!」「中央大vs.神戸大」
出演：オール阪神・巨人、Wけんじ、明石家さんま

●6月21日（日）『ザ・テレビ演芸』（テレビ朝日15：00〜16：00）
「爆笑ニュースター誕生!!やすし激賛！」
司会：横山やすし、ゲスト：明石家さんまほか

●6月22日（月）『ザ・恋ピューター』（読売テレビ22：00〜22：54）
「明石家さんま恋人！結婚の条件にピッタリの美女に一目惚れ」
司会：桂三枝、西川峰子、ゲスト：明石家さんま、浅野ゆう子

●6月25日（木）『歌謡曲ぶっつけ本番』（ABCラジオ14：00〜16：00）
「お笑い劇場」
ゲスト：明石家さんま

●6月26日（金）『笑ってる場合ですよ！』（フジテレビ12：00〜13：00）
出演：B&B、西川のりお・上方よしお、劇団東京乾電池、ゲスト：明石家さんま

●7月5日（日）『花紀・岡八ドドンとお笑い60分』（関西テレビ13：00〜14：00）
出演：花紀京・岡八郎、明石家さんま、太平サブロー・シロー、今いくよ・くるよ

●7月14日（火）『歌謡曲ぶっつけ本番』（ABCラジオ14：00〜16：00）
「お笑い劇場」
ゲスト：明石家さんま

●8月3日（月）『月曜爆笑スペシャル　初挑戦！お笑いオールスター弁論大会　プライバシー公開生録』（東京12チャンネル19：30〜21：24）
「おさむ泣き笑いの子育て奮戦記」「紳助死刑囚の人情悲話」「まさと（秘）美少女伝説」

出演：ザ・ぼんち、島田紳助・松本竜介、今いくよ・くるよ、三遊亭円丈、明石家さんま、ヒップアップ、コント赤信号、渡辺美智雄

●8月5日（水）『霊感ヤマカン第六感』（朝日放送19：00～19：30）
出演：フランキー堺、松岡きっこ、浜田朱里、相本久美子、明石家さんま

●8月9日（日）『珍芸続出！落語まつり』（毎日放送15：00～16：30）
出演：明石家さんま、笑福亭仁鶴、桂文珍、月亭八方、桂きん枝、林家小染、ザ・ぼんち

●8月30日（日）『お笑い最前線』（読売テレビ14：15～15：45）
出演：オール阪神・巨人、明石家さんま、桂文珍、島田紳助・松本竜介

●9月5日（土）『上方芸能まつり』（毎日放送12：00～16：00）
第一部「しごき教室スペシャルとコント大集合」、第二部「爆笑コントとスター漫才選手権」
司会：横山やすし・西川きよし、出演：島田紳助・松本竜介、オール阪神・巨人、明石家さんま、笑福亭松鶴、林家小染、月亭八方、海原お浜・小浜、今いくよ・くるよ、西川のりお・上方よしお、レツゴー三匹、ザ・ぼんち、コメディNo.1、中田ダイマル・ラケット、唄子・啓助、横山ホットブラザーズ、木村進、間寛平、広沢瓢右衛門、小林幸子、島倉千代子、牧村三枝子
※さんまは、小林幸子、今いくよ・くるよと共に、尾崎紅葉原作『金色夜叉』のパロディコントを披露した。

●9月6日（日）『THAT'Sマンザイ・スペシャル』（朝日放送13：45～16：00）
出演：桂三枝、横山やすし・西川きよし、今いくよ・くるよ、若井小づえ・みどり、海原さおり・しおり、明石家さんま、島田紳助・松本竜介、ザ・ぼんち、西川のりお・上方よしお、オール阪神・巨人

●9月6日（日）『ヤングおー！おー！』（毎日放送17：30～18：30）
「さんま・紳竜の恋のとりもち大作戦！」
※レギュラー番組

●9月12日（土）『上方芸能まつり』（毎日放送12：00～16：00）
出演：横山やすし・西川きよし、島田紳助・松本竜介、オール阪神・巨人、桂文珍、月亭八方、ザ・ぼんち、太平サブロー・シロー、今いくよ・くるよ、コメディNo.1、チャンバラトリオ、木村進、間寛平、藤里美、人生幸朗、室谷信雄、笑福亭仁鶴、桂きん枝、明石家さんま、大久保怜、大屋政子、沖田浩之、浜田朱里

●9月14日（月）『ライブ！さんま&パッパラパーズより愛をこめて』（サンテレビ20：00～21：24）

●9月27日（日）『ヒラメキ大作戦』（朝日放送19：00～19：30）
司会：中村鋭一、出演：汀夏子、湯原昌幸、堤大二郎、明石家さんまほか

●10月4日（日）『花紀・岡八ドドンとお笑い60分』（関西テレビ13：00〜14：00）
出演：花紀京・岡八郎、チャンバラトリオ、中田カウス・ボタン、明石家さんま

●10月4日（日）『第5回上方漫才まつり』（毎日放送15：00〜16：30）
司会：青木和雄、桜井一枝、出演：太平サブロー・シロー、若井ぼん・はやと、今いくよ・くるよ、月亭八方、明石家さんま、ザ・ぼんち、チャンバラトリオ、島田紳助・松本竜介、オール阪神・巨人、夢路いとし・喜味こいし、松永はる、小林政子、林家市染、桂雀松、小川京子
※さんまは月亭八方と共に、互いの本名からとった〝寺脇高文〟名義で共同制作したスポーツ漫才「メダルにかける青春」を披露する。収録はサンケイホールで行われた。

●10月4日（日）『ヤングおー！おー！』（毎日放送17：30〜18：30）
「何が起こるか？ナマ放送でぶっとばせ！」「紳助・竜介の〝つっぱり・トーク〟」「文珍の〝ビッグ・ファイト〟」「さんまの〝ヤング・オンステージ〟」「ビッグ歌手の〝ミニ・コンサート〟」
出演：明石家さんま、島田紳助・松本竜介、桂文珍、沢田研二、梨元勝
※レギュラー番組

●10月11日（日）『日曜ビッグスペシャル　スター（秘）どっきりテレビ・残酷爆笑特集』（テレビ東京20：00〜21：54）
「さんま白昼ストリーキング決行」

●10月14日（水）『歌謡曲ぶっつけ本番』（ABCラジオ14：00〜16：00）
「お笑い劇場」
ゲスト：明石家さんま

●10月19日（月）『お笑い決定版2』（サンテレビ21：00〜21：55）
出演：中田カウス・ボタン、海原さおり・しおり、正司敏江・玲児、明石家さんま、桂春之助

●10月25日（日）『ヤングおー！おー！』（毎日放送17：30〜18：30）
「さんまとキス!!大爆笑コーナー誕生」
※レギュラー番組

●11月5日（木）『歌謡曲ぶっつけ本番』（ABCラジオ14：00〜16：00）
「お笑い劇場」
ゲスト：明石家さんま

●11月18日（水）『霊感ヤマカン第六感』（朝日放送19：00〜19：30）
出演：フランキー堺、板東英二、直江喜一、相本久美子、明石家さんま

●11月22日（日）『ザ・テレビ演芸』（テレビ朝日15：00〜16：00）

「爆笑ニュースター誕生!!絶叫漫談」
司会：横山やすし、ゲスト：明石家さんまほか

●11月28日（土）『味な仲間』（関西テレビ10：00〜10：15）
出演：明石家さんま

●12月2日（水）『笑ってる場合ですよ！』（フジテレビ12：00〜13：00）
「特別企画！300回記念　レギュラー総出演」

●12月3日（木）『小川宏ショー』（フジテレビ8：30〜9：55）
「愛人騒動！さんま」

●12月6日（日）『あっちこっち丁稚』（朝日放送12：00〜12：45）
出演：明石家さんま、コメディNo.1ほか

●12月6日（日）『ヤングおー！おー！』（毎日放送17：30〜18：30）
「トミー&さんまの脱線漫才」
出演：明石家さんま、島田紳助・松本竜介、国広富之、オール阪神・巨人、ゴダイゴ
※レギュラー番組

●12月9日（水）『連想ゲーム』（NHK19：30〜20：00）
司会：松平定知、出演：掛布雅之、明石家さんま、秋川リサ、高田みづえ、水島裕、岡江久美子、加藤芳郎、中田喜子、渡辺文雄、坪内ミキ子、檀ふみ、大和田獏

●12月13日（日）『漫才オンステージ』（毎日放送14：30〜15：30）
出演：明石家さんま、オール阪神・巨人、島田紳助・松本竜介、太平サブロー・シロー

●12月13日（日）『花紀・岡八ドドンとお笑い60分』（関西テレビ13：00〜14：00）
出演：花紀京・岡八郎、人生幸朗・生恵幸子、明石家さんま

●12月21日（月）『花の駐在さん』（朝日放送17：00〜17：45）
出演：明石家さんま、林家小染、月亭八方、原哲男

●12月22日（火）『花の駐在さん』（朝日放送17：00〜17：45）
出演：明石家さんま、林家小染、月亭八方、堀江美都子、原哲男

●12月23日（水）『花の駐在さん』（朝日放送17：00〜17：45）
※この回で一旦番組終了
出演：明石家さんま、林家小染、月亭八方、堀江美都子、原哲男
※この3本は10月に放送を予定していたが、プロ野球中継により放送が延期され、12月21日から3日連続で放送された。

●12月29日（火）『なにわの落語家歳末噺』（NHK17：20〜18：00）
司会：桂文珍、明石家さんま、出演：桂べかこ、桂朝丸、月亭八方、笑福亭鶴瓶、笑福亭鶴光、桂三枝、桂枝雀、笑福亭仁鶴、露乃五郎、桂小文枝、桂春団治、笑福亭松鶴、桂米朝

●12月30日（水）『霊感ヤマカン第六感』（朝日放送19：00〜19：30）

出演：フランキー堺、根上淳、相本久美子、川島なお美、明石家さんま

●12月31日（木）『さよなら'81 笑って笑って大晦日』（フジテレビ12：00〜14：00）
出演：八代亜紀、河合奈保子、甲斐智枝美、川中美幸、ザ・ぼんち、西川のりお・上方よしお、桂文珍、明石家さんま、月亭八方、林家小染、チャンバラトリオ、桂三枝、三遊亭円丈、三笑亭夢之助、三笑亭夢丸、宮尾すすむ、団しん也ほか

●12月31日（木）『シェフにおまかせ！』（毎日放送14：00〜15：00）
「鶴瓶vs.松鶴大放談」
司会：浜村淳、出演：笑福亭鶴瓶、笑福亭松鶴、桂文珍、明石家さんま、マッハ文朱

――1981年（25〜26歳）の主なCM出演

○菓子「ぼんちのかるやき」（ぼんち株式会社）

本書は、メールマガジン「水道橋博士のメルマ旬報」連載の「明石家さんまヒストリー」をもとに、1955〜1981年の明石家さんまの活動記録を再構成、大幅な加筆・修正を施し、「コラム」などを書き下ろしたものである。

エムカク

1973年福岡県生まれ、大阪府在住。明石家さんま研究家、ライター。1996年より「明石家さんま研究」を開始。以降、ラジオやテレビ、雑誌などでの明石家さんまの発言をすべて記録し始める。その活動が水道橋博士の目に留まり、2013年9月10日より「水道橋博士のメルマ旬報」で連載「明石家さんまヒストリー」をスタート。莫大な愛情と執念によって記録されたその内容は、すでに業界の内外で話題を呼んでいる。日本テレビ『誰も知らない明石家さんま』など、テレビ特番のリサーチャーも務める。本書がデビュー作。

Twitter：@m_kac ／ YouTube チャンネル：エムカクノート

明石家さんまヒストリー1　1955 〜 1981

「明石家さんま」の誕生

発　行　2020 年 11 月 15 日

著　者　エムカク

発行者　佐藤隆信

発行所　株式会社新潮社

〒 162-8711　東京都新宿区矢来町 71

電話　編集部　03-3266-5550

読者係　03-3266-5111

https://www.shinchosha.co.jp

印刷所　株式会社光邦

製本所　加藤製本株式会社

ISBN 978-4-10-353781-6 C0095